# BIBLIOGRAPHIE

DE QUELQUES

# ALMANACHS ILLUSTRÉS

*DES XVIIIe ET XIXe SIÈCLES*

PAR

FÉLIX MEUNIÉ

PARIS
LIBRAIRIE HENRI LECLERC
219, RUE SAINT-HONORÉ, 219
et 16, rue d'Alger

1906

Exemplaire offert à
Monsieur Le Senne
Fily Meunier

# BIBLIOGRAPHIE

DE QUELQUES

# ALMANACHS ILLUSTRÉS

DES XVIIIe ET XIXe SIÈCLES

# BIBLIOGRAPHIE

DE QUELQUES

# ALMANACHS ILLUSTRÉS

*DES XVIIIe ET XIXe SIÈCLES*

PAR

FÉLIX MEUNIÉ

PARIS
LIBRAIRIE HENRI LECLERC
219, RUE SAINT-HONORÉ, 219
et 16, rue d'Alger
—
1906

# A BATONS ROMPUS

## A PROPOS D'ALMANACHS

A.M. FÉLIX MEUNIÉ

Le propre du Bibliographe est d'annoter toujours et encore, sans se jamais arrêter.

Le propre de la Bibliographie est de ne jamais être complète, et de laisser la porte toujours ouverte aux suppléments.

Mais pour les suppléments il faut trouver, je ne dirai pas des bibliographes suppléants, à la mode belge en matière de députés, mais bien des bibliographes qui soient disposés à continuer l'œuvre commencée.

Or, lorsque je terminais ma Bibliographie des Almanachs français, à laquelle on a bien voulu reconnaître quelques qualités et dont je n'ignore point les imperfections — sans parler de l'incommodité de manier un recueil qui, par son ampleur, fait concurrence au Bottin — je ne me figurais point que, déjà, des amateurs, des collectionneurs, étaient prêts à me suivre, à entrer dans la carrière les mains pleines de fiches nouvelles, et qu'ainsi allait voir le jour tout un supplément à mon œuvre.

Quoi ! encore des almanachs !

Mais oui ! encore, car si les Bibliographies restent toujours incomplètes, les suppléments, par leur nature même, appellent, sans cesse, de nouveaux suppléments.

Supplément au supplément.

Quelque chose comme le secrétaire du secrétaire du commissaire de police.

Le collectionneur est heureux quand il voit d'autres confrères marcher sur ses traces.

Pour ma part je ne cacherai point la satisfaction que j'ai ressentie depuis l'apparition de ma Bibliographie chaque fois qu'une lettre nouvelle venait m'apprendre que mon œuvre avait fait un prosèlyte de plus, avait gagné à l'almanach un amateur ardent et passionné. Car c'est là le très réel intérêt des travaux de cette espèce, de donner aux amateurs la possibilité de faire de la propagande par le fait.

Je n'ai plus à chanter les louanges de l'almanach puisqu'il a tant d'amoureux ; je n'ai plus à faire ressortir ses multiples attraits, le charme particulier qui se dégage de son format, de ses vignettes, de toute son ambiance d'élégance et de bon ton — je parle ici de l'ancêtre que nous apprécions et vénérons tous, le petit bijou de poche XVIII$^e$ siècle. — Je ne puis donc que remercier M. Félix Meunié d'avoir, le premier, cherché à compléter mes fiches, à boucher mes trous, à réparer mes lacunes et de s'être courageusement mis à l'œuvre, lui qui jusqu'à ce jour s'était contenté de jouir du charme de ses petits livres, en n'ouvrant la porte du saint tabernacle qu'à quelques privilégiés.

Et voici comment plus de trois cents almanachs longuement décrits, de genres et de qualités variés, vont dès à présent, constituer un supplément à mon " Bloc " en venant se ranger sous la bannière de l'Almanacophilie.

J'ai dit : « de genres et de qualités variés » : M. Félix Meunié a en effet estimé comme moi, ce dont je ne saurais trop le féliciter, que le bibliographe n'avait pas de choix à faire, de censure préalable à exercer ; que nous devons avant tout fournir des documents, en laissant au lecteur le soin de choisir suivant ses préférences. C'est pourquoi, en ce supplément, on trouvera toutes les formes de l'Almanach, depuis le petit volume de luxe à tirage restreint jusqu'à l'almanach populaire. Peut-être pourra-t-on reprocher à M. Meunié un excès de conscience vis-à-vis de certaines publications comme l'Almanach-Hachette, mais après tout, ces publications de vulgarisation ne sont-elles pas les almanachs-type de notre époque de démocratie à outrance.

Une grosse question, que j'ai bien souvent agitée sans parvenir à l'élucider, s'est posée à nouveau devant M. Meunié: Où commence et où finit l'almanach ? Tous les livres ayant eu ou reçu, en certaines circonstances, des calendriers doivent-ils être considérés comme almanachs ? En principe peut-être faudrait-il éliminer ce genre d'ouvrages, puisque malgré l'adjonction d'un calendrier, ils ne constituent à proprement parler que des Almanachs factices, des Almanachs d'occasion, mais, dans la pratique, on ne saurait les négliger, les méconnaître, puisqu'ils se présentent à nous avec le calendrier de rigueur. Qu'ils n'aient pas été tous revêtus de ce calendrier, c'est là un fait certain — et ici je vise tout particulièrement les petites publications de la librairie Lefuel — mais le fait qu'il en ait existé un certain nombre avec cette adjonction, et que par conséquent il y ait possibilité d'en rencontrer encore quelques-uns, suffit amplement à leur admission dans la bibliothèque de l'almanach.

Bibliographe consciencieux, M. Meunié a donc enregistré uniquement les Lefuel et autres petits volumes élégants qui se sont trouvés entre ses mains revêtus d'un calendrier, laissant à d'autres le soin d'ajouter ceux qu'ils rencontreraient dans les mêmes conditions.

Quoi qu'il en soit, ce genre reste un almanach factice comme tant d'autres publications — telle la rarissime Chronique Indiscrète de 1818, par exemple, mis en vente par fascicules mensuels, portant en tête la mention du mois, quelquefois reliés par des tables également dressées par mois, sous forme de calendrier ou non.

Encore une fois je ne puis que féliciter M. Meunié de son apport à la Bibliographie des Almanachs, bibliographie si pittoresque et si variée.

Il est du reste un des fidèles, un des amoureux de l'almanach, et si cette passion lui vint sur le tard, elle n'en est, par cela même, que plus sérieuse et plus profonde.

L'almanach, il l'aime sous toutes ses faces, dans toutes ses formes ; il l'aime pour ses poésies, et pour ses renseignements amusants, pour ses reliures imagées, pour ses paillettes plus encore que pour ses maroquins et surtout pour ses gracieux cartonnages à ornements de style et à figurines de mode ou d'actualité.

L'almanach ! pour lui, il n'est pas seulement un père, il est encore, si je puis m'exprimer ainsi, un amant jaloux, se plaisant à le soigner, à le vêtir de robes élégantes ou à réparer des ans le toujours réparable outrage subi par des cartonnages aux teintes délicates, et aux gracieux entrelacs.

De M. Meunié l'on peut dire qu'il a été bel et bien pris par la sirène de l'almanach, car après s'être surtout cantonné dans le petit bijou de la Restauration et du premier Empire, il en est arrivé à remonter jusqu'à son galant ancêtre, le petit bijou XVIII$^e$ siècle.

Et je ne sache pas quelque chose de plus chatoyant, de plus agréable à l'œil que la collection, par lui composée, aux reliures, aux couvertures multiples et multicolores, précisément classée dans les bibliothèques où l'amateur est toujours heureux de les faire admirer à ses confrères en religion. Personne mieux que lui n'était donc apte à nous donner ce supplément que je salue avec un réel plaisir.

JOHN GRAND-CARTERET.

# BIBLIOGRAPHIE

DE QUELQUES

# ALMANACHS ILLUSTRÉS

DES XVIIIe ET XIXe SIÈCLES

---

## 1765 à 1800

---

1. — ALMANACH NOUVEAU PORTATIF. Avec Perte et Gain pour l'Année 1765. Ecrit par Coçoude, (*et en regard :*) || *Cet Almanach Ce* (sic) *Vend Chez Marie rue Planchemibray chez un Boulanger A Paris.*
    1765. In-248.

Très-curieux minuscule entièrement gravé ne mesurant que 19 millimètres sur 13 m., sans pagination, avec une petite gravure, au verso du titre, accompagnée d'une chanson :

*Air :*
*Fanfare de Choisi* (sic)
*Mon Papa pour mes Etrennes,*
*Me promet un Amoureux ;*
*Hélas ! s'il sçavoit* (sic) *mes peines,*
*Il m'en accorderoit deux.*

Et le Calendrier de 1765, avec Perte et Gain.

Exemplaire relié dans un petit médaillon en argent doré.

2. — LA REINE DE GOLCONDE, Conte mis en Vaudevilles ; Précédé de l'Art de faire des Almanachs. Etrennes curieuses, utiles, & agréables. Pour la présente Année. || *A Paris, chez la Veuve Duchesne, Libraire, rue Saint-Jacques, au-dessous de la Fontaine S. Benoit, au Temple du Goût.*

### 1768. In-32.

Petit volume composé de 64 pages de texte commençant par le « Traité du Calendrier. »

A la page 33, La Reine de Golconde, Pot-pourri (*tiré du conte de M. de Boufflers : Aline, Reine de Golconde, de* 1761.)

Au bas de la page 64 se trouve : « Approbation. J'ai lû (sic) par ordre de Monsieur le lieutenant Général de Police le présent Almanach, & je crois que l'on peut en permettre l'impression. A Paris ce 1 Octobre 1766. Marin.

Calendrier pour l'Année bissextile M.DCC.LXVIII au milieu du volume.

3. — COLLECTION INTÉRESSANTES (*sic*) POUR LA JEUNESSE. Ou Recueil de petites Fables très ingénieuses ; enrichi de Figures en taille douce, analogues à chaque Sujet... PARTIE. || *Chez Bresson de Maillard Graveur et M$^d$ d'Estampes, Rue S$^t$ Jacques, près celle des Mathurins APARIS. Et se trouve à... chez... M$^d$...*

### 1772. In-18.

Curieux petit volume, entièrement gravé, qui devait n'être certainement qu'une partie d'un ouvrage de colportage, qui a été peut-être seule publiée.

Il se compose d'un titre encadré d'un double filet noir avec guirlande de fleurs coloriées ; — de 28 planches encadrées aussi d'un double filet noir avec vignettes coloriées, — et du Calendrier gravé et encadré de 1772 qui se trouve après le titre et porte cette adresse : Chez Lattré rue S. Jacq. vis-à-vis la rue de la Parchemin$^{ie}$.

4. — LES DISSIPATIONS AGRÉABLES, Almanach chantant, amusant, &c. Pour la présente année. Par un Musicien. || *A Paphos, Et se vend, A Paris, Chez Valade, Libraire, rue Saint Jacques, vis à vis celle des Mathurins, à S. Jacques.*

### 1775. In-32.

Petit almanach composé de 64 pages de romances et de chansons, accompagnées de musique, parmi lesquelles : Romance du Tonnelier ; — Romance de Sancho-Pança ; — Du Roi et du Fermier ; — Air de Toinon et Toinette ; etc.

Calendrier pour l'Année M.DCC.LXXV.

5. — LE BIJOU DES DAMES. Nouveau Costume Français : et de la Connaissance des diamans, des perles et des parfums les plus précieux ; avec tablettes économiques Perte et Gain. || *A Paris, chez Desnos*, 1780.

In-64.

Almanach composé de : Description des diamans, des perles et des parfums les plus précieux, faisant suite à l'*Almanach de la Toilette et de la Coëffure des Dames Françoises et Romaines*.

Trente-quatre pages.

Titre gravé ; un ravissant Frontispice et douze figures de très belles coiffures variées. Ces figures, gravées avec soin, sont toutes dans des médaillons ovales à cadres ornés et reposant sur des fonds au burin. Les légendes sont placées au-dessous, sur une tablette-console.

Le texte, qui accompagne ces planches, est entièrement gravé et placé dans un encadrement.

Secrétaire avec Perte et Gain pour les douze mois.

Calendrier pour 1780.

D'après un catalogue, et coté 200 fr.

6. — ALMANACH INTÉRESSANT dans les Circonstances présentes, DESCRIPTION ABRÉGÉE DES ETATS UNIS DE L'AMÉRIQUE; des Possessions Anglaises, et des Pays qui y sont contigus, dans les Indes Orientales. Par M. Brion, Ing<sup>r</sup> Géogr<sup>e</sup> du Roi. || *A Paris, Chez le S<sup>r</sup> Desnos, Ingénieur-Géographe et Libraire de Sa Majesté Danoise, rue S<sup>t</sup> Jacques, au Globe.*

1781. In-32.

Titre gravé au milieu de grands arbres, palmier et cocotier, dans un paysage.

72 pages de texte, comprenant la Description abrégée des Etats-Unis de l'Amérique, par M. Brion de La Tour.

Frontispice gravé, non signé, représentant un esclave qui vient de briser ses chaînes dont les fragments pendent de ses mains ; son pied gauche maintient à terre un léopard. Au second plan, des drapeaux, 2 canons et un palmier.

2 cartes gravées, coloriées et pliées : 1<sup>e</sup>. *Carte des Etats-Unis de l'Amérique Septentrionale*. — 2<sup>e</sup> *Nouvelle Carte de la Partie des Indes Orientales, qui comprend, entr'autres Etats, les vastes Possessions des Anglais, dressée d'après leurs propres Cartes, par M. Brion de La Tour*. 1780.

Secrétaire des Dames et des Messieurs, avec Perte et Gain pour chaque mois et cahier de feuilles blanches pour notes, comprenant ensemble 48 pages.

Calendrier de 1781.

(Exempl. de la B. Nat. sous la cote PJ 2 664, sans Secrétaire, ni Calendrier.)

ALMANACHS ILLUSTRÉS

7. — Les Accidens Heureux, ou l'Amour en Gaieté, Almanach Lyrico-Récréatif. || *Chez la V<sup>e</sup> Depoilly Libraire. Quais* (sic) *de Gêvres, et chez Jubert rue S<sup>t</sup> Jacques A Paris.*

1785. In-18.

Titre joliment gravé et illustré. Almanach composé de 24 pages de texte avec douze jolies gravures, non signées, portant les légendes suivantes :

1. *Le Sacrifice Amoureux.* — 2. *Le Magnétisme de l'Amour.* — 3. *Les trois roses.* — 4. *L'Accompagnement heureux.* — 5. *l'Orage favorable.* — 6. *l'Heureux réveil.* — 7. *l'Offrande avantageuse.* — 8. *Le Bain délicieux.* — 9. *Les Jeunes Balanceurs.* — 10. *Les Yvresse* (sic) *extatiques.* — 11. *La Seduisante Escarpolette.* — 12. *Le double faux pas.*

Perte et Gain pour chaque mois.
Calendrier de 1785.

Communiqué par M. E. Jean-Fontaine.

8. — L'Amour Victorieux ou Les Conquêtes de Cypris. Almanach chantant. || *à Paris. Chez la V<sup>ve</sup> Depoilly Libraire Quay* (sic) *de Gesvres, et chez Jubert, rue S<sup>t</sup> Jacques la Porte cochère vis à vis les Mathurins.*

1785. In-24.

Titre en lettres gravées avec un joli sujet au bas de la page, non signé, représentant l'Amour menant en bateau un couple d'amoureux.

Douze jolies gravures, non signées, se rapportant aux chansons, avec les légendes suivantes :

1. *les Vigies diligens* (sic). — 2. *l'agréable Faction.* — 3. *le Combat gracieux.* — 4. *les Amours en maraudes.* — 5. *les approches difficiles.* — 6. *l'heureux Ralliement.* — 7. *les Contributions Galantes.* — 8. *la double attaque.* — 9. *la Circonvallation.* — 10. *la double Surprise.* — 11. *la Capitulation.* — 12. *la prise d'Assaut.*

Avec Perte et Gain pour chaque mois et le Calendrier de 1785 se dépliant.

Communiqué par M. H. Leclerc. 100 fr.

8 bis. — Les Fredaines de l'Amour ou Le Miroir de la Vertu Etrennes en Vaudeville. || *A Paris chez Jubert rue S<sup>t</sup> Jacques vis-à-vis les Mathurins N° 37.*

1785. In-18.

Titre en lettres gravées et illustré. 24 pages de texte composé de chansons avec douze gravures, non signées, dont voici les légendes.

1. *Le Décret contre l'amour.* — 2. *l'Amour et la Folie.* — 3. *l'Avantage d'Annette.* — 4. *Les Grâces mandiant* (sic) *pour leur frere.* — 5. *l'Amour courant le monde.* — 6. *La Lanterne magique.* — 7. *Le triomphe difficile.* — 8. *le*

*pouvoir de Bacchus.* — 9. *La Gaspilleuse.* — 10. *Les présens* (sic) *de l'Amour.* — 11. *l'Agréable reveil.* — 12. *l'Amour rappelle* (sic) *dans l'Olympe.*

Viennent ensuite : Nécessaire des Dames et des Messieurs, — Perte et Gain pour chaque mois, — et un cahier de feuilles blanches pour notes, comprenant ensemble 48 pages.

Enfin le Calendrier de 1785.

(*Communiqué par M$^r$ Georges Bernard*).

9. — ALMANACH NOUVEAU Orné de Gravures et de Sujets les plus choisi (*sic*) Dédié à M$^{gr}$ le Duc de Normandie. || *A Paris Chez M. Camand m$^d$ de Musique, Rue de la Monnoie au bas du Pont neuf, à la Nouveauté.*

### 1786. In-32.

Titre entièrement gravé dans un joli cadre orné de rubans et de roses ; au milieu se trouve une couronne reliant deux branches de chêne.

Frontispice allégorique gravé : en haut, est inscrit sur une banderole placée au-dessus d'un écusson fleurdelysé maintenu par deux amours : *Nais$^{ce}$ de M$^{gr}$ le D. de Nor$^{die}$* ; en bas de cette gravure, non signée, cette citation latine : *Magnæ spes altera Romæ.*

64 pages de texte gravé, composé de romances et chansonnettes tirées d'Opéras Comiques et accompagnées pour la plupart de musique. Au bas de la 64$^{ème}$ page se trouve gravé : Fin de L'Almanach.

Treize jolies gravures, non signées, avec ces légendes :

1. *Lise dans la prairie.* — 2. *L'Enfant devient un Géant.* — 3. *Prenez ma ceinture en échange, Soyez le fer, et moi l'aimant.* — 4. *l'Amant Fidel* (sic). — 5. *La Conquête.* — 6. *Le Verrou.* — 7. *L'Armoir* (sic). — 8. *Le Coquelicot.* — 9. *La Marchande d'Amour.* — 10. *Le Procureur.* — 11. *Fuite de Babet.* — 12. *La Fête.* — 13. *S'ouviens* (sic) *toi d'un cœur trop tendre Qui ne savoit que t'adorer.*

Treize airs notés. Perte et Gain gravés pour chaque mois. et Calendrier imprimé pour l'Année M.DCC.LXXXVI.

Exempl. relié en mar. rouge avec les armes de Marie-Antoinette sur les plats.

10. — L'AGE HEUREUX DES PLAISIRS, ou l'aimable Folie des Amours. || *A Paris Chez Jubert, Doreur, Rue St Jacques, la Porte Cochère vis-à-vis les Mathurins.*

### 1787. In-18.

Almanach entièrement gravé, composé de chansons et romances.

Le titre, signé *Dessiné et gravé par Queverdo*, se trouve dans un médaillon, sur un cadre, entouré de branches de laurier ; au-dessous sont deux amours s'embrassant étendus sur un socle, sur lequel sont gravés les nom et adresse de l'éditeur.

24 pages de texte encadré d'un gros filet noir.

Douze jolies gravures encadrées, non signées (mais de Queverdo), avec les légendes suivantes :

1. *La Fille surprise au Puit* (sic). — 2. *Le Bain interrompue* (sic). — 3. *Le Rêve accomplie* (sic). — 4. *Le Garde de Chasse*. — 5. *Le Galant surpris sous le Lit*. — 6. *L'Amant Tailleur*. — 7. *La Repasseuse*. — 8. *Daphné et Isidor* (sic) *surpris*. — 9. *L'Heureuse rencontre*. — 10. *L'Escarpolette*. — 11. *La surveillante endormie*. — 12. *Le Nid de Fauvette*.

Viennent ensuite 13 airs notés et gravés encadrés d'un gros filet noir, sans pagination. — Puis : Le Nécessaire des Dames et des Messieurs — Perte et Gain et cahier de papier blanc pour notes, formant ensemble 48 pages.

Enfin le Calendrier imprimé de 1787.

11. — Almanach Dauphin Historique et Allégorique Dédié à la Nation. || *A Paris chés* (sic) *Jubert, Rue St Jacques; la Porte cochère vis-à-vis les Mathurins.*
Vers 1787. In-18.

Titre en lettres gravées dans un joli dessin allégorique colorié, avec les armes des Dauphins et deux petits médaillons contenant les portraits de Madame Clotilde Princesse et de Joseph II Empereur d'Ale..

24 pages de texte imprimé composé de poésies et de l'explication des gravures.

Douze gravures non signées et coloriées, dont voici les légendes :

1. *Les vœux accomplies* (sic). — 2. *Les deux Modèles*. — 3. *Le premier Dauphin*. — 4. *La louange Sincère*. — 5. *Le favori de Mars*. — 6. *Le Héros prévoyant*. — 7. *L'Ami des Muses*. — 8. *L'accord des Déités*. — 9. *Le Prince équitable*. — 10. *Le vainqueur de Borée*. — 11. *Le Guerrier sensible*. — 12. *Le digne Mentor*. (Le roi Louis XVI montrant au Dauphin les portraits, en médaillons, de Henri IV, Louis XIV et Louis XV).

Secrétaire avec Perte et Gain pour chaque mois et cahier de feuilles blanches pour notes, comprenant ensemble 48 pages.

Communiqué par M. Chappey. Exempl. rel. en mar. rouge anc. avec fil., tr. dor. et dos orné.

12. — Les Embuches de Cythère. || *A Paris chez Desenne Libraire à côté des Variétés, au Palais Royal.*
1787. In-18.

Titre en lettres gravées sur un rideau, dont un angle est maintenu par un amour dans le haut, et en bas un autre amour tient un grand chapeau de femme avec rubans et plumes coloriés. Au dessus de cette illustration on lit : *Jubert Fecit*.

48 pages de texte imprimé, encadré d'un double filet noir, composé de chansons galantes.

Douze jolies gravures de modes finement coloriées et portant les légendes suivantes :

1. *L'explication galante*. — 2. *L'officier Captif*. — 3. *La protestation amoureuse*. — 4. *La Jolie promenade*. — 5. *La belle indécise*. — 6. *La Jeune Mère*. — 7. *La Coquette fixée*. — 8. *Le bon accord*. — 9. *L'évantail* (sic) *cassé*. — 10. *La Rose chérie*. — 11. *La confidence amoureuse*. — 12. *L'entrevûe des Amants*.

48 pages pour le Secrétaire avec Perte et Gain et cahier de feuilles blanches pour notes.
Calendrier de 1787.
Communiqué par M. Chappey.

13. — PIERROT MAGICIEN ; Almanach Amusant et Divertissant. || A Amsterdam ; Et se trouve à Paris, Chez Tiger, Rédacteur & Editeur, au Pilier Littéraire, Place de Cambrai. Et chez les Marchands de Nouveautés.
1788. In-32.

Almanach de colportage composé de 64 pages de bonne aventure pour les Hommes et pour les Dames, comprenant dix-huit questions différentes.
Au verso du titre se trouve au bas de la page et au-dessous de la réclame de l'éditeur Tiger cette petite chanson :

A Manon<br>
Jeunes filles qui portez<br>
Blonde chevelure<br>
Les Amours de tous côtés<br>
Rendent hommage à vos beautés.<br>
La bonne aventure, ô gué,<br>
La bonne aventure.

Vient ensuite l'Avertissement donnant la manière de trouver les réponses, en vers, aux dix-huit questions, dont on trouve, après cet avertissement, les dix-huit tables.
Frontispice colorié, sans légende, représentant un jardin dans lequel une jeune femme consulte un pierrot qui danse en tenant en l'air sa baguette magique.
Calendrier pour l'An de grâce M.DCC.LXXXVIII intercalé au milieu de l'almanach.
(B. Nat. 8º Ye 20.735).

14. — ALMANACH DU CAPRICE, Etrennes facétieuses, critiques, chantantes et récréatives, Pour nous & notre postérité, Dédiées à ceux qui l'achèteront. || A Mélangéopolis. Chez le Temps, à l'enseigne du Caprice. Avec Permission.
1789. In-32.

Petit almanach, comprenant 4 séries de 8 pages chacune, recto et verso, encadrées d'un double filet noir.
Il se compose de : Loterie de l'Amour. Manière de tenir et de tirer la Loterie de l'Amour. = Chansons. = Contes en vers, parmi lesquels : *Requête de Madame Tible, à l'Intendant de Lyon.* — *Il y a des bornes à tout.* — *Apologie de la Gale*, épître. — *Réflexion d'un Philosophe aimable*, — *Les Métamorphoses ou l'Escamoteur débusqué*, fable. = Charades et Mélanges d'anecdotes, Bons-Mots, Gasconnades, etc.
Calendrier pour l'an de Grâce M.DCC.LXXXIX.

**15.** — DICTIONNAIRE D'AMOUR, par le Berger Sylvain. Etrennes pour l'Année 1789. *Première Partie.* || *A Gnide, et se trouve à Paris, chez Briand, Libraire, Hôtel de Villiers, rue Pavée S<sup>t</sup>-André-des-Arcs.*

1789. In-18.

Frontispice gravé : une jeune femme, dans un hémicycle, prenant un livre que lui apporte un amour transporté par des nuages ; au-dessous de cette gravure, signée *Gravé par Oder*, on lit ces vers sur une tablette :

*Jeune beauté prend ce Livre<br>
Et pour cause,<br>
Le mot parfois donne un prix<br>
A la chose.*

Ce dictionnaire se compose de deux parties : la première, de 122 pages, de A à J inclus, contient : le Calendrier de 1789 suivi d'une Epître dédicatoire aux Amans brouillés, au verso de laquelle on lit ce quatrain :

*Contre l'Amour, Beautés rebelles!<br>
En vain, formez-vous des projets :<br>
Veut-on fuir ? l'Amour a des ailes ;<br>
Veut-on combattre ? il a des traits.*

— une Préface et un Discours préliminaire, qui forment ensemble XXVij pages.

La seconde partie, de L à Z, comprenant 132 pages, a un titre différent de celui de la première. Le voici :

DICTIONNAIRE D'AMOUR, par le Berger Sylvain. [Epigraphe :] Jeune homme ! prends & lis. *Seconde Partie.* || *A Gnide, et se trouve à Paris, chez Briand, Libraire, maison de M. Crapart, place S<sup>t</sup> Michel, & au premier février, quai des Augustins, N° 50. 1788.*

**16.** — ESTELLE. || *A Paris chez Boulanger, Relieur-Doreur, rue du Pont, M<sup>on</sup> du Papetier, à l'Image Notre-Dame.*

1789. In-24.

Joli petit almanach entièrement gravé, composé de romances extraites de la pastorale de Florian.

Titre gravé et signé *Queverdo del. et sculp.* représentant deux bergères couronnant un médaillon dans lequel se trouve le titre ; au-dessous, un jeune berger avec un mouton et un chien près d'une source.

Douze gravures encadrées non signées mais qui sont de Queverdo, et dont voici les légendes :

1. *Ne méprisez point mon enfance.* — 2. *Je vais donc quitter pour jamais.* — 3. *Que j'aime à voir les hirondelles.* — 4. *L'autre jour la bergère Annette.* — 5. *Dans cette aimable Solitude.* — 6. *J'aime et je ne puis exprimer.* — 7. *Ce*

ALMANACHS ILLUSTRÉS

*matin dans une bruyère.* — 8. *Ah! s'il est dans votre village.* — 9. *Adieu charmantes Bergères.* — 10. *Voici venir le doux Printems.* — 11. *A Toulouse il fut une Belle.* — 12. *Et laisse mes lèvres mourantes.*

Toutes ces légendes figurent dans les romances (généralement le premier vers) chantées par Estelle ou Némorin, qui sont les deux personnages principaux de la pièce pastorale « Estelle », dont la première édition parut en 1788.

Neuf airs notés et gravés.
Calendrier gravé de 1789.

Communiqué par M. Henri Leclerc.

17. — Le Meilleur Livre ou Les Meilleures Etrennes que l'on puisse donner et recevoir [Epigraphe :] Prenez, lisez et pratiquez. || *A Paris, chez Froullé, Libraire, quai des Augustins, près de la rue Pavée.* M.DCC.LXXXIX. *Avec Approbation et Privilège du Roi.*

1789. In-18.

Livre de piété composé de 388 pages avec la table. Un Avis du Libraire au Lecteur suit le titre.

Frontispice, gravure sur bois signée Beugnet, représentant un magasin de libraire où des personnes viennent faire des achats ; dans le haut de la gravure, des anges, soutenus par des nuages, montrent la Très Sainte Trinité entourée de rayons lumineux avec cette inscription : *Ecce optima Dona*. Sur l'angle du comptoir se trouve une pancarte sur laquelle se lit : *Les Meilleures Etrennes chez Froullé.*

Calendrier de tous les Saints.

18. — La Nouvelle Héloïse ou Tributs de l'Amour et de l'Amitié. Secrétaire Galant Etrennes chantantes au Beau-Sexe Avec Figures Analogues. Tablettes Economiques Perte et Gain. || *A Paris Chez Desnos Ingénieur-Géographe et Libraire de Sa Majesté Danoise, rue S<sup>t</sup> Jacques, au Globe.*

1789. In-24.

Titre en lettres gravées dans un encadrement de fleurs.
Joli frontispice dans un médaillon ovale encadré, posant sur une tablette sans inscription, avec deux amours.
Onze gravures, non signées, se rapportant aux chansons :

1. *Le Génie du Danemarck.* — 2. *La Nouvelle Héloïse.* — 3. *Anacréon et les Grâces.* — 4. *L'Impatience ou La Toilette Interrompue.* — 5. *L'Amour Secrétaire de la Beauté.* — 6. *L'Embarras du Choix.* — 7. *La Beauté Dangereuse.* — 8. *Les Filles Savantes.* — 9. *La Confidence Indiscrète.* — 10. *La Leçon d'Amour.* — 11. *Epilogue aux Plaisirs.*

A la suite de ces gravures se trouve un second titre ainsi conçu : *Etrennes du Sentiment, de l'Amour et de l'Amitié ; Choix de Chan-*

sons, *Dédiées aux deux Sexes, Avec Figures. Tablettes Economiques, Perte et Gain. Première Année.* L'accueil que l'on fera à ces Etrennes déterminera les Editeurs à les continuer tous les ans. || *A Paris, Chez Desnos, Ingénieur-Géographe & Libraire du Roi de Danemarck, rue Saint-Jacques, au Globe.*

Ce second titre est imprimé, et suivi d'une Préface et 48 pages de chansons.

Viennent ensuite : Le Secrétaire des Dames et des Messieurs, Perte et Gain pour chaque mois et cahier de feuilles blanches pour notes, formant ensemble 48 pages ; — un autre cahier de feuilles blanches non paginées et le Calendrier de 1789.

19. — Les Trois Muses réunies ; recueil Agréable de Chansons Anacréontiques, Romances, Ariettes, Vaudevilles et Airs d'Opéras, &c. &c. par M. M***. La Musique est des plus célèbres Compositeurs Modernes ; et la Poésie a été recueillie des meilleurs Auteurs en ce genre. Avec Figures. || *A Paris chez Desnos Ingénieur Géographe et Libraire, rue St Jacques, au Globe.*

Vers 1789. Petit In-12.

Titre gravé, dans un cadre Louis XVI avec ornements et attributs.
Frontispice, non signé, représentant les trois muses couronnées par des amours.

Almanach rare à cause de la réunion complète des gravures qui le composent. Ces gravures sont au nombre de 24, non signées et sans légendes, tirées à la manière noire, se rapportant aux 24 chansons avec leurs airs notés et gravés, dont la Table, qui est après le titre, donne le détail suivant :

1. La Fête d'Appollon (sic). — 2. Les loisirs d'anacréon. — 3. L'instant de jouir. — 4. Les charmes de la solitude. — 5. L'Escarpolette. — 6. Le besoin d'aimer. — 7. L'Amant trahi. — 8. Le Voyage de Paphos. — 9. Les charmes de la vie. — 10. Le tendre aveu. — 11. La retraite de l'Amour. — 12. Les Amans satisfaits. — 13. Le Tribunal de l'Amour. — 14. L'heureuse nuit. — 15. Le portrait d'Isabelle. — 16. L'Horoscope. — 17. L'Amant trompé par l'Amour. — 18. Le Bouquet de roses. — 19 Avis aux Belles. — 20 L'Opérateur des Ombres Chinoises. — 21. L'Aveu sincère. — 22. La Méfiance. — 23. l'Amant impatient. — 24. L'Ecole des jaloux.

Suivent : 48 pages pour le Sécretaire des Dames et des Messieurs avec Perte et Gain pour chaque mois et cahier de feuilles blanches pour notes.

L'ouvrage qui fait suite à cet almanach est : *Collection Complette* (sic) *des Romances d'Estelle Par M. de Florian de l'Académie Françoise* (voir N° 903 de la Bibliographie des Almanachs de J. Grand-Carteret).

19 *bis*. — Les Tablettes d'Erato Almanach Ornés (sic) de

Jolies Gravures. || *A Paris chez Jubert Doreur, rue S¹ Jacques vis-à-vis les Mathurins n° 36.*
1790. In-32.

Titre en lettres gravées avec une illustration coloriée.
24 pages de texte gravé et encadré d'un double filet noir, chansons accompagnées de douze jolies gravures, non signées et coloriées avec ces légendes :

1. *Le Baiser.* — 2. *La douce Consolation.* — 3. *Le Nid.* — 4. *La Nuit tous Chats sont gris.* — 5. *Le Souhait de Lise.* — 6. *Le Cochemar* (sic). — 7. *Le malheureux Reveil.* — 8. *Le Voleur.* — 9. *L'autre Sosie.* — 10. *L'occasion fait Larron.* — 11. *Le Sabot d'Annette.* — 12. *Les Cornes.*

Perte et Gain pour chaque mois, au milieu du volume et Calendrier se dépliant de 1790.
(*Communiqué par M' Cornuau*).

20. — CONSTITUTION DU PEUPLE FRANÇAIS, Précédée du Rapport du Comité de Salut public, fait à la Convention le 10 juin, par le Citoyen Hérault, suivie du Décret et Instruction pour la convocation des Assemblées primaires, &c. Décrétée le 24 juin, et acceptée le 10 Août, l'an deuxième de l'Egalité. Le Calendrier tel qu'il a été décrété par la Convention, et le tarif du *Maximum*, se trouvent à la fin. || *A Paris, chez Devaux, Libraire, maison Egalité,* N° 181. *L'an 2ᵉ de la République Française, une et indivisible.*
In-32.

Ouvrage de 127 pages, de l'imprimerie de la Société Typographique des Trois Amis, rue S. Jacques, N° 61.
Frontispice avec encadrement représentant une femme, assise sur une estrade, présentant au peuple assemblé le bonnet phrygien ; au dessous se lit : *La Raison.*
Avec le Calendrier républicain de l'an II. Le calendrier, sans être paginé, se trouve à la page 97 ; au verso de la dernière page de ce calendrier se trouve : Le Nouveau Calendrier des Français républicains (p. 110 à 112) en vers, signés : le citoyen J. P. Mérard St-Just, poète et soldat invalide. Puis, de la page 113 à 127 ; Taxe de toutes les denrées et marchandises de première nécessité, faite par la municipalité de Paris, en conformité du décret du 29 septembre dernier, qui en fixe le minimum.

20 *bis.* — L'ECOLE DE LA NATURE ou Les Amours du Village. || *A Paris chez Blanmaieur, Rue du Petit-Pont à l'Image Notre-Dame.*
1793. In-18.

Titre avec illustration gravée et signée *Derruis del., Pâtris sculp.*

61 pages de texte avec la musique et composé de chansons tirées de vaudevilles.

— Douze gravures encadrées avec les légendes suivantes :

1. le *Prêté pour un rendu*. — 2. *Il étoit tems* (sic). — 3. *l'Heureux Sommeil*. — 4. *le seul Cadeau qui plaits* (sic) *toujours*. — 5. *la jolie Découverte*. — 6. *les Perfidies à la mode*. — 7. *l'Amant Officieux*. — 8. *le Coup manqué*. — 9. *le Passage bien payé*. — 10. *le Bouquet du Cœur*. — 11. *les plaisirs du Glanage*. 12. *le Bouquet*.

9 airs notés et gravés, — et un cahier de feuilles blanches pour notes.

Calendrier gravé, sur deux feuilles bleutées, se dépliant, avec les signes du zodiaque en tête des mois.

(*Communiqué par M<sup>r</sup> Georges Bernard*).

21. — L'HEUREUSE DÉCADE, Almanach chantant pour la présente année Contenant des Vaudevilles, Couplets et Hymnes patriotiques. || *A Paris, chez Le Prieur, Libraire, rue de Savoie N<sup>o</sup> 12, Chez la veuve Langlois, rue S<sup>t</sup> Jacques, à la renommée, Et aux Associés rue S<sup>t</sup> Jacques*.

An II<sup>e</sup> (1793-1794) In-32.

Almanach de colportage, composé de 128 pages de chansons.

Frontispice colorié représentant un homme, coiffé du bonnet phrygien, faisant la lecture à trois femmes, réunis tous autour d'une table.

Calendrier pour l'An II<sup>ème</sup>.

Communiqué par M. Ch. Malherbe.

22. — NOUVEAU CHANSONNIER PATRIOTE, ou Recueil de Chansons, Vaudevilles et Pots-Pourris patriotiques, par différens Auteurs ; Dédié aux Martyrs de la Révolution, précédé de leurs *Éloges*, par Dorat-Cubière, et suivi du nouveau *Calendrier comparatif*. || *A Lille, chez de Perne, Libraire, rue Neuve. Et se trouve à Paris, chez Barba, Libraire, rue Git-le-Cœur, N<sup>o</sup> 15. L'An Deuxième de la République Française*.

1793. In-12

Frontispice avec deux médaillons représentant Le Pelletier de S<sup>t</sup>-Fargeau et Marat ; ces deux médaillons sont placés entre deux arbres dont les branches sont réunies au-dessus par un bonnet phrygien ; sous les médaillons, un mausolée entouré de quatre sapins, avec ce quatrain pour légende :

*Amoureux de la Liberté*
*Ils ont versé tous deux leur sang pour la patrie,*
*De tous deux à bon droit la mémoire est chérie,*
*Et tous deux voleront à l'Immortalité.*

164 pages de texte.

Préface de l'Editeur après le titre.

A la page 7, Eloge de Marat et p. 16, Eloge de Michel Le Pelletier, tous les deux en vers. Le Nouveau Chansonnier Patriote commence p. 21 avec *La Montagne*, vaudeville. Parmi les principales chansons, il faut citer : *Les Capucinades du roi de Prusse et de Brunswick*, p. 58. — *Aux Féroces Anglais*, chanson, p. 73. — *Aux Armes!* hymne dédié aux Jacobins de Paris, p. 97. — *La Carmagnole de la Vendée*, p. 111. — *Ronde de la Fête Civique*, p. 125.

A la page 161 : Décret de la convention nationale : du 5 octobre 1793, l'an second de la république française une et indivisible concernant l'Ere des Français.

Viennent enfin : le Calendrier républicain de 1793, et la Table, non paginée, des Chansons, Vaudevilles et Pots-Pourris contenus dans ce volume.

(Carnavalet 18.235 et 15.018 A = 2 exempl. provenant de la « Collection révolutionnaire du Marquis de Turgot ».)

23. — CHANSONNIER DE LA RÉPUBLIQUE POUR L'AN 3e. Dédié aux Amis de la Liberté. Orné des Portraits de Brutus, Mutius Scévola, Guillaume Tell et Rousseau. Enrichi d'himnes (*sic*) Patriotiques chanté (*sic*) aux fêtes Nationales avec les airs notés. || *A Bordeaux chez Chapuy Libraire à la Bourse et à Paris chez Barba Libraire, rue git le cœur* No 15. *Louis Libraire, rue Severin. L'an 3e.*

Pet. In-12.

Le titre de l'ouvrage est gravé sur une draperie tenue par la Vérité et la Liberté. Au bas de la draperie, deux canons avec des boulets et tonneaux de poudre.

Le titre, encadré, porte en haut de la page : Présenté à la Convention Nationale Dont la Mention honorable à été Décrété (*sic*).

Frontispice avec les 4 portraits en médaillons, sur fond noir, de : *Junius Brutus, Mutius Scevola, J.-J. Rousseau, et Guillme Tell* ; et au dessous ces vers :

> *En des termes différents, pour servir la patrie,*
> *Brutus immole un fils et Tell venge le sien :*
> *Scevola dans les fers brave la tyrannie,*
> *par Rousseau l'homme instruit est sage et citoyen.*

Ouvrage de 174 pages, composé de chansons républicaines, dont : *Le Chant du départ ; la Marche des Marseillais* (*La Marseillaise*); et le *Chant Civique* « *Veillons au salut de l'Empire* ». Les dix premiers chants sont numérotés de no 1 à no 10 (de la page 15 à la page 36 incluse).

Avec un Avis de Libraire, suivi de l'éloge de chacun des 4 personnages du frontispice ; — de 12 pages d'airs notés ; — du calendrier républicain de l'an 3, avec la dénomination des anciens jours ; — et l'ordre des Fêtes décadaires ; enfin de la Table des matières (p. 172).

Bibl. Nat. Ye 11.284.

**24.** — CHANSONNIER MILITAIRE, Recueil d'Hymnes, Odes, Romances et Chansons patriotiques, propres à former les guerriers républicains à toutes les vertus civiques. Suivi du nouveau Calendrier. || *A Paris, chez Barba, Libraire, rue Gît-le-Cœur, n° 17.*

### An III. In-18.

Ouvrage de 112 pages de texte. Plusieurs chansons portent le nom de leurs auteurs : *citoyens Auguste, Piis, Armand Bourette, Fontaine, Barré* et *Léger, Grandcire, Ravrio, Dusausoir, Théodore, Planterre,* et *Gamas.*

Frontispice, non signé, représentant un soldat, mortellement blessé, étendu sur un lit et soigné par sa femme ; il étend le bras vers son enfant qui pleure ; au dessous cette légende : *Adieu mon fils suit* (sic) *mon Exemple. Voy. Page 8.*

Calendrier de l'An III (1794-1795).

**25.** — LES DÉLICES DES NATIONS. Almanach chantant et Républicain. || *A Paris, chez Laurens Jeune, Imprimeur-Libraire, rue St-Jacques, n° 37, vis-à-vis celle des Mathurins.*

### An III. In-32.

Almanach de colportage, composé de 15 pages de texte ne comprenant que quatre chansons dont voici les titres :

1. *Le Soldat éclairé, ou le Déserteur Prussien.* — 2. *Couplets à la Citoyenne Savigny, Actrice Patriote du Théâtre de l'Ambigu-comique.* — 3. *Serment Patriotique.* — 4. *Hymne Républicaine.*

Frontispice colorié : L'Amour, au milieu des nuages, planant sur quatre couples représentant les quatre parties du monde.

Calendrier pour l'An III de la République Française une et indivisible, avec les Fêtes Décadaires dans l'ordre qu'elles ont été décrétées.

**26.** — LES DIGNES ENFANS DE LA PATRIE. Etrennes aux Jeunes Citoïens (sic) des deux Sexes. || *A Paris chez Blanmayeur Rue du Petit Pont.*

### An III (1794-1795). In-64.

Petit almanach de 62 pages de texte, composé de chansons républicaines.

Il y a un faux titre, un titre illustré et un troisième titre imprimé ainsi libellé : *Les Dignes enfans de la Patrie. Etrennes aux jeunes citoyens des deux Sexes, pour la présente année.* || *A Paris, chez Blan-Mayeur, doreur, rue du Petit-Pont.*

Huit figures, non signées, avec les légendes suivantes :

1. *Le Brave Citoyen.* — 2. *l'Emule de Scœvola.* — 3. *Le Civisme Précoce.* —

4. *Le Jeune Héros.* — 5. *l'Apothéose mérité* (sic). — 6. *l'Héroïque Résolution*
— 7. *Les Charmes des Vertus.* — 8. *La Bonne Patriote.*

Calendrier pour l'An trois de la Répu. franç., de 24 pages encadrant le texte.

27. — LE PASSE-TEMS AGRÉABLE. Almanach pour l'An 3e. ||
*A Paris Chez Blanmayeur Rue du Petit-Pont, nº 12.*

An III. In-128.

Almanach minuscule entièrement gravé, composé de chansons sans titres et de 8 petites figures.
64 pages de texte avec le calendrier.
Devises pour Filles et Garçons.
Calendrier républicain de l'an III.

28. — LA PRATIQUE DES AMANS ou La Théorie du Contemplateur. || *A Paris chez Jubert Doreur, Rue Saint Jacques la Porte Cocher* (sic) *vis à vis les Mathurins.*

1794. In-18.

Titre en lettres gravées dans une illustration champêtre.
Almanach composé de 32 pages de chansons gravées et encadrées d'un double filet noir.
Douze gravures, non signées, avec ces légendes :
1. *L'Amour berger.* — 2. *Le triomphe de Louise.* — 3. *Le Buveur aimable.* — 4. *La Piqure.* — 5. *Le Berceau.* — 6. *Les Sermens.* — 7. *Le pronostic* (sic) *Matrimonial.* - 8. *La Bergère résolue.* — 9. *Les deux Rosiers.* — 10. *La Fauvette.* — 11. *Le Rapatriage Dramatique.* — 12. *L'Amour M* en fait d'armes.*

Perte et Gain pour chaque mois, de 24 pages.
Calendrier pour l'Année M.DCC.XCIV.

29. — CALENDRIER DES ENFANS, ou Etrennes d'Esope, Contenant des Fables instructives; par le C*en* Boinvilliers; Dédié aux Pères de Famille. Pour la présente année [Epigraphe :]

> Quand je fais converser les Brebis et les Loups
> Mon cœur heureux croit de l'enfance
> Avoir la timide innocence
> Comme il en a les plaisirs les plus doux.

|| *A Paris, Chez Laurens le jeune, Libraire-Imprimeur, rue Saint Jacques, Nº 32 ; Et chez les Marchands de Nouveautés.*

1795-1796. Petit-In-12.

Frontispice gravé, non signé, dans un cadre avec cette légende dans un cartouche : *Mon fils, pour toi je les compose.*
Petit ouvrage de 50 pages composé de fables.
Dans un long « Avertissement » l'auteur dit : « ..... Mais comme je m'étais proposé d'adopter, parmi les Fables connues, celles qui,

en fondant les inquisitions ministérielles & l'orgueil des hommes riches et puissans, respirent la haine & l'aversion pour les despotes, il m'a fallu faire de nombreuses recherches, qui m'ont mis, plus que tout autre, à portée de me convaincre que tel homme pour flatter la multitude, insulte aujourd'hui à l'Hydre terrassée, encensait l'idole qu'il avait érigée de sa propre main ; aussi n'y a-t-il presqu'aucune de ces Fables que je n'aie retouchée. »

Calendrier de 1795-1796.

30. — ETRENNE DES NEUF SŒURS Dédié à l'Amour. || *A Paris chez Blanmayeur Rue du Petit-Pont, à l'image N. D. N° 12.*

1795. In-32.

Titre-Frontispice dans un cadre.

Lettres gravées sur un rideau maintenu par deux amours tandis qu'un troisième amour écrit au stylet sur un fût de colonne. Au-dessous est gravée l'adresse de l'éditeur.

61 pages de texte entièrement gravé et encadré d'un filet noir, composé de chansons avec 12 gravures, non signées, portant les légendes suivantes :

1. *l'Amour les conduit.* — 2. *la bonne Union.* — 3. *les Duels.* — 4. *la Belle Dormeuse.* — 5. *la Danse.* — 6. *J'aime les Goujons.* — 7. *le Repas agréable.* — 8. *la Moisson.* — 9. *la Surprise.* — 10. *le bonheur Suprême.* — 11. *la Franchise.* — 12. *le Récit attendrissant.*

Une carte (se dépliant) de la France par Gouvernemens, Dressée par Longchamps Ing<sup>r</sup>.

De la page 21 à 44 incluse, neuf airs notés et gravés : *Hymne des Versaillois ; Hymne à la Liberté ; Couplets sur la Reprise de Toulon ; Air, Ronde et Chansons patriotiques ; Invitation à un Curé pour danser.*

Calendrier gravé de l'An 4<sup>e</sup> de la Rép<sup>e</sup> Française, 1795, sur deux feuilles se dépliant.

31. — LE PETIT COUSIN DE LA FONTAINE, ou Le Fablier des Grâces. Almanach Moral et amusant. || *A Paris chez Janet Rue Jacques, N° 31.*

Vers 1795. In-32.

Titre illustré : La Fontaine couronné par les Grâces.

48 pages de texte et 12 gravures non signées avec ces légendes :

1. *Les Grâces et la Beauté.* — 2. *les deux Habits.* — 3. *la Glace.* — 4. *les Joueurs de Paume.* — 5. *le Pauvre et le Derviche.* — 6. *le Drame et la Presse.* — 7. *la Sirène Marchande de Fumée.* — 8. *l'Hydropique.* — 9. *le Siècle et l'Année.* — 10. *le Prisme.* — 11. *le talon d'Achile* (sic). — 12. *le Rideau.*

32. — ALMANACH DU BONHEUR. [Épigraphe :]

Heureux qui vit chez soi,
De régler ses désirs faisant tout son emploi !

*La Fontaine, fable 12, l. 7.*

Par l'auteur de celui de J.-J. Rousseau. || *A Paris, chez Caillot, Imprimeur-Libraire, rue du Cimetière-André, N° 6.*

An V (1796-1797). Petit In-18.

Frontispice non signé, mais qui doit être de Borel, avec cette légende : *Aristide expliquant les principes de la morale.*

Ouvrage, par Bulard, de 108 pages de texte traitant des deux espèces de bonheur : le bonheur physique et le bonheur moral.

Calendrier pour l'An V de la République Française. Avec les noms des Saints, et l'indication des Dimanches et Fêtes, selon l'ancien style ; suivi du décret sur la liberté des cultes.

33. — LA PETITE RUSÉE ou Les Détours d'une Jeune Françoise. || *A Paris, chez la Veuve Tiger, Rédacteur & Editeur, au Pilier Littéraire, Place de Cambrai. Et chez les Marchands de Nouveautés.*

1796. In-32.

Almanach de colportage, de 64 pages de texte composé de chansons, poésies, élégie et conte en prose.

Frontispice, gravure sur bois : Jeune femme, au bras d'un homme âgé, se retournant pour embrasser son amoureux, à qui elle donne une lettre.

Calendrier pour l'année M.DCC.XCVI. jusqu'à Janvier 1797 exclusivement, avec les noms des mois, ceux des jours de la semaine, & la correspondance du nouveau style. Adresse de l'éditeur avec date 1796.

34. — LA SOIRÉE D'ETÉ, ou Amusemens Villageois. Almanach chantant. || *A Paris, chez Demoraine, imprimeur-libraire, rue du Petit-Pont, n° 99. Aux Associés. Et chez Chemin, au bureau du courier* (sic).

1796. In-32.

Almanach de colportage de 64 pages du texte composé de chansons, romances et poésies.

Frontispice colorié, représentant une scène champêtre.

Calendrier pour l'An Quatrième de la République Française, et l'Ere Vulgaire du 23 Sept. 1795 au 21 Sept. 1796. Avec le décret sur la liberté des cultes. A Paris chez Demoraine etc... et chez Chemin, rue du Marché Palu.

35. — LA BIENFAISANCE DES FÉES ou Exemples d'Héroïsme et de Vertu. || *A Paris chez Janet, Rue S¹ Jacques N° 31.*

An VI-1798. In-18.

Petit almanach assez curieux, avec le titre gravé et colorié sur un grand cœur, entouré de guirlandes de fleurs que maintiennent deux amours et posant sur un socle, sur lequel deux sphinx, aux ailes déployées, croisent leurs pattes.

12 gravures coloriées, non signées, se rapportant aux chansons imprimées, sans pagination, dont voici les légendes :

1. l'heureux repos. — 2. l'agréable réveil. — 3. la Belle Curieuse. — 4. l'humanité vengée. — 5. l'espoir mutuel. — 6. les Dons réciproques. — 7. le facheux retard. — 8. la Beauté triomphante. — 9. l'humble refuge. — 10. l'innocente consolation. — 11. le Médicament singulier. — 12. la vertu récompensée.

De l'Impr. de Belin, rue Jacques, n° 22.

Viennent ensuite : 24 pages gravées comprenant 4 airs notés et romance, tirés de pièces de théâtre ; — puis 48 pages pour le Nécessaire des Dames et des Messieurs avec Perte et Gain pour chaque mois et un cahier de feuilles blanches ; — enfin un autre cahier de feuilles blanches, non paginées, pour notes.

Calendrier de l'An VI de la Républ. Franç. au commencement du volume et Calendrier de 1798 à la fin.

36. — LE PETIT TRÉSOR. Almanach Chantant pour l'An 1798. || *A Paris chez Janet Libraire, Rue S$^t$ Jacques, n° 31.*

In-128.

Almanach minuscule, entièrement gravé, composé de 64 pages de texte avec le calendrier de 1798.

Chansons, sans titres, accompagnées de huit petites figures.

Devises pour les Demoiselles et les Garçons avec Table.

37. — LES CHARMES DE LA JEUNESSE. || *à Paris chez Favre Libraire Palais égalité Galeries de Bois N° 220.*

An VII. In-18.

Titre gravé dans une couronne de roses surmontée de deux colombes, d'un arc et d'une tête entourée de rayons lumineux.

Au-dessous, l'illustration représente un paysage : un temple au fond et sur le premier plan, une jeune fille et un amour. Gravure signée *Blanchard sc.*

Almanach entièrement gravé et composé de 96 pages de texte, chansons avec huit gravures, signées *Blanchard sc.*, portant ces légendes :

1. l'Orgie. — 2. l'Embarras du choix. — 3. La Musique. — 4. Le Colin maillard. — 5. La Folie. — 6. La main Chaude. — 7. La Danse. — 8. Les Coudes sur la Table.

Nécessaire, Perte et Gain pour chaque mois et cahier de feuilles blanches pour notes.

Calendrier gravé de l'An VII.

Exempl. rel. en mar., communiqué par M$^{me}$ Doumic.

38. — LES DÉLICES DES SPECTACLES, ou Choix d'Ariettes

Nouvelles. || *A Paris chez Janet, Libraire Rue S. Jacques* N° 31. 1799. In-18.

Titre gravé, signé *Dorgez sculp.*, représentant un amour assis sur un divan et jouant de la mandoline ; autour sont des arbres, au-dessus desquels vole un autre amour tenant une couronne de roses.

24 pages de texte gravé composé de romances tirées de pièces de théâtre.

Six gravures, signées *Dorgez sculp.*, avec les légendes suivantes :

1. *Gulnare. Scène XI, avec musique.* — 2. *Le Mariage de Scaron* (sic). *Scène XIV.* — 3. *Le Prisonier* (sic). *Scène XV, avec musique.* — 4. *Alexis ou l'erreur d'un bon Père, avec musique.* — 5. *Léonore. Acte I. Scène V.* — 6. *L'Espiègle.*

Cahier d'Ariettes Nouvelles imprimées, sans pagination.

Le Secrétaire des Dames avec Perte et Gain pour chaque mois et cahier de papier blanc, formant ensemble 48 pages. En plus, un cahier de feuilles blanches, sans pagination.

Calendrier de 1799.

39. — ETRENNES A LA JEUNESSE. Almanach chantant ; pour l'Année 1799. || *A Paris chez Janet, Libraire, Rue S$^t$ Jacques*, N° 31.

In-128.

Almanach minuscule orné de huit petites figures, sans légendes, accompagnant les chansons elles-mêmes sans titres.

Devises pour les Demoiselles et les Garçons avec table.

64 pages de texte gravé avec le Calendrier de 1799.

## 1800 à 1900

**40.** — Le Bijou des Spectacles. || *A Paris Chez Janet Rue S. Jacques N° 31.*

(vers 1800). In-32.

Titre-Frontispice représentant une scène, avec orchestre sur le devant, encadrée de colonnes avec médaillons dans lesquels sont inscrits les titres des pièces dont quelques fragments composent ce petit volume. Le titre est imprimé sur le rideau couronnant la scène.

24 pages de texte gravé avec six gravures, non signées, dont voici les légendes :

1. *Alceste.* — 2. *Anacréon.* — 3. *Roméo et Juliette.* — 4. *Lisbeth.* — 5. *Lise et Colin.* — 6. *la petite Nanette.*

Deux airs notés et gravés.
Cahier de chansons imprimées au milieu du volume et sans pagination.

**41.** — L'Esprit d'Eustache et les Poésies de Sa Sœur. Almanach Contenant un recueil de Chansons, Romances, Epigrammes, Contes, Enigmes, etc. etc. Par le cit. Rosamir de Sibrio. || *A Paris, Chez Demoraine, imprimeur-Libraire, rue du Petit-Pont, N° 99. Aux Associés.*

(vers 1800). In-32.

Almanach de colportage composé de 64 pages de texte.
Frontispice colorié, gravure soignée, non signée, représentant un intérieur dans lequel sont un homme et une femme jeunes, assis près d'une table, avec un amour, devant eux, jouant du flageolet.

**42.** — Estelle Pastorale. A vous que j'aime. || *A Paris. Chez Marcilly Rue S¹ Julien le Pauvre N° 14 et 15.*

vers 1800. In-32.

Ouvrage entièrement gravé et semblable, à l'exception du titre, à *Estelle*, de Boulanger (*voir plus haut, N° 16*).
*Les planches des gravures et du texte proviennent de l'éditeur Boulanger. Marcilly s'est donc servi de ces planches, fort usées, après avoir fait dessiner par Queverdo un autre titre.*

Titre gravé et signé *Queverdo del. et sculp.* représentant deux colombes déposant une couronne de roses sur un médaillon contenant des initiales et reposant sur un rocher, en forme de pont, laissant voir un paysage au-dessus duquel sont gravés le nom et l'adresse de l'éditeur.

12 gravures encadrées avec ces légendes :

1. *Ne méprisez pas mon enfance.* — 2. *Je vais donc quitter pour jamais.* — 3. *Que j'aime à voir les hirondelles.* — 4. *L'autre jour la bergère Annette.* — 5. *Dans cette aimable solitude.* — 6. *J'aime et je ne puis exprimer.* — 7. *Ce matin dans une bruyère.* — 8. *Ah! s'il est dans votre village.* — 9. *Adieu charmantes Bergères.* — 10. *Voici venir le doux Printems.* — 11. *A Toulouse il fut une Belle.* — 12. *Et laisse mes lèvres mourantes.*

Il n'y a pas d'airs notés, qui ont été remplacés par Perte et Gain pour chaque mois et deux cahiers de feuilles blanches pour notes.

43. — L'AMOUR ET LA FOLIE, OU LE PASSE-PARTOUT DES GRACES ; Almanach anacréontique. || *A Paris, chez Janet, Libraire, rue Jacques, N° 31.*

An IX. In-32.

Publication de colportage, sans pagination, composée de chansons, romances, fables, etc.

Frontispice colorié, gravure sur bois assez soignée représentant : Mercure descendant des nuages et posant un doigt sur une feuille de papier que tient la Folie accompagnée de l'Amour un bandeau sur les yeux.

Au verso du titre on lit ce qui suit : Quel plus joli Almanach peut-on offrir que le *Passe-Partout des Graces ?* On espère que la plupart des pièces qui la composent, justifieront ce titre.

Annuaire pour l'An IX<sup>e</sup> de la République Française.

44. — LA MUSE CHAMPÊTRE, Chansonnier Lyrique. || *A Paris, chez Ouvrier, Libraire, maison Château-vieux, rue Saint-André-des-Arts, n° 41.*

1801. In-18.

Chansonnier, composé de 140 pages d'idylles et pastorales mises en chansons, avec un Frontispice gravé et non signé représentant un sujet champêtre.

Calendrier de 1800-1801.

45. — LE MYSTÈRE DE L'AMOUR, OU LES AMANS INDISCRETS. Almanach Récréatif et Amusant. || *A Paris, Chez Demoraine, Imprimeur-Libraire, rue du Petit-Pont n. 99. Aux Associés.*

An 9 — 1801. In-32.

Almanach de colportage composé de 64 pages de chansons et romances, avec un Frontispice colorié, assez finement gravé et portant cette légende : *Les Mystères de l'Amour.*

Ce frontispice, ainsi que le texte, est encadré d'un double filet noir et porte, en tête, le chiffre 6.
Calendrier de l'An 9.

**46.** — LE FAUX-PAS DE SUZETTE, Almanach chantant Dédié aux Belles. Pour la présente année. || *A Paris, chez Caillot, Imp.-Libraire, rue du Cimetière André-des-Arcs.*

An X. In-32.

Titre avec un encadrement.
Almanach de colportage de 64 pages de chansons et petites poésies.
Frontispice colorié représentant une jeune villageoise tombée à terre et pleurant, tandis qu'un jeune garçon court après son âne qui s'enfuit.
Annuaire pour l'An X, avec l'adresse de l'éditeur.

**47.** — LA GAIETÉ FRANÇAISE, ou Le Bon Ton du Hameau de Chantilly. || *A Paris, Chez Caillot, Imp.-Lib., rue du Cimetière-André, n° 6.*

An X. In-32.

Publication de colportage de 64 pages de texte composé de chansons.
Frontispice colorié, gravure sur bois représentant trois couples de personnes s'embrassant.
Annuaire pour l'an X de la République Française, avec les jours correspondans de l'ancien calendrier.
(*Le frontispice de cet almanach a été reproduit, par le même éditeur, dans un autre almanach de colportage : Le Secret de plaire, de 1806. voir N° 1497, p. 393, de la Bibliographie des almanachs de J. Grand-Carteret.*)

**48.** — LE JOUJOU DES ENFANS. Almanach Pour l'An 1802. || *A Paris Chez Janet Libraire, Rue S<sup>t</sup> Jacques N° 31.*

1802. In-128.

Almanach minuscule entièrement gravé, de 64 pages de texte avec le calendrier.
Le titre est paginé 1.
Huit figures accompagnant les chansons sans titre.
Devises pour les Demoiselles et pour les Garçons, avec table.

**49.** — L'UNION LYRI-COMIQUE DE THALIE ERATO EUTERPE ET TERPSICORE (sic). || *A Paris, chez Janet Libraire Rue S<sup>t</sup> Jacques N° 31.*

An X<sup>e</sup> — 1802. In-18.

Titre gravé sur une jolie illustration non signée représentant les quatre Muses et au-dessus des amours maintenant une draperie sur laquelle est écrit : *Castigat Ridendo Mores.*

Almanach de 24 pages de texte entièrement gravé, composé de couplets et romances tirés de vaudevilles et d'opéras comiques, avec six gravures, non signées, dont voici les légendes :

1. *Florian.* — 2. — *Le Gentil Bernard.* — 3. *L'Irato ou l'Emporté.* — 4. *Le Calife de Bagdad.* — 5. *La Maison à vendre.* — 6. *Le Trompeur Trompé.*

3 airs notés et gravés. Viennent ensuite : un cahier d'Ariettes nouvelles imprimées et non paginées : — puis, Le Secrétaire avec Perte et Gain pour chaque mois et cahier de papier blanc pour notes, faisant ensemble 48 pages.

Calendrier pour l'an dixième après le titre et calendrier de 1802 à la fin du volume.

50. — ALMANACH FRANÇAIS, à l'usage de toutes les Nations dans tous les gouvernemens ; Composé tout simplement des principales Observations, Maximes, Dictons, Quolibets, & c. de nos Aïeux dont la morale & la gaîté presque perdues, peuvent seules constituer le vrai Français & l'Homme de bien. Dédié au Genre Humain, Au moins, à tous ceux qui voudront en profiter ; par un Vieillard de 87 ans. || *A Paris, chez la veuve Bouquet, Libraire, rue du Marché-Palu, n° 10, près le Petit-Pont. Déposé à la Bibliothèque Nationale.*
An XI. In-32.

Almanach de colportage avec une Préface ainsi conçue : « Préface, dédicace et Testament de Jacques Boncœur, mon oncle, » dans laquelle il est dit ce qui suit et qui renseignera complètement sur la composition du petit ouvrage : « ..... Tous les Almanachs faits jusqu'à ce jour, ainsi examinés, il ne me reste plus qu'à dire en quoi consiste le mien. En tête se trouvera mon présent Testament, le seul que je puisse faire ; ensuite viendront l'Annuaire Républicain & le Calendrier Grégorien, tels que le Gouvernement les admet & tels qu'on les voit dans tous les Almanachs. A la suite on placera les 12 mois, consacrés chacun à un objet particulier dont il sera seulement question pendant les 30 ou 31 jours qui les composent. Chaque jour présentera une maxime, une observation ou un dicton de nos Anciens. »

Dans l'exemplaire que je possède il se trouve un frontispice, gravure sur bois, et 12 petites vignettes encadrées avec les signes du zodiaque, en tête des mois.

51. — LES FOLIES DANSANTES ET CHANTANTES DÉDIÉS (sic AUX BELLES. || *A Paris chez Janet Rue St Jacques N° 31.*
An XIe — 1803. In-18.

Titre gravé au milieu d'une composition champêtre.

24 pages de texte gravé, entouré d'un double filet noir et composé de chansons.

Douze gravures, non signées, avec ces légendes :

1. *L'Image de l'Amour*. — 2. *Les suites de la Danse*. — 3. *Bambillard et Bobinette*. — 4. *Gare les Voisins*. — 5. *Lisette et Colas*. — 6 *Le prix d'un sourire*. — 7. *Peine et Plaisir*. — 8. *La beauté de la nature*. — 9. *Le Bal de Nuit*. — 10. *L'exemple des Oiseaux*. — 11. *Tout vient avec le temps*. — 12. *Le Rendez-vous*.

Cahier d'ariettes nouvelles imprimées, sans pagination; — Secrétaire ou dépositaire fidèle et discret, avec Perte et Gain pour chaque mois et cahier de papier blanc pour notes.

Calendrier républicain pour l'an onzième au commencement du volume et Calendrier Grégorien pour 1803 à la fin.

52. — LA SULTANE FAVORITE. Almanach chantant. || *A Paris, Chez Caillot, Imp.-Lib., rue du Cimetière-S.-André, N° 6.*

### An XII° In-32.

Almanach de colportage, de 48 pages avec le calendrier et composé de chansonnettes et romances.

Frontispice avec cette légende : *La Sultane favorite*.

Calendrier pour l'An Douzième de la République Française avec la date correspondante de l'ancien calendrier, et l'adresse de l'éditeur.

53. — LE BONHEUR CHAMPÊTRE. Almanach Chantant pour l'Année 1805. || *A Paris Chez Marcilly, Rue S¹ Julien le Pauvre N° 14 et 15*.

### 1805. In-128.

Almanach minuscule, de 64 pages de texte gravé avec le calendrier et composé de chansons.

Douze figures se rapportant au texte :

1. *le Petit Serin*. — 2. *la Petite Fille*. — 3. *Voilà Lucile*. — 4. *le Portrait*. — 5. *la Chanson du Petit Colin*. — 6. *la Petite Coquette*. — 7. *la belle Saison*. — 8. *le But manqué*. — 9. *le Petit Chasseur*. — 10. *Lise Astronome*. — 11. *les Fous trop heureux*. — 12. *la Petite Marchande*.

A la page 64 on lit : On trouve chez le Citoyen Marcilly des Almanachs de Cabinet chantant. Almanachs gravés.

Couvertures de toutes façons &c.

Calendrier de 1805.

54. — ETRENNES DE FLORE ou les Jeux du Parnasse Pour l'An 1805 et le 2ᵉ de l'Empire Français. || *A Paris, Chez Lefuel. Rue S¹ Jacques, N° 28, près celle des Noyers.*

### 1805. In-64.

Titre en lettres gravées dans un encadrement avec ornements, et paginé 1.

Petit almanach entièrement gravé, de 72 pages, composé de petites chansons accompagnées de douze gravures.

Chaque page a un encadrement.

L'almanach a un cartonnage avec sujet représentant, sur la couverture un joueur de flute assis au pied d'un arbre, et à la fin du volume une petite fille assise et lisant.

Les 12 chansons, correspondant aux gravures et aux mois, portent les titres suivants :

1. *Janvier-Les Almanachs.* — 2. *Février-Les Bals.* — 3. *Mars-Le Carême.* — 4. *Avril-Le Printems.* — 5. *Mai-Les Fleurs.* — 6. *Juin-Les Prairies.* — 7. *Juillet-La Moisson.* — 8. *Aout-La Chaleur.* — 9. *Septembre-La Vendange.* — 10. *Octobre-La Chasse.* — 11. *Novembre-La Neige.* — 12. *Décembre-La Glace.*

A la page 29, Anecdotes, suivies (p. 37) du Calendrier de 1805.

55. — LES VEILLÉES DE LA CHAUMIÈRE ou les Amusemens Lyriques d'une Famille Aimable réunies (*sic*) à la Campagne. || *A Paris chez Janet Libraire et M<sup>d</sup> de Musique, Rue S<sup>t</sup> Jacques, N<sup>o</sup> 31.*
An XIII — 1805. In-18.

Titre gravé sur une illustration représentant une chaumière à laquelle arrive un paysan portant une hotte remplie de fleurs.

24 pages de texte gravé.

Almanach composé de chansons avec douze gravures, non signées, dont voici les légendes :

1. *Le bonheur de l'innocence champêtre.* — 2. *La bonne Mère fêtée par ses Enfans.* — 3. *Les secours de l'amitié.* — 4. *La lecture des Romans.* — 5. *Les noirceurs de l'Amour.* — 6. *La vengeance permise.* — 7. *Les Saphos du jour.* — 8. *L'Amour pris aux Gluaux.* — 9. *Le joli Oiseau envié.* — 10. *Leçon de danse.* — 11. *Le bonheur de la Confiance.* — 12. *La Confiance nécessaire au bonheur.*

Cahier d'ariettes nouvelles imprimées.

Le Secrétaire avec Perte et Gain pour chaque mois et cahier de papier blanc pour notes formant 48 pages.

Calendrier pour l'An XIII de la République Française avec la date correspondante de l'ancien Calendrier — et Calendrier de 1805.

56. — ALMANACH DE LA SAGESSE, ou Instructions Morales, tirées des Saintes Ecritures, Dédié à la Jeunesse || *A Paris, chez Fantin, libraire, Quai des Augustins, n<sup>o</sup> 55. Delaunay, libraire, Palais du Tribunat, galerie de bois, n<sup>o</sup> 243.*
1806. In-16.

Un autre titre gravé sert de Frontispice. Un faux titre, au dos duquel on lit : « Explication de Frontispice. — La Vérité relève une draperie et laisse voir dans le fond la Religion appuyée sur une ancre. » Sur la draperie se lisent ces mots : *Instructions Morales tirées des Saintes Ecritures;* et au dessous de l'illustration : *A Paris chez Lefuel, Rue S<sup>t</sup> Jacques. N<sup>o</sup> 53.*

Préface avec cette dédicace de l'auteur. A mon jeune Ami Haylig,

Vous avez désiré que je misse à votre portée, quelques traits de la Sainte Bible ; j'ai choisi ceux où se trouvent le plus de ces vertus que vous aimez tant à pratiquer : l'amour filial, la bienfaisance (sic) : lisez les, méditez les.

> Il est une route plus sure,
> Votre mère vous l'apprendra :
> Mieux encor que cette lecture
> Son exemple vous instruira.

Sept figures, non signées, avec ces légendes :

1. *Ruth et Noémi*. — 2. *Tobie*. — 3. *La Chasteté de Joseph*. — 4. *Benjamin*. — 5. *Esther*. — 6. *Job*. — 7. *Judith*.

Calendrier de 1806.

(B. Nat. R. 18.434).

57. — LES HOMMAGES à l'AMITIÉ. Etrennes Lyriques. Par MM. F. S*** et P***. || *A Paris, Chez Tiger, Imprimeur-Libraire, Place Cambray* (sic), *Au Pilier littéraire. Et chez les marchands de nouveautés.*

1806. In-18.

Almanach de 108 pages de texte composé de chansons, précédées de deux dédicaces en vers : la 1re, Aux Lecteurs ; la 2de, A Mademoiselle Aglaé L***.

Frontispice, signé *Poisson sculp.*, portant pour légende ce quatrain :

> *De nos jours donnons la moitié*
> *Au Dieu de Gnide et d'Idalie,*
> *Et pour être heureux dans la vie*
> *Consacrons l'autre à l'Amitié.*

Calendrier pour l'An M.DCC.C.VI, IIIe de l'Empire François.

58. — LES DEUX PETITS SAVOYARDS, Chansons et Ariettes Tirées de l'Opéra de ce nom ; Auxquels on a joint La Lanterne Magique Pour la présente année. || *A Paris, Chez Langlois, Imprimeur, rue Saint-Jacques,* N° 279.

1807. In-32.

Publication de colportage ne comprenant que 7 pages de chansons. A la page 8, commence La Lanterne Magique, pièce en VII tableaux. En tout 31 pages de texte.

Frontispice, à la sanguine, assez bien gravé, représentant deux jeunes savoyards dansant devant une maison ; avec cette légende : *les deux petits Savoyards*.

Calendrier pour l'an de grâce 1807, troisième et quatrième de l'Empire Français, avec le nom et cette adresse de l'éditeur : chez Langlois, Imprimeur-Libraire, rue de Petit-Pont, n° 25.

ALMANACHS ILLUSTRÉS 27

59. — Les Etrennes a la Rose, ou Le Rosier d'Amour. ||
*A Paris Chez Janet, Libraire, Rue S<sup>t</sup> Jacques N<sup>o</sup> 31.*
1807. In-32.

Almanach avec un titre très joliment illustré et gravé.
24 pages de texte gravé et encadré d'un double filet noir.
Douze gravures non signées dont voici les légendes :

1. *Hommage à la Rose.* — 2. *Le Songe couleur de Rose.* — 3. *La Rose cueillie.* — 4. *Rosette, ou le Rendez-vous.* — 5. *La Rose de Laurette.* — 6. *Rosalie et la Rose.* — 7. *Le plaisir et la Rose.* — 8. *Les quatre âges de la Rose.* — 9. *Le Rosier des deux Amans.* — 10. *L'Abandon de la Nature.* — 11. *Le Pélerinage de Paphos.* — 12. *La Rose d'Amour.*

Cahier d'Ariettes imprimées au milieu du volume et non paginées.
Calendrier de 1807 se dépliant avec l'adresse de Janet Rue
S. — Jacques N<sup>o</sup> 59.

60. — La Perce-Neige, ou Le Galant d'Hiver, Etrennes
des Dames ; contenant Chansons, Chansonnettes, Romances,
Couplets, Fables, Epîtres, Odes, Madrigaux, etc. inédits.
Première Année. || *A Paris, chez Madame Cavanagh, Libraire,
Passage du Panorama,* N<sup>o</sup> 5. 1807.
Petit In-18.

Ouvrage de 148 pages de texte avec table, commençant par un
Avertissement de vi pages.
Chansons, romances, etc. de A. Gouffé, Désaugiers, Dumersan,
Etienne, Francis, Jouy, Mayeur, Michel, G. Nanteuil, Person, Servière, Sewrin, etc., etc.

(B. Nat. Yc 11.132).

61. — L'Amant malicieux, Ou les Cerises. Almanach contenant des Vaudevilles, Chansons, Romances, Epigrammes,
Bouquets, Charade, Enigme. || *A Paris, chez Demoraine,
imprim.-libr. rue du Petit-Pont,* N<sup>o</sup> 18.
1808. In-32.

Publication de colportage de 64 pages.
Frontispice colorié, représentant un homme dans un cerisier dont
il cueille les fruits qu'il passe à une jeune femme.
Calendrier de l'année 1808, IV<sup>e</sup> de l'Empire, avec l'adresse de
l'éditeur.

62. — Etrennes Evangéliques ou la Bienfaisance Divine
Manifestée dans les actions de Jésus-Christ (Extraits de

l'Evangile). || *A Paris chez Janet, Libraire et M<sup>d</sup> de Musique, Rue S<sup>t</sup>-Jacques N<sup>o</sup> 31.*

1808. In-32.

Titre gravé sur un grand rideau, tenu par un ange aux ailes déployées et tombant sur un bœuf, un aigle et un lion, sur lesquels repose l'Evangile.

Ouvrage, sans pagination, composé de chants religieux.

Douze figures, non signées, accompagnées de leurs explications, avec ces légendes :

1. *Jésus donnant les Clefs à Saint-Pierre.* — 2. *Levez-vous et emportez votre Lit.* — 3. *La Chananéenne.* — 4. *Le Roi fait rendre compte à ses Serviteurs.* — 5. *Résurection* (sic) *du fils de la veuve de Naïm.* — 6. *La Pecheresse au* (sic) *pieds de Jésus.* — 7. *Parabole de la Semence.* — 8. *Prières du Pharisien et du Publicain.* — 9. *La Samaritaine.* — 10. *La Conversion de Zachée.* — 11. *Jésus guérissant un Aveugle né.* — 12. *Voyez Thomas.*

Calendrier de 1808 se dépliant.

63. — LES BEAUTÉS DE L'EVANGILE ou le plus parfait de tous les Modelles (sic). || *A Paris chez Janet, Libraire et M<sup>d</sup> de Musique, rue S<sup>t</sup>-Jacques N<sup>o</sup> 59.*

1809. In-18.

Titre gravé au milieu d'une illustration non signée.

120 pages de texte comprenant les offices de la Sainte Messe et les Vêpres du Dimanche avec les hymnes.

Entre les pages 64 et 65 se trouvent 3 cahiers, non paginés, de cantiques avec 12 figures, non signées et leurs explications, portant les légendes suivantes :

1. *Adoration des Mages.* — 2. *Jésus présenté au Temple.* — 3. *Jésus parmi les Docteurs.* — 4. *Les Noces de Cana.* — 5. *Model* (sic) *de foi.* — 6. *Miracle des cinq Pains.* — 7. *Clémence de Jésus.* — 8. *Résurection* (sic) *du* (sic) *Lazare.* — 9. *Résurection* (sic) *de N. S. J. Ch.* — 10. *La peche miraculeuse,* — 11. *l'Ascension de N. S. J. Ch.* — 12. *La descente du Saint-Esprit.*

Calendrier de 1809 après le titre.

64. — ETRENNES A LA JEUNESSE, Recueil d'Historiettes morales, en vers et en prose, pour l'Education ; contenant en outre : Le Calendrier pour l'année 1809, les Evènemens mémorables de 1808, et la distribution des Prix du Concours général des quatre Lycées de Paris. Orné de cinq jolies Gravures. || *Paris, Demonville, Imprimeur-Libraire, rue Christine, N<sup>o</sup> 2.*

1809 à 1812. 4 années In-18.

Frontispice, dessiné et gravé par Legrand, portant l'en-tête de « Titre » et comme légende :

*Ainsi par leur amour Fénelon escorté,*
*Jusques dans son Palais en triomphe est porté.*

272 pages de texte.
Quatre figures :

1. *Vengé ! Vous me jugez bien mal !...* — 2. *.... S'il me prenait envie de vous envoyer nud passer la nuit au froid !...* — 3. *Gronder mon cher enfant ! Quand il est bon ! humain !....* — 4. *Pour moi, je n'ai pas de Mère !...*

Calendrier de 1809.

— L'année 1810 porte sur le titre l'épigraphe suivante :

*Le premier pas que l'on fait dans le monde*
*Est celui d'où dépend le reste de nos jours ;*
*Ridicule une fois, on vous le croit toujours.*
*L'impression demeure; en vain croissant en âge*
*On change de conduite on prend un air plus sage,*
*On souffre encor long-tems de ce vieux préjugé;*
*On est suspect encor quand on est corrigé :*
*Et j'ai vu quelquefois payer dans la vieillesse,*
*Le tribut des défauts qu'on eut dans la jeunesse.*
*Connaissez donc le monde, et songez qu'aujourd'hui*
*Il faut que vous viviez moins pour vous que pour lui.*

Le Frontispice est le même que celui de 1809.

264 pages de texte.

L'Avis du Libraire, au verso du titre, annonce que : « La première année de ce recueil, commencé avec l'an 1809, contient entre autres pièces mémorables *Murad le Chanceux* et *Saladin le Fortuné*, et *Demain*, contes moraux de madame Edgeworth ».

Viennent ensuite : le Calendrier de 1810 ; — Evènemens mémorables de 1809 ; — et les deux premiers chants (en latin) de Ververt, qui sont reproduits dans la 1re année de ce recueil.

Quatre gravures, dessinées et gravées par Legrand, avec ces légendes :

1. *...... Mais le septième jour, vous ferez sept fois le tour de la Ville, et les Sacrificateurs sonneront du Cor ; aussitôt le Peuple jettera de grands cris de joie, la muraille de la Ville tombera......* — 2. *...... La Couronne est à vous, et le don de ma main doit la suivre : si vous l'acceptez, vos Vertus me feront oublier votre âge.* — 3. *Toujours travailler, c'est une vie de chien ! — Et moi je ne voudrois pas être un paresseux comme toi, je m'ennuyerois comme un mort.* — 4. *Hé ! mon Dieu, je crais que c'est là Jeannot !*

C'est dans le Journal de la Librairie N° 11 du 20 déc[bre] 1811, au N° 887, que l'on trouve le complément de ces deux années :

*Etrennes à la Jeunesse, recueil d'historiettes morales en vers et en prose, rédigées par Louis-Aimé Martin.* In-18 de 8 f[lles] tiré à 2,100 exemp. et orné de 5 gravures. Imprimerie de Demonville à Paris. prix en papier fin — 3. — à Paris chez Demonville, rue Christine, n° 2.

Les 3 années précédentes prises ensemble 6 frs ; chaque vol. séparé, 3 frs.

65. — LEÇONS D'AMOUR ET D'AMITIÉ. **Almanach chantant.** || *A Paris, Chez Tiger, Imprimeur-Libraire, rue du Petit-Pont, au coin de celle de la Huchette, au bas de la rue Saint-Jacques. Au Pilier Littéraire.*

1809. In-32.

Cet almanach, sans pagination, doit être une publication de colportage. Il est composé de chansons et romances avec un Frontispice colorié, représentant un jeune homme couronnant une femme assise, coupant les ailes de l'Amour endormi près d'elle.

5 gravures coloriées, sans légendes, mais se rapportant au texte, encadré d'un double filet noir :

1. *L'heureux Larcin.* — 2. *Conseils de l'Amour aux Belles.* — 3. *La Bergère des Alpes.* — 4. *L'Insomnie de l'Amour.* — 5. *Les Quatre coins.*

Calendrier pour l'année 1809 avec l'adresse de l'éditeur.

66. — LES MUSES GALANTES ou Recueil des plus jolies Romances, Duos, Ariettes des Opéra (*sic*) et autres Chansons choisies. Enrichi de dix airs notés. Première Partie. || *Au Temple de la Gaîté, et se trouve à Lille, chez Vanackere, Libraire, Grande-Place.* et au verso du titre : *Se trouve à Paris chez Janet, Libraire, rue St-Jacques.*

1809 et suite. In-32.

Chaque partie de ce recueil a un frontispice, gravure sur bois avec légende se rapportant à une chanson, ainsi qu'un calendrier.

La collection complète de cette publication (18 vol.) est de toute rareté.

Observons, à titre de bizarrerie, un défaut de concordance répété entre la progression des différentes parties et le millésime du calendrier qui accompagne chacune d'elles. Ainsi, tandis que la 3e partie a le calendrier de 1814, le calendrier de 1811 figure à la fois dans les 8e et 11e parties. Est-ce hasard ? Est-ce fantaisie ou inadvertance des éditeurs ? Tout au moins y a-t-il là une anomalie qu'il convient de signaler, mais sans s'y arrêter davantage, car elle n'ôte rien à l'intérêt de ce recueil.

Voici le détail des exemplaires qui sont en ma possession et celui des exempl. de la Bibliothèque Nationale :

— 1re partie — 159 pages avec la table.
Frontispice avec cette légende :

*Dansons à quinze ans,*
*Plus tard, il n'est plus temps.*

Calendrier pour l'année M.DCCC.IX.

— 2e partie — 159 p. avec la table.
Légende du frontispice :

*Lors la méchante*
*Tourne ses pas.*

Calendrier pour l'année M.DCCC.X.

3e part. — 160 p. avec la table.
Frontispice : *Voilà qu'à Paris l'on m'envoie.*

Calendrier pour l'année M.DCCC.XIV.

4e part. — 160 p. avec la table.
Frontispice avec cette légende :

> « *Venez, dit-il, à ma corbeille,*
> « *Jeunes beautés, venez choisir ;*
> « *Prenez sans voir, c'est du plaisir.*

Calendrier pour l'année M.CCC.IX.

— 5e part. — 160 p. avec la table.
Légende du frontispice :

> *Les Muses sont des abeilles volages.*
> *Leur goût voltige et fuit les longs ouvrages.*
> (Gresset.)

Calendrier pour l'année M.DCCC.X.

— 6e part. — 160 p. avec la table.
Légende du frontispice :

> *Lors Colin prend en tapinois,*
> *Baisers plus doux par le mystère ;*
> *Holà ! qu'est-ce que j'appercois,* (sic)
> *S'écrie avec courroux son père ?*

Calendrier pour l'année M.DCCC.IX.

— 7e part. — 160 p. avec la table.
Frontispice avec cette légende :

> *Maman, dit-il, tu m'embarrasse ;*
> *Mes sœurs, répondez sans détour.*
> *Et la réponse de l'Amour*
> *Se lisoit sur le front des Grâces.*

Calendrier pour l'année M.DCCC.IX.

— 8e part. — 159 p. avec la table.
Légende du frontispice :

> *Ismène, entrons dans ce bateau ;*
> *Nous allons voyager à Gnide,*
> *L'amour s'offre pour notre guide,*
> *Tenant à la main son flambeau.*

Calendrier pour l'An 1811.

— 9e part. — 160 p. avec la table.
Frontispice avec cette légende :

> *Repose enfin, vois sa cendre*
> *Tous les amans verser des pleurs ;*
> *Cette jeune mère y répandre*
> *Son lait, des partisans et des fleurs.*

Calendrier pour l'année M.DCCC.IX.

— 10e part. — 159 p. avec la table.
Légende du frontispice :

> *Ah ! dors en paix, belle Zelmire,*
> *Dors du sommeil de la candeur.*
> *Le bien que ton amant désire,*
> *Il veut l'obtenir de ton cœur.*

Calendrier pour l'année M.DCCC.X.

— 11ᵉ part. — 159 p. avec la table.
Frontispice avec cette légende :

> *L'aube riante annonçait le matin*
> *Sous un vieil orme, auprès de sa chaumière,*
> *Le casque en tête, et sa lyre à la main,*
> *Jeune guerrier chantait à sa bergère.*

Calendrier pour l'année M.DCCC.XI.

— 12ᵉ part. — 159 p. avec la table.
Frontispice avec la légende :

> *Cependant sa tournure unique*
> *Fit souscrire à ce qu'il voulait.*
> *On l'engagea dans la musique*
> *Pour y jouer du flageolet.*

Sans calendrier.

— 14ᵉ part. — 160 p. avec la table.
Légende du frontispice :

> *Oui, grâce à ce jeu favori*
> *Il n'est pas de jeune fillette*
> *Que l'on ne rencontre aujourd'hui*
> *Menant le diable à la baguette*
> *Le Diable, ou le jeu à la mode.*

Calendrier pour l'année M.DCCC.XIV.

— 16ᵉ part. — 128 p. avec la table.
Frontispice avec légende :

> *Sa tête en arrière s'incline,*
> *L'amour est prompt à tout oser...*
> *Il la baise à la capucine,*
> *Et c'est son troisième baiser.*

Calendrier pour l'année M.DCCC.XVI.
Huit airs notés.

— 17ᵉ part. — 128 p. avec la table,
Légende du frontispice :

> *Guidé par l'aimable phalange*
> *De ses complices, les Désirs,*
> *Amour s'en allait en vandange ;*
> *Il veut toujours nouveaux plaisirs.*

Calendrier pour l'année M.DCCC.XVII.
Huit airs notés.

Au verso du titre : « *Ce XVIIᵉ recueil et les précédens (sic) se trouvent à Paris, chez Janet, libraire rue St-Jacques ; Montaudon, quai des Augustins ; à Rouen, chez Lecrêne-Labbey, et chez les principaux Libraires du royaume.*

(B. Nat, Ye 28'320 — 3ᵉ partie.
» 28'321 — 11ᵉ »
» 28'322 — 12ᵉ »
» 28'323 — 14ᵉ »
» 28'324 — 16ᵉ »
» 28'325 — 17ᵉ »

## ALMANACHS ILLUSTRÉS

67. — Le Souffle de Zéphire. || *A Paris Chez Janet, Libraire et Marchand de Musique, Rue S<sup>t</sup>-Jacques N° 59.*
1809. Petit In-12.

Titre en lettres gravées, avec un sujet au pointillé, suivi d'une dédicace en vers : A Mademoiselle ***. En lui envoyant le Souffle de Zéphire.
108 pages de texte, composé de chansons et romances.
Six gravures au pointillé, signées S. Le Roy del., Massol sculp., sans légendes, se rapportant au texte :

1. *Le Souffle de Zéphyre* (sic). — 2. *L'Amour aux genoux de la Beauté.* — 3. *La Métempsicose* (sic). — 4. *Le Désir et le Papillon.* — 5. *L'Histoire et le Temps.* — 6. *Le Troubadour.*

Souvenir ou Tablettes à l'usage des Dames avec titre gravé et 12 en-têtes de feuilles gravées représentant les signes du zodiaque avec attributs.
Calendrier de 1809.

68. — Les Caprices de l'Amour ou Les Nouveaux Signes du Zodiaque. || *A Paris Chez Le Fuel, Libraire, Rue S<sup>t</sup>-Jacques N° 54.*
1810. In-32

Titre en lettres gravées avec un sujet (*Pomel sc.*) : l'Amour, dans un nuage, jouant de la lyre au-dessus d'une pièce d'eau, entourée de rochers.
Almanach, sans pagination, composé de chansons.
12 gravures au pointillé, de *Pomel*, sans légendes mais correspondant aux mois et aux chansons :

1. *Janvier. Le Moulin à eau.* — 2. *Février. Les Poissons.* — 3. *Mars. La Verdure.* — 4. *Avril. L'Enlèvement d'Europe.* — 5. *Mai. Les deux Voyageurs.* — 6. *Juin. Le pas redoublé de l'Amour.* — 7. *Juillet. Le Lion.* — 8. *Août. La Vestale.* — 9. *Septembre. La Balance d'Amour.* — 10. *Octobre. L'Arc de l'Amour.* — 11. *Novembre. La Victoire.* — 12. *Décembre. L'Amour et l'hymen.*

Calendrier de 1810.

69. — Colifichet, ou Le Favori des Dames, Recueil des Chansons de MM. Antignac, Armand Gouffé, Barré, Brazier, Chazet, Constant Dubos, Coupart, Demautort, Desfontaines, Desaugiers, Despréaux, Dupaty, Francis, Jacquelin, Moreau, Piis, Prévost d'Iray, Raboteau, Servières, etc. Première Année. || *A Paris, chez J<sup>h</sup> Chaumerot, Libraire, Palais-Royal, Galeries de bois, N° 188. 1810.*
In-18.

Recueil de 208 pages avec la table, composé de chansons et romances.

Frontispice, représentant une femme assise devant sa toilette, avec une jeune fille, grimpée derrière sa chaise, lui posant un collier de perles sur le cou ; et au-dessous cette légende :

> *Et jusque dans votre corset,*
> *Colifichet, colifichet.*

Calendrier de 1810, après le titre.

70. — Esprit et Sentiment ou l'Année bien employée. Gravé par Huët l'aîné. || *A Paris chez Marcilly, Rue S¹ Julien le Pauvre*, N° 14 et 15.

(vers 1810). In-32.

Petit volume de 62 pages de texte encadré composé de chansons tirées de vaudevilles.

Titre gravé et encadré représentant un paysage où les trois Grâces entourent et couronnent la Fécondité tenant des amours par les mains.

Douze gravures, non signées, dont voici les légendes :

1. *Les Etrennes bien adressés* (sic). — 2. *Sentiment et Amour.* — 3. *La Fortune appréciée.* — 4. *Le Prix d'une Chaumière.* — 5. *Le Marchand de Londres.* — 6. *Le plaisir après le travail.* — 7. *l'Amour décent et délicat.* — 8. *La Pudeur.* — 9. *Rose et Valmont.* — 10. *Le danger d'être heureux.* — 11. *Combien il est doux d'être Père.* — 12. *L'empire de la Sagesse sur l'Amour.*

La pagination se poursuit même sur les gravures.

71. — Le Marché d'Amours, ou La Denrée Trompeuse Almanach chantant. || *A Paris, chez Demoraine, Imprimeur-Libraire, rue du Petit-Pont, N° 99. Aux Associés.*

(vers 1810). In-32.

Almanach de colportage, de 64 pages, composé de chansons, rondes et romances.

Frontispice colorié : jeune femme vendant des amours à un berger.

72. — Momus en Délire, ou Les Chansons les plus Gaies Tant des Chansonniers que des autres Poètes Français, depuis Villon jusqu'à nos jours : Notamment de Villon lui-même, de Clément Marot, Henri IV, *Roi de France*, Malherbe, Racan, Lafontaine, Chaulieu, Lafarre, J.-B. Rousseau, Philippe d'Orléans, *Régent de France*, Régnard ; du Président Hénaut, de Crébillon père, Fontenelle, Voltaire, Gentil-Ber-

nard, Piron, Collé, Pannard, Favart, Colardeau ; Beaumarchais, Laujon, Philippon la Madeleine, Parny, Ségur, Piis, Barré, Radet, Desfontaines, Chazet, Ourry, Etienne Despréaux, Armand Gouffé, Joseph Pain, Desaugiers, et autres ; Avec notices biographiques relatives aux anciens poètes ; ALMANACH CHANTANT. [*Epigraphe :*] Mollia mollibus suavia suavibus miscentur. || *De l'Imprimerie de Froullé, Rue Zacharie,* N° 9. *A Paris, chez Béchet, Libraire, Quai des Augustins,* N° 63. 1810.

In-12.

Recueil de chansons, de 360 pages de texte, sans aucune gravure, avec une Table alphabétique.
Calendrier de 1810.

(B. Nat. Ye 11·271)

Sous la cote Ye 11·272 la B. Nat. possède une deuxième édition de Momus en Délire dont voici le titre exact :

ANTOLOGIE (sic) LYRIQUE ou Chansons Bachiques Et Folâtres Tant des Chansonniers que des autres Poètes Français Depuis Villon jusqu'à nos jours. Deuxième édition de Momus en Delire. [*Epigraphe :*] Mollia mollibus suavia suavibus miscentur. || *Paris, Béchet, lib^re, et Arthus Bertrand,* 1811.

Recueil de chansons, complément du précédent, de 78 pages avec la Table des Matières.
Même format In-12.

(B. Nat. Ye 11·272)

73. — LES NUITS D'AMOUR par E. J. D. || *à Paris Chez Janet Libraire et M^d de Musique, Rue S^t-Jacques,* N° 59.

1810. Petit In-18.

Almanach de 107 pages avec table, composé d'un Prologue ; de 4 stances : nuit de printemps, nuit d'été, nuit d'automne et nuit d'hiver, avec épilogue ; et (*page 40*) de poésies diverses.
Titre en lettres gravées avec une vignette : la lune sortant des nuages.
Quatre figures, non signées, avec ces légendes :

1. *Sur ce tertre pierreux, j'établissais la Ville.*
   *Ou Priam, menaçant le rejeton d'Achille,*

2. *L'orage s'épaissit, s'accumule et redouble*
   *Pouvais-je te quitter dans ce moment de trouble ?*

## ALMANACHS ILLUSTRÉS

3. *Et brisant, déchirant ses voiles, ses bijoux*
*Sous mon Pied furieux je les écrasai tous.*
4. *Un siège assez étroit nous reçut tous les deux*
*J'enlaçai ses beaux bras de mes bras amoureux.*

A la fin du volume se trouvent : le Confident Discret, avec vignette sur le titre, et des ornements gravés avec les signes du zodiaque pour les mois.
Calendrier de 1810.

**74.** — LE PETIT GASTRONOME Almanach Pour l'Année 1810. || *A Paris Chez Janet Libraire Rue S<sup>t</sup>-Jacques N<sup>o</sup> 59*
In-128.

Almanach minuscule, avec un titre gravé et paginé 1, composé de 64 pages de texte gravé, compris le calendrier, chansons sans titre.
Huit petites figures sans légende.
Devises pour les Demoiselles et pour les Garçons avec table.
Calendrier de 1810.
*Exempl. rel. mar. vert avec fil. et aigles sur les plats, dans un étui fermé mar. vert.)*

**75.** — LE PHÉNIX DES ALMANACHS Pour l'An 1810. || *A Paris Chez Le Fuel, Libraire, Relieur, Rue S<sup>t</sup>-Jacques, N<sup>o</sup> 54.*
1810. In-12.

Titre en lettres gravées avec une vignette, signée *Pigeot, sculp.*, représentant un paysage avec deux amours, près d'une table et tenant un télescope.
Le texte, le Calendrier et le Souvenir sont entièrement gravés.
Le calendrier, qui est avec le titre, comprend 12 pages avec douze vignettes, en tête des pages, rappelant les occupations de chaque mois.
Quatre gravures signées *Charlin, sc.* représentant les quatre saisons et ayant chacune 4 pages de texte en lettres anglaises ; au bas de la dernière page se trouve la signature de *Sampier sculp<sup>t</sup>*. Le texte est composé de chansons dont voici les titres :
1. *Le Printems, l'Air et Vénus.* — 2. *L'Eté ou le Triomphe d'Amphitrite.* — 3. *Bacchus, ou les bienfaits de l'Automne.* — 4. *L'Amour et le Feu, ou Les plaisirs de l'Hiver.*

Ces gravures au pointillé représentent de jolis groupes d'amours.
Viennent ensuite : Souvenir avec vignette sur le titre, au pointillé, signée *Pomel scul.*, représentant, au milieu des nuages, une jeune femme ailée couronnant un buste de femme entouré de rayons lumineux.
— 4 feuilles peau d'âne pour les jours de la semaine ;
Et enfin deux cahiers de feuilles blanches pour notes.
*(Exemp. cart. mar. rouge plein, tr. dor.)*
*(Le même almanach-carnet a paru en 1811, mais un peu différent, voir le n<sup>o</sup> 1629, p. 422, de la Bibliographie des Almanachs de J. Grand-Carteret).*

76. — Les Saisons. Almanach Chantant. || *A Paris chez Janet Libraire et M^d de Musique rue S^t-Jacques N^o 59.*

1810. In-18.

Titre en lettres gravées avec une vignette.
24 pages de texte gravé composé de chansons auxquelles se rapportent douze gravures non signées et dont voici les légendes :

1. *Le bon emploi des jours.* — 2. *Le Sylphe.* — 3. *La Sylphide.* — 4. *Les Baigneuses.* — 5. *Aspasie et Zulim.* — 6. *Le Sultan trahi.* — 7. *Bacchus ou le Vin.* — 8. *Acis et Thémire.* — 9. *Les Nymphes et les Satyres.* — 10. *La Veillée.* — 11. *Le Raccomodement* (sic). — 12. *La Chasse.*

Suivent après : un cahier d'Ariettes nouvelles imprimées et sans pagination ; — Souvenir, Perte et Gain et feuilles blanches pour notes, comprenant 48 pages — et un autre cahier de feuilles blanches non paginées.
Calendrier de 1810 après le titre.

77. — Les Tablettes du Sentiment [*épigraphe :*] Aux Cœurs Aimables. || *A Paris chez Le Fuel, Doreur, Relieur, Rue S^t-Jacques N^o 54.*

1810. In-18.

Titre gravé au milieu d'un sujet champêtre : une femme assise près d'un fût de colonne sur lequel est posé un livre ouvert, avec l'épigraphe Aux Cœurs Aimables ; au-dessus, deux amours maintiennent une couronne.
Joli almanach, entièrement gravé et sans pagination, composé de chansons, encadrées d'un filet noir.
12 gravures, non signées, avec de jolis encadrements différents, et dont voici les légendes :

1. *Le Chant du Troubadour.* — 2. *A une bonne Mère.* — 3. *Le Thé à Cythère.* — 4. *Bouquet à Julie.* — 5. *Aveu d'Amour.* — 6. *Les Regrets.* — 7. *Le Réveil d'une jeune religieuse.* — 8. *Mes Adieux.* — 9. *Une Femme à son Mari.* — 10. *L'Arrivée du Troubadour.* — 11. *Le premier Billet.* — 12. *L'Absence.*

Cahier de chansons nouvelles imprimées. Souvenir, Perte et Gain pour chaque mois et Calendrier se dépliant.

78. — Trésor de l'Amour, || *A Paris, Chez Le Fuel, Lib. Rel. Rue S^t-Jacques N^o 54.*

1810. In-32.

Joli petit volume entièrement gravé à l'exception du calendrier.
Titre gravé dans un octogone oblong sur cadre à tailles de burin aux quatre angles, représentant un jardin où une jeune femme assise est accoudée sur un vase. Au-dessus d'elle planent, dans des nuages, deux amours tenant une feuille de papier sur laquelle est inscrit : Corine et Eulalie.

Douze gravures, non signées, qui, ainsi que le texte lui-même, sont dans des octogones sur cadres à tailles de burin aux angles. Ces gravures correspondent aux chansons et portent les légendes suivantes :

1. *Corine.* — 2. *Les fraises.* — 3. *Adonis.* — 4. *Diane.* — 5. *Les charmes de l'enfance.* — 6. *Les sacrifices généreux.* — 7. *L'escamoteur d'amour.* — 8. *Les cinq sens.* — 9. *La belle parure.* — 10. *La Religieuse Portugaise.* — 11. *Eulalie.* 12. *Les méchans* (sic).

Calendrier de 1810 se dépliant.

79. — LE CHANSONNIER DU PREMIER AGE ou Choix de Chansons que l'on peut permettre aux jeunes gens des deux sexes pour exercer leur voix. || *A Paris, Chez P. Blanchard et Cie Libraires pour l'Educat<sup>n</sup>, Rue Mazarine N° 30, Palais-Royal, Galerie de Bois. N° 249. Au Sage Franklin.* 1811.

In-18.

Chansonnier de 214 pages de texte avec un titre en lettres gravées sur un rideau cloué à un cadre, avec guirlande de fleurs ; une lyre avec des cahiers de musique sont placés dans le bas de ce cadre.

Frontispice représentant une réunion de six jeunes gens et jeunes filles faisant de la musique.

(B. Nat. Ye 11-280)

*Note. On retrouve le même frontispice dans un autre chansonnier, de 1822, de l'éditeur A. Eymery, portant ce titre :* La Morale du Vaudeville, *chansonnier à l'usage des enfants & jeunes gens des deux sexes publié par M. Ourry ; avec cette légende :*

Pour plaire, la Raison
Vient vous offrir sa morale en chanson.
(les 2 pères).

— Le Chansonnier du Premier Age a paru aussi, en 1823, avec calendrier et cette adresse d'éditeur : A Paris. A la Librairie d'Education, chez Alexis Eymery. Rue Mazarine. N° 30.

80. — LES QUATRE AGES DE LA NATURE. || *A Paris Chez Le Fuel, Libraire, Editeur, Rue S<sup>t</sup>-Jacques, N° 54.*

1811. In-24.

Almanach de 120 pages de texte, composé de poésies et de romances, avec un Titre en lettres gravées et un Frontispice au pointillé, signé Seb, Le Roy Del., Massol sculp., représentant : quatre enfants offrant les présents des 4 saisons au dieu Amour.

Quatre gravures au pointillé et signées comme le frontispice, sans légendes, se rapportant aux fragments du poème des *Saisons* par Saint-Lambert :

1. *Le Printemps.* — 2. *L'Eté.* — 3. *L'Automne.* — 4. *L'Hiver.*

Le souvenir des Dames avec un sujet : un amour écrivant sur une tablette : Fidel (sic) et discret.

Calendrier pour l'an 1811.

(Bib. Nat. Ye 30-856)

## ALMANACHS ILLUSTRÉS

81. — Le Retour de Zéphire. || *A Paris, Chez Janet Libraire Rue S$^t$ Jacques N° 59.*

1811. Petit In-12.

Titre en lettres gravées avec un sujet.
Après le titre se trouve cette dédicace en vers à Mademoiselle J*** :

> *Lorsque reviennent les chaleurs,*
> *Zéphir de ses ailes légères,*
> *Ouvre le calice des fleurs,*
> *Et le corset de nos bergères ;*
> *Suivant les lieux, suivant les temps,*
> *L'Amour arrange bien les choses ;*
> *Il sait que partout au printemps,*
> *On doit voir des boutons de roses.*

108 pages de texte composé de chansons.
Six gravures au pointillé, signées *S. Le Roy del., Massol sc.*, sans légendes, mais se rapportant aux chansons suivantes :

1. *Le Zéphyr.* — 2. *Sapho. Conseils aux Belles.* — 3. *Ode à la Fortune.* — 4. *L'Empire des Belles.* — 5. *L'Amour en voyage.* — 6. *Zéphyr et Flore ou l'Origine de l'Éventail.*

Le Confident discret, avec vignette sur le titre et ornements d'entête avec les signes du zodiaque pour chaque mois.
Calendrier de 1811.
(B. Nat. Ye 32.049).

82. — Almanach des Demoiselles Pour l'An 1812. || *A Paris Chez Le Fuel Libraire, Rue S$^t$ Jacques N° 54 et Delaunay Libraire Palais Royal.*

1812. In-24.

Titre en lettres gravées avec une jolie vignette.
Le faux-titre porte : *Almanach des Demoiselles, ou Le Chansonnier de l'Amour et des Grâces.*
150 pages de texte, composé de chansons et romances, avec six figures, signées *Seb. Le Roy Del., Le Rouge A. F., Bovinet sculp.*, reproduisant des tableaux, avec ces légendes :

1. *Angélique et Médor*, de M. Anssiaux. — 2. *François 1$^{er}$ et la Belle Feronnière*, de M. Menjaud. — 3. *L'Enfant reconnaissant*, de M$^{lle}$ Lorimier. — 4. *Thésée et Ariane*, de M. Seb. Le Roy. — 5. *Vénus à la Coquille*, de M. Landon. — J. *La Bonne Mère*, de M$^{lle}$ Mayer.

(*Ces six gravures ont été reproduites dans « Les Fleurs du Parnasse, Almanach Lyrique des Dames », de 1816, de chez Le Fuel, voir au n° 1721 (p. 443) de la Bibliographie des Almanachs de J. Grand-Carteret*)
Calendrier de 1812 et Souvenir avec une vignette en octogone et 12 vignettes : bustes de femmes dans des octogones, accompagnés de médaillons avec les signes du zodiaque.
(B. Nat. Ye 11.119).

83. — Ce qui plaît le plus aux Dames, ou Le Départ pour la Courtille. Almanach Chantant, Pour la présente année. Dédié aux Amis de la Joie. || *Paris, Chez M. Aubry, Libraire, au Palais de Justice.*

### 1812. In-32.

Almanach de 48 pages compris le Calendrier qui se trouve au milieu du volume.

De l'Imprimerie de Boiste.

Chansons et romances, parmi lesquelles : *Le Départ pour la Courtille*, parodie du Départ pour la Syrie, de Duverny (aveugle) ; — *L'Histoire des Français*, par M. Quignon ; — *Ma Cinquantaine* ; *Les Hommes*, et *Le Moyen d'être heureux*, par Dugrandmesnil, etc..

Frontispice, sans légende, représentant une scène champêtre.

Calendrier pour l'année 1812, VIII<sup>e</sup> de l'Empire, avec l'adresse de l'éditeur.

(*Exempl. rel. veau plein avec fil. et insignes impériaux dorés sur les plats.*)

84. — Elégies, Suivies d'Emma & Eginard Poëme ; et d'autres Poésies, la plupart inédites, par Charles Millevoye. || *à Paris, chez Rosa Rel., Libraire, rue de Bussy, N° 15.* 1812.

### In-18.

Titre entièrement gravé avec une jolie vignette, non signée, représentant une jolie femme, assise sur des ruines d'où sort une source, et tenant un papier à la main.

221 pages de texte avec 4 figures, de Gautier, portant ces légendes :

1. *La chûte des Feuilles*. — 2. *Emma et Eginard*. — 3. *La Sulamite*. — 4. *Le Déjeuner*.

Avec le Calendrier pour l'an 1812.

(*Sous la cote Ye 27.833 la Bibliothèque Nationale possède le même ouvrage, avec une mention : Seconde Edition, Paris, chez Rosa Libraire, Grande Cour du Palais Royal, 1813. Sans calendrier. — Le reste : vignette du titre et autres gravures conformes à mon exemplaire*).

85. — L'Empire de la Gaîté. Almanach Chantant et Récréatif. || *A Paris, Chez Tiger, Imprimeur-Libraire, rue du Petit-Pont-Saint-Jacques, au coin de celle de la Huchette. Au Pilier-Littéraire.*

### 1812. In-32.

Publication de colportage de 64 pages de texte, entourées d'un double filet noir, et composée de chansons et romances.

## ALMANACHS ILLUSTRÉS

Frontispice colorié.
Almanach pour l'An 1812, IX$^e$ de l'Empire Français. Avec les Départs et Arrivées des Coches de la Haute-Seine.

86. — MADAME DE MAINTENON. || *A Paris Le Fuel, Libraire, Rue S$^t$ Jacques N$^o$ 54. Près celle du Foin.*

1812. In-16.

Titre en lettres gravées.
Portrait-Frontispice et quatre gravures au pointillé, signées *Seb. Le Roy Del., Massol sc.*, reproduisant des épisodes de la vie de M$^{me}$ de Maintenon.
108 pages de texte, suivies de « Le Souvenir des Dames » avec titre gravé et un sujet : L'amour écrivant sur une tablette : Fidel (sic) et discret.
Calendrier de 1812 se dépliant.
(B. Nat. Ln $^{27}$13'223).

87. — MADAME DE SÉVIGNÉ. || *A Paris chez Le Fuel, Libraire, Rue S$^t$ Jacques, N$^o$ 54, près celle du Foin.*

1812. In-16.

Titre en lettres gravées.
108 pages de texte.
Portrait-Frontispice, au pointillé, signé *Seb. Le Roy Del., Massol sc.*
Quatre gravures également au pointillé et signées comme le frontispice, reproduisant des épisodes de la vie de M$^{me}$ de Sévigné.
A la fin du volume : Le Souvenir des Dames avec sujet sur le titre : un amour écrivant sur une tablette : Fidel (sic) et Discret.
Calendrier de 1812 se dépliant.
(B. Nat. Ln $^{27}$18,909).

88. — LE PETIT TRÉSOR DES FAMILLES, ou les Doux épanchemens (sic) du Cœur; Etrennes du Sentiment et de l'Amitié Contenant un choix de complimens (sic) pour le premier jour de l'An et les bonnes Fêtes, etc. Dédié à l'Enfance et à la Jeunesse. || *A Paris, chez Marcilly, rue Saint-Julien-le-Pauvre, numéro 7.*

1812. In-32.

Titre encadré d'un petit ornement.
Publication de colportage, sans pagination.
Frontispice colorié, gravure sur bois soignée, représentant une réunion de cinq personnes dans un intérieur.
Calendrier pour l'année 1812, VIII$^e$ de l'Empire.

89. — Les Deux Magots ou Les Caricatures. || *A Paris Chez Le Fuel, Libraire, Rue S*t *Jacques, N*o *54.*

(de 1813). In-32.

Titre en lettres gravées, avec une vignette au pointillé, signée *Seb. Le Roy, Pomel sc.*, représentant deux chinois et une chinoise se tenant par les mains.

Le texte, sans pagination, ainsi que la table, est entouré d'un double filet noir, et composé de chansons de Armand-Gouffé, Brazier, Coupart, Désaugiers, J. A. Jacquelin, Marsollier, Fr. Mayeur, Piron, Piis, etc., etc.

Quatre gravures au pointillé, signées comme la vignette du titre, sans légendes, mais se rapportant aux chansons suivantes : la première, servant de frontispice :

*Le Chinois en voyage.* — 2. *La Marchande de gâteaux.* — 3. *Les hein, hein, hein ! du bouvier limosin* (sic). — 4. *L'Eté.*

Souvenir avec douze petites vignettes, signées *Couché fils del. et sculp.*, représentant divers métiers,

(L'exempl. de la B. Nat., sous la cote Ye 20.244, n'a ni Souvenir, ni Calendrier.)

J$^{al}$ de la Lib$^{ie}$. Deuxième année, n° 45, du 6 nov$^{bre}$ 1813, sous le n° 3.089 :

« *Les Deux Magots, ou Les Caricatures* (chansonnier) *In-32 d'une f*ille*, tiré à 1500 ex. Imp. de Fain, à Paris. Prix... 2.50. A Paris, chez Lefuel.* »)

90. — Les Epreuves du Sentiment, Almanach héroïque. || *A Paris Chez Janet Libraire, Rue Saint Jacques, N*o *59.*

1813. In-32.

Almanach entièrement gravé, à l'exception du cahier d'ariettes et du Calendrier.

Titre avec une vignette : jeune guerrier la lance au poing.

32 pages de texte composé de romances et de poésies.

Huit gravures, non signées, dans des octogones oblongs encadrés avec tailles de burin aux angles, portant ces légendes :

1. *Alfred le Grand.* — 2. *Arthur.* — 3. *les Adieux.* — 4. *Le Meunier de Cythère.* — 5. *Henry* (sic) *IV et Gabrielle.* — 6. *Le Médecin et l'Amour.* — 7. *Le Billet.* — 8. *Le Montagnard émigré.*

Cahier d'Ariettes nouvelles non paginées.
Calendrier de 1813 se dépliant.

91. — Madame Deshoulières. || *Paris. Le Fuel, Libraire Rue S. Jacques N*o *54.*

1813. In-16.

Titre en lettres gravées.

Frontispice au pointillé et 4 gravures également au pointillé et non signées, reproduisant des épisodes de la vie de M^me Deshoulières. 108 pages de texte avec le Calendrier de 1813 se dépliant.
(B. Nat. Ln 27 5940).

92. — ADÈLE, OU L'AMOUR CONSTANT. Almanach Chantant et Récréatif. || *A Paris, Chez Tiger, Imprimeur-Libraire, rue du Petit-Pont S. Jacques, au coin de celle de la Huchette. Au Pilier littéraire.*

1814. In-32.

Publication de colportage avec un Frontispice colorié.
Almanach pour l'An 1814, avec les Levers et Couchers du Soleil et de la Lune.

*Note.* Pour faciliter sans doute la vente de cet almanach, composé seulement de 4 pages doubles non paginées, l'éditeur Tiger y a annexé *L'Empire de la Gaieté*, de 64 p., paru précédemment en 1812. (*voir* N° 85).

93. — ETRENNES PIEUSES & EDIFIANTES, Contenant le précis de la doctrine chrétienne, Cantiques et Prières pour les principales Fêtes de l'année et divers Cantiques sur les vérités de la Religion Chrétienne. || *A Paris chez Janet, Libraire, Rue S^t Jacques N° 59. De l'imprimerie d'Egron.*

1814. Petit In-12.

Titre en lettres gravées.
Six gravures, signées *V.. d.. sc.*, reproduisant des tableaux religieux :

1. *Ravissement de S^t Paul*, du Poussin. — 2. *Le Sommeil de l'Enfant Jésus*, par Raphaël. — 3. *J. C. apparait à la Madeleine*, par Lesueur. — 4. *La Vierge, dite la Belle Jardinière*, de Raphaël. — 5. *Saint Benoît ressuscitant un enfant*, par L. Sylvestre. — 6. *La fuite en Egypte*, de A. Werff.

Calendrier de 1814.

94. — LA GUIRLANDE DE JULIE ou Roses sur Roses. || *A Paris chez Janet Libraire Rue S^t Jacques N° 31.*

1814. In-32.

Joli petit almanach gravé, composé de 24 pages de texte, chansons sur la rose, avec un titre illustré : quatre jeunes femmes, dans un paysage, avec deux amours leur offrant des roses.
Douze gravures, non signées, avec les légendes suivantes :

1. *L'Origine de la Rose.* — 2. *La naissance de la Rose.* — 3. *L'Amour et le Rosier.* — 4. *La Rose et le Diable.* — 5. *Le vrai bouton de Rose.* — 6. *La Rose difficile à garder* — 7. *La vrai* (sic) *place de la Rose.* — 8. *Le voleur de Roses.*

— 9. *Le cœur de Rosine et la Rose.* — 10. *La Rose ardemment désirée.* — 11. *La Rose et l'Epine.* — 12. *La Rose comparée à l'Amour.*

Cahier d'Ariettes nouvelles imprimées et non paginées.
Calendrier de 1814 se dépliant.

95. — Henri Quatre Roi de France et de Navarre. || *A Paris Chez Le Fuel, Relieur Libraire, Rue S<sup>t</sup> Jacques, N<sup>o</sup> 54.*

1814. In-18.

Titre en lettres gravées.
108 pages de texte.
Portrait-Frontispice dans un médaillon signé *Desenne Del.*, *Bosselmann sc.*, d'après le Tableau original de F. Pourbus.
Quatre gravures, sans légendes, signées comme le frontispice, reproduisant des épisodes de la vie de Henri IV.
Calendrier de 1814.

[B. Nat. Lb 35/31]

L'exemplaire de la Bibliothèque Nationale n'a ni calendrier, ni date ; mais, au bas du titre, se trouve une note au crayon portant : « *1814. J. de la Lib.* » — En effet dans le Journal de l'Impr. et de la Libr. on relève, au tome 4 (1814) p. 338, n<sup>o</sup> 1895 : « *Henri IV, Roi de France et de Navarre. In-18 de 3 feuilles, plus les gravures. Imp. de Patris, à Paris.*          *A Paris, chez Lefuel.* »

96. — L'Interprète du Cœur. || *A Paris chez Le Fuel, Relieur et Libraire, rue S<sup>t</sup> Jacques N<sup>o</sup> 54.*

1814. Petit In-64.

Joli petit almanach entièrement gravé à l'exception du calendrier qui suit la pagination du volume, comprenant 72 pages et composé de chansons auxquelles se rapportent les gravures, sans légendes.
Le titre, paginé I, est illustré et représente des peupliers autour d'un fût de colonne, élevé sur marches, supportant une lyre avec des rayons lumineux.
Onze gravures, non signées :

1. *Secret pour aimer.* — 2. *La Femme et la Rose.* — 3. *A une Amie.* — 4. *A une jolie femme.* — 5. *A une jeune mère.* — 6. *Pour un Bienfaiteur.* — 7. *A Marie.* — 8. *Pour un heureux mariage.* — 9. *A une Bienfaitrice absente.* — 10. *L'éloquence du cœur.* — 11. *Sur une absence.*

Calendrier de 1814.

96 bis. — Le Miroir de l'Adolescence. || *A Paris Chez Janet Libr. Rue S<sup>t</sup> Jacques, N<sup>o</sup> 59.*

1814. In-64.

Titre en lettres gravées avec une vignette au pointillé : jeune fille tenant en laisse un mouton.

24 pages de texte composé de chansons.

Six gravures au pointillé, non signées, dans des ovales encadrés avec tailles de burin aux angles, et portant les légendes suivantes :

1. *La Pèlerine.* — 2. *Le jeune Pâtre.* — 3. *Paola.* — 4. *Les souvenirs chevaleresques.* — 5. *Le pauvre aveugle.* — 6. *La Jardinière.*

Calendrier pour l'Année 1814, de 24 pages encadrant le texte, avec l'adresse de l'éditeur.

97. — LE PETIT GLANEUR LIRIQUE *(sic)*. || *A Paris chez Le Fuel, Rue S¹ Jacques N° 54.*

1814. In-32.

Titre en lettres gravées.
Le texte, sans pagination, est encadré d'un double filet noir.
Cinq gravures au pointillé, signées *F. Massard Del., Duthé sc.*, sans légendes mais se rapportant aux chansons suivantes :

1. *L'Amour maître en fait d'armes.* — 2. *Le bonheur d'être époux.* — 3. *L'enterrement différé.* — 4. *Emma et Edwin.* — 5. *Le pigeon.*

Souvenir avec 12 petites gravures de femmes dans des médaillons.
Calendrier portatif pour l'année Mille (sic) Huit Cents (sic) Quatorze se dépliant.

98. — LE RETOUR DU PRINTEMS. Etrennes du Bel Age. || *A Paris chez Janet Libraire Rue Saint Jacques N° 59.*

1814. In-64.

Petit almanach de 24 pages de texte composé de chansons et romances.
Titre gravé dans une illustration.
Douze figures, non signées, avec les légendes suivantes :

1. *Le retour du printems.* — 2. *Les Amans constans* (sic). — 3. *Le retour des Hirondelles.* — 4. *Le Mistère* (sic). — 5. *Le rosier négligé.* — 6. *La perte irréparable.* — 7. *La Solitude.* — 8. *Chanson d'Estelle.* — 9. *L'Amour de la Gloire.* — 10. *La récompense du Héros.* — 11. *Le tourment de l'absence.* — 12. *L'Amour appaise* (sic) *tout.*

Calendrier pour l'année 1814, de 24 pages, encadrant le texte.

99. — SIX NOUVELLES A L'USAGE DE LA JEUNESSE, par L'Ablée, ornées de six gravures. || *à Paris, Chez Janet, Libraire, Rue S¹ Jacques N° 59. De l'imprimerie de Chaigneau ainé.*

1814. In-18.

Titre en lettres gravées.

208 pages de texte, avec 6 gravures, signées S. Le Roy Del., Noel sculp., avec les légendes suivantes :

1. Le Fou par Amitié. — 2. Le Bienfaiteur inconnu. — 3. L'Enfant Perdu. — 4. Le Mendiant Fermier. — 5. Les Visions Nocturnes. — 6. Les Quatre Amis.

Calendrier pour l'an 1814.
(B. Nat. Y² 46.109).

100. — VOICI VOS ETRENNES. Almanach pour 1814. || A Paris Chez Janet Libraire Rue S. Jacques, N° 59.

1814. In-128.

Almanach minuscule, composé de 64 pages de texte avec le calendrier.
Huit petites figures correspondant aux chansons sans titres.
Devises pour les Demoiselles et les Garçons, avec Table.
Calendrier de 1814.

101. — L'AMI DES BOURBONS, ou Le Chansonnier des Royalistes. || A Paris, chez Le Marchand, Libraire, rue de la Parcheminerie, n. 2 ; Le Normand, Imprimeur-Libraire, rue de Seine, n. 8. A Reims, chez Le Doyen, Libraire, 1815.

1815 et 1816, 2 années In-18.

La 1ʳᵉ année de cette publication a 176 pages de texte composé de chansons royalistes et anti-napoléoniennes, entre autres :

*La Violette aviliée ; — Les Fausses Promesses ; — Le Retour des Bourbons ; et Les Lis ; — Regrets de La Violette ; — L'Aigle et le Lis ; — Dieu, ma Dame — mon Roi ; — Le Lis et la Violette ; etc., etc.*

Frontispice représentant Louis XVIII, entouré de sa famille (en tout 5 portraits), avec cette légende : *Famile* (sic) *Royale*.
— Le titre de la deuxième année est celui-ci : *L'Ami des Bourbons ou Le Chansonnier des Royalistes. Avec un Calendrier pour l'année 1816, deuxième année.* || mêmes adresses de Libraires que pour 1815.
(*L'auteur possède un exemplaire de cette 2ᵉ année avec la date de 1817 et le calendrier*).
Frontispice, sur feuille double, signé *Canu fecit*, représentant Madame la duchesse d'Angoulême distribuant des secours à des soldats blessés, à son passage à Mittau pour aller en Russie.
(*L'explication de cette gravure se trouve au verso du faux-titre*).
En tête du frontispice est gravé ce titre : L'Ami des Bourbons ou Le Chansonnier des Royalistes ; au bas, cette légende : *Bienfaisance de l'Héroïne Française*, avec les noms et adresses des éditeurs libraires.
176 pages de texte composé de chansons royalistes, commençant

par « Catéchisme, par demandes et par réponses, à l'usage des gardes nationaux. »

(B. Nat. année 1815 Ye 14·106<br>
» 1816 Ye 14·107)

102. — La Corbeille de Fleurs par M. L., Mercx de Bruxelles. || à Paris, chez Janet Libraire et M<sup>d</sup> de Musique, Rue S<sup>t</sup> Jacques, N° 59.

1815. In-32.

Titre en lettres gravées avec une vignette : une corbeille de fleurs.
72 pages de texte composé : d'un poème intitulé « Corbeille de Fleurs », conçu à Bruxelles, ainsi qu'il est dit dans l' « Avant-Propos » ; puis, p. 41, de « Notes » sur divers poètes et sur les fleurs et p. 61, de « Poésies Diverses. »
De l'imprimerie de Adrien Egron, Imprimeur de S. A. R. Monseigneur le Duc d'Angoulême, rue des Noyers, n. 37.
Six gravures au pointillé, sans légendes, sujets mythologiques signés *S. Leroi del., Vandenberghe sc.*
(*Ces gravures ont été reproduites dans un autre ouvrage intitulé « Les Fleurs » de chez Janet, en 1821, avec légendes, voir n° 1771 de la Bibliographie des Almanachs de J. Grand-Carteret ; mais les textes de ces deux ouvrages sont tout différents l'un de l'autre*).
Calendrier de 1815.

103. — Les Etrennes de l'Amitié. || A Paris, Chez Le Fuel, Lib. Rel. Rue S<sup>t</sup> Jacques N° 54.

(vers 1815). In-32.

Titre gravé dans un octogone oblong placé dans la longueur de la page, représentant deux enfants nus, agenouillés, dont l'un regarde au-dessus de lui, avec une longue-vue, le titre de l'ouvrage est gravé sur une pancarte que tiennent deux anges soutenus par des nuages.
Ouvrage se divisant en deux parties, l'une, sans pagination, avec douze gravures dans des octogones oblongs, sans légendes, se rapportant aux chansons ; ces gravures sont placées dans la longueur des pages :

1. *L'Absence d'une amie.* — 2. *L'Oiseau d'amour.* — 3. *L'absence.* — 4. *Le cœur des femmes.* — 5. *Plaintes d'un amant.* — 6. *Le tombeau de Thémire.* — 7. *Les traits de l'amour.* — 8. *Conseils aux belles.* — 9. *La bergère perdue, ou la récompense.* — 10. *Le secret du bonheur.* — 11. *Le bouclier.* — 12. *Réponse de Zelmire à son amant.*

La seconde partie se compose de 32 pages de chansons et romances.
Souvenir avec 12 petites vignettes sur fond gris, et cahier de papier blanc pour notes.

**104.** — GUIRLANDE DE FLORE par Charles Malo. || *A Paris Chez Janet Libraire, Rue S<sup>t</sup> Jacques N° 59.*

S. d. (1814). In-18.

Titre en lettres gravées dans une guirlande de fleurs coloriées.
Histoire complète des fleurs, avec une Préface et 214 pages de texte, prose et poésies.
Quinze planches de fleurs finement coloriées (*P. Bessa del., D. G...*)

1. *Rose à cent feuilles.* — 2. *Tulipe.* — 3. *Pavot.* — 4. *Œillet.* — 5. *Laurier Rose.* — 6. *Tournesol.* — 7. *Anémone.* — 8. *Iris, Sensitive.* — 9. *Jacinthe.* — 10. *Violette.* — 11. *Narcisse.* — 12. *Reine Marguerite.* — 13. *Belle-de-Jour, Belle-de-Nuit.* — 14. *Pensée.* — 15. *Lys, Immortelle.*

Calendrier pour l'An 1815.
(*Journal de la Libr.* N° 48 du 3 Décembre 1814, au n° 2156.)
(*Manuel de l'Amateur de Livres du XIX<sup>e</sup> siècle*, par M. Georges Vicaire).

**105.** — LE MESSAGER DES GRACES dédié aux Demoiselles par Bouillet. || *à Paris Chez Marcilly, Rue S<sup>t</sup> Julien le Pauvre, N° 7.*

1815. In-32.

Titre en lettres gravées avec une vignette : l'Amour dans un char conduit par un paon.
36 pages de texte composé de chansons.
Six gravures, non signées et sans légendes, correspondant aux chansons dont voici les titres :

1. *Le Plaisir.* — 2. *Hymne au Printems.* — 3. *Hymne à la Rose.* — 4. *La Bonne Mère au tombeau de son fils.* — 5. *Les Pommes et les Raisins.* — 6. *L'Amour et l'Honneur, Adieux d'un Croisé.*

Souvenir des Dames avec vignette sur le titre et 12 petites vignettes pour les mois.
Viennent ensuite quelques feuilles blanches pour notes et le Calendrier de 1815.
(La B. Nat. possède, sous la cote Ye 15·995, un exemplaire conforme au mien, mais sans date, ni calendrier, ni « Souvenir des Dames ».)

*J'ai eu entre les mains un autre exemplaire de ce petit almanach, dans lequel le titre porte cette autre adresse de l'Editeur : Rue S<sup>t</sup> Jacques, n° 21. Puis le titre du Souvenir des Dames a comme vignette la Statue de Henri IV et les 12 vignettes des mois représentent 12 vues de monuments de Paris. Enfin quelques feuilles blanches pour notes et le calendrier de 1821 se dépliant. Le texte et les gravures étaient semblables à ceux de l'exemplaire ci-dessus.*

**106.** — LA MUSETTE DU BERGER ou le Chantre des Campa-

## ALMANACHS ILLUSTRÉS

gnes. Almanach chantant pour la présente année. || *A Paris, chez Montaudon, Libraire, rue Galande, N° 37.*

1815. In-32.

Titre avec une petite vignette : un bouquet d'épis de blé.
Almanach de colportage de 32 pages de chansons.
Frontispice champêtre colorié.
Calendrier pour l'année 1815 avec l'adresse de l'éditeur.

107. — LE PETIT DÉSIRÉ. Almanach chantant pour 1815. || *A Paris, Chez Janet, Libraire, Rue S¹ Jacques, N° 59.*

1815. In-128.

Minuscule entièrement gravé, composé de 64 pages de texte avec huit petites gravures, représentant des scènes champêtres et d'intérieur, accompagnées de chansons sans titre.
Devises pour les Demoiselles et les Garçons avec une table.
Calendrier de 1815.

108. — LE PETIT FABULISTE. || *A Paris chez Lefuel Librai. rue S¹ Jacques, N° 54.*

1815. In-128.

Minuscule entièrement gravé, de 64 pages, compris le calendrier.
Titre paginé I, avec une petite gravure.
Douze petites figures accompagnant les fables, en prose, dont voici les titres :

1. *Le Père & ses Enfans.* — 2. *La Corneille pressée de la soif.* — 3. *Le Chien & son Ombre.* — 4. *Le Renard & les Bais.* — 5. *Le Renard & la Cigogne.* — 6. *Le Loup & l'Agneau.* — 7. *Le Renard & le Corbeau.* — 8. *Le Paysan & son Oie.* — 9. *Le Bucheron & la Foret.* — 10. *Le Chien envieux & le Bœuf.* — 11. *La Grenouille & le Bœuf.* — 12. *Le Renard et le Bouc.*

De la page 52 à 64, diverses poésies.
Calendrier de 1815.

109. — LES SOUVENIRS D'UN TROUBADOUR. || *à Paris, Chez Janet Libraire Rue S¹ Jacques, N° 59.*

1815. In-32.

Almanach entièrement gravé à l'exception du calendrier et du cahier des chansons nouvelles.
Titre en lettres gravées avec un sujet.
32 pages de texte gravé, chansons accompagnées de huit gravures, non signées, dans des ovales sur cadres avec tailles de burin dans les angles, dont voici les légendes :

1. *Climène.* — 2. *Saint Cloud.* — 3. *Colin Tampon.* — 4. *le Marchand de Cœurs.* — 5. *Hermand et Adèle.* — 6. *l'Aveugle.* — 7. *Laurette.* — 8. *le Pecheur.*

Cahier d'Ariettes et Chansons nouvelles sans pagination.
Calendrier de 1815 se dépliant.

110. — L'Amour et la Gloire. || *A Paris Chez Janet, Libraire, Rue S<sup>t</sup> Jacques, N° 59.*

(vers 1816). In-32.

Titre en lettres gravées avec une vignette : un guerrier, à genoux, recevant une couronne d'un amour placé sur un socle.

32 pages de texte gravé, composé de chansons et romances.

Huit gravures, non signées, dans des ovales encadrés à tailles de burin aux angles, avec ces légendes :

1. *La Devise du Chevalier.* — 2. *Le Troubadour Castillan.* — 3. *Le retour du Guerrier.* — 4. *L'Anneau Magique.* — 5. *Le Page de Marguerite.* — 6. *La Sérénade amoureuse.* — 7. *Le Rendez-vous.* — 8. *Les Devoirs du Chevalier.*

Cahier de chansons imprimées et sans pagination.

111. — Les Bourbons peints par eux mêmes ou Entrée de la Famille Royale en France. || *A Paris chez Janet, Libraire, Rue S<sup>t</sup> Jacques, N° 59.*

1816. In-32.

Titre gravé et 8 portraits en médaillons encadrés avec angles au pointillé, dont voici les légendes :

1. *S. M. Louis XVIII, Roi de France et de Navarre Né à Versailles le 17 novembre 1755.* — '2. *S. A. R. M<sup>gr</sup>, Comte d'Artois, Lieutenant-Général du Royaume Né à Versailles le 9 octobre 1757.* — 3. *S. A. R. Madame, Duchesse d'Angoulême Née à Versailles le 19 Décembre 1778.* — 4. *S. A. R. M. le Duc d'Angoulême Grand Amiral de France, Colonel-Général des Cuirassiers et des Dragons Né à Versailles le 6 août 1775.* — 5. *S. A. R. M. le Duc de Berry, Colonel-Général des Chasseurs et des Chevau-Légers-Lanciers Né à Versailles le 24 janvier 1778.* — 6. *S. A. R. M. le Duc de Bourbon, Colonel-Général de l'Infanterie Légère Né le 13 avril 1755.* — 7. *S. A. M. le Prince de Condé Colonel-Général de l'Infanterie de Ligne Né à Paris le 9 Août 1736.* — 8. *S. A. M. le Duc d'Orléans, Colonel-Général des Hussards Né le 6 Octobre 1773.*

A la fin du volume, qui a 80 pages, se trouve le Calendrier de 1816.

(B. Nat. Lb<sup>48</sup> 45)

112. — Les Délices de la Société, ou Variétés Morales et Amusantes Avec Figures. || *A Paris chez Janet, Libraire, Rue S. Jacques, N° 59.*

1816. In-32.

Petit ouvrage de 120 pages de texte, composé de faits historiques et de descriptions d'évènements, parmi lesquels on relève les anecdotes suivantes : Lamon et Elise (p. 23) ; Le Vautour (p. 26) ; Anecdote intéressante sur Pierre-le-Grand (p. 73) ; Trait courageux d'un douanier (Buron sauvé des eaux, p. 88).

Le titre et le faux-titre sont en lettres gravées.

Huit figures, non signées, avec les légendes suivantes :

1. *Le Bienfait récompensé.* — 2. *L'Amour propre d'un Enfant.* — 3. *Lamon et*

## ALMANACHS ILLUSTRÉS

Elise. — 4. *Le Vautour.* — 5. *Le bon fils.* — 6. *Le Cadet généreux.* — 7. *Pierre le Grand Charpentier.* — 8. *Le jeune Barou sauvé des eaux.*

Calendrier de 1816.

(B. Nat. Z 46·778)

113. — Le Discret Troubadour. || *à Paris, chez Janet, Libraire, Rue St Jacques, No 59.*

1816. In-64.

Titre en lettres gravées avec une vignette.
24 pages de texte.
Six figures, non signées, dans des ovales encadrés avec tailles de burin aux quatre angles. Ces figures, qui se rapportent aux chansons, ont ces légendes :

1. *Le Discret Troubadour.* — 2. *Amédée et Adèle.* — 3. *La rencontre du soir.* — 4. *La Bergère consolée.* — 5. *La Fiancée.* — 6. *Le Jeune Ménestrel.*

Calendrier pour l'Année 1816, de 24 pages, encadrant le texte.

114. — Etrennes de la Sagesse ou Jugement de Salomon précédé du Sacrifice d'Abraham. || *A Paris chez Marcilly Rue St Julien-le-Pauvre No 14 et 15.*

1816. In-32.

Titre illustré.
62 pages de texte.
Douze figures, non signées, avec chansons et explications des gravures, dont voici les légendes :

1. *Sacrifice d'Abraham.* — 2. *Malheurs et Prospérité de Joseph.* — 3. *Moïse exposé sur les eaux et Sauvé.* — 4. *Vœu de Jephté.* — 5. *Force de Samson.* — 6. *David et Goliath.* — 7. *Jugement de Salomon.* — 8. *Joas Couronné, mort d'Athalie.* — 9. *la Chasteté de Suzanne.* — 10. *Daniel dans la fosse aux Lions.* — 11. *Vertu et Patience de Job.* — 12. *Judith et Holoferne* (sic).

Calendrier pour l'année bissextile 1816, avec cette adresse de l'éditeur : chez Marcilly, Marchand Papetier, rue Saint-Jacques, n. 21.

115. — Madame de La Fayette. || *A Paris, chez Le Fuel Libraire, Rue St Jacques, No 54, près celle du Foin.*

1816. In-16.

Titre en lettres gravées.
Portrait-Frontispice au pointillé, signé Charlin sc.
108 pages de texte, avec quatre gravures également signées et au pointillé, reproduisant, la première : un épisode de la vie de Madame de La Fayette, et les 3 dernières sont relatives à des fragments de ses œuvres : *Zayde.* — *La Princesse de Clèves.* — *Mort d'Henriette d'Angleterre.*

L'almanach est suivi d'un Souvenir gravé avec vignette sur

lettre et 12 sujets d'amours, dans des ovales, pour les douze mois, avec ces inscriptions :

*La Navigation.* — *Le Commerce.* — *La Douceur.* — *Les Sacrifices.* — *La Bienveillance.* — *L'Economie.* — *La Botanique.* — *Les Délassements.* — *La Musique.* — *La Reconnaissance* — *La Justice.* — *La Géographie.*

Calendrier pour 1816 année bissextile, avec 4 en-têtes, scènes d'amours pour les 4 saisons.

(B. Nat. Ln $^{27}$ 10·911)

116. — La Musette Champêtre. || *A Paris Chez Janet Libraire Rue S$^t$ Jacques N$^o$ 59.*

1816. In-32.

Titre en lettres gravées avec une vignette. 24 pages de texte gravé, composé de chansonnettes.

Douze gravures, non signées, avec ces légendes :

1. *Les Bergers.* — 2. *Clairin et Clairine.* — 3. *La Prière innocente.* — 4. *Le Rosier blanc changé de couleur.* — 5. *L'Allégorie expliquée.* — 6. *Le joli Nom.* — 7. *C'est fini.* — 8. *La Nouvelle Bouquetière.* — 9. *L'Hospitalité mal récompensée.* — 10. *L'Ingrat.* — 11. *Le joyeux refrain.* — 12. *Les doux prestiges.*

Cahier d'Ariettes nouvelles imprimées.
Calendrier de 1816 se dépliant.

117. — Les Petits Soins. || *A Paris Chez Janet, Libraire, Rue S$^t$ Jacques, N$^o$ 59.*

1816. In-12.

Titre en lettres gravées avec un sujet : une femme, assise devant sa toilette, se faisant coiffer.

32 pages de texte gravé composé de chansons, avec huit gravures, non signées, dont voici les légendes :

1. *Les Petits Soins.* — 2. *François 1$^{er}$.* — 3. *Fleurs sur la tombe de J. J.* — 4. *Dom Quichotte.* — 5. *Au Tems Jadis.* — 6. *Bélisaire.* — 7. *Le Rosier d'Amour.* — 8. *Il n'est plus là !*

Cahier de chansons imprimées, sans pagination, au milieu du volume.
Calendrier de 1816 se dépliant.

118. — Le Bijou des Enfans, Pour l'Année 1817. || *A Paris, Chez Janet Libraire Rue S$^t$ Jacques, N$^o$ 59.*

1817. In-128.

Almanach minuscule entièrement gravé, composé de 64 pages de texte compris le Calendrier.
Huit petites figures accompagnant les chansons sans titres.
Devises pour les Demoiselles et pour les Garçons avec table.

119. — La Couronne de Lis et de Roses, ou Hommage au

## ALMANACHS ILLUSTRÉS 53

Meilleur des Rois. Chansonnier pour la présente année. || *A Paris, Chez Montandon, Libraire, Quai des Grands-Augustins, N° 19.*
1817. In-18.

Chansonnier royaliste composé de 144 pages de texte avec la table.
Frontispice, se dépliant, dans un grand ovale encadré avec traits de burin, représentant trois femmes couronnant le buste de Louis XVIII.
Première chanson, p. 5 : *Vive le Roi de France*. La dernière est à la page 139 : *Couplets chantés à l'occasion de l'inauguration du Buste de S. M.*
Calendrier de 1817.
(L'exempl. de la B. Nat., sous la cote Ye 19·246, est conforme à celui ci-dessus avec le calendrier pour 1817, mais sans frontispice.)

120. — LE MÉRITE DES JEUNES MÈRES ou Leur Bonheur dans l'éducation de leurs Enfants. Orné de Gravures. || *A Paris Chez Le Fuel, Relieur Libraire, Rue S*$^t$ *Jacques, N° 54 près celle du Foin.*
1817. In-16.

Titre en lettres gravées.
138 pages de texte avec la table.
Un second titre et une Préface, en vers, dédiée « Aux Femmes ».
Douze gravures au pointillé, non signées, accompagnant le texte, prose et poésie, et dont voici les légendes :

1. *Le Someil* (sic). — 2. *Le Bain*. — 3. *Le Dialogue*. — 4. *La Fable récitée*. — 5. *L'Équitation*. — 6. *Une Leçon d'Écriture*. — 7. *Les premiers principes du Piano*. — 8. *La Promenade en Chariot*. — 9. *Le Califourchon*. — 10. *La Contemplation*. — 11. *Une Leçon de Harpe*. — 12. *L'Aumône*.

Imprimerie de Fain, Rue de Racine, N° 4, Place de l'Odéon.
Calendrier de 1817, avec 4 vignettes représentant les 4 saisons.

121. — LES PAPILLONS par Charles Malo, de l'Académie du Nord. || *à Paris, chez Janet, Libraire, Rue S*$^t$ *Jacques, N° 59 Gravés d'après les dessins de P. Bessa.*
1817. In-18.

Titre en lettres gravées avec une vignette finement coloriée : jeune femme tenant des papillons.
198 pages de texte, histoire des papillons.
Onze planches de papillons coloriés.
Cet ouvrage débute par une « Préface », commençant par des vers se rapportant à la vignette du titre.
Comme l'indique le renvoi de cette préface (page V), Les Papillons

font suite à la *Guirlande de Flore* (voir n° *104*) et à la *Volière des Dames* (voir 2011, p. 500, de la Bibliographie des Almanachs de J. Grand-Carteret).

Calendrier pour l'An 1817.

*(Journ. de la Libr. n° 47 du 23 nov<sup>bre</sup> 1816, au n° 3275.)*

### 122. — LE PETIT BIJOU DES DAMES. || *à Paris au Chat noir. Rue S<sup>t</sup> Denis N° 82.*

#### 1817. In-128.

Almanach minuscule composé de chansons, accompagnées de 8 petites figures :

1. les *Petits jeux.* — 2. *Tout passe.* — 3. *l'Amant à Préférer.* — 4. *le Mariage* — 5. *la Résurection* (sic) *de l'Amour.* — 6. *la Rose et la Pensée.* — 7. *L'hymen et l'Amour.* — 8. *L'ennui Philosophique.*

Calendrier de 1817.

A la dernière page (62) on lit : Perrot Confiseur, Distillateur Fabrique de chocolat. Rafinerie *(sic)* de Sucre Candi façon Hollande etc....

### 123. — LE TRIOMPHE DE LA VERTU. Sujets tirés de la Sainte Bible. || *A Paris chez Janet Libraire, rue Saint Jacques N° 59.*

#### 1817. In-32.

Titre en lettres gravées sur une illustration représentant un bucher, dressé sur une montagne et sur lequel se consume un agneau.

Ouvrage sans pagination avec 12 figures, non signées, portant les légendes suivantes :

1. *Les trois Anges chez Abraham.* — 2. *Voici le bois où est la victime.* — 3. *Ruth glannant* (sic) *dans le champ de Booz.* — 4. *Le mariage de Ruth décidé.* — 5. *David est sacré Roi.* — 6. *Punition d'Absalom* (sic). — 7. *Elie nourri par des Corbeaux.* — 8. *Elie ressuscite un enfant.* — 9. *Départ du jeune Tobie.* — 10. *Guérison de Tobie.* — 11. *Couronnement d'Esther.* — 12. *Triomphe de Mardochée.*

Calendrier de 1817 se dépliant.

### 124. — L'AMI DES ENFANS pour l'Année 1818. || *A Paris chez Janet, Libraire, Rue S<sup>t</sup> Jacques N° 59.*

#### In-128.

Almanach minuscule composé de chansons et romances sans titres, avec 8 petites figures sans légendes.

64 pages de texte avec le calendrier.

Devises pour Demoiselles et Garçons avec une table.

Calendrier de 1818.

ALMANACHS ILLUSTRÉS

125. — Petit Almanach des Demoiselles. || *à Paris chez Rosa, Libraire, G*<sup>de</sup> *Cour du Palais Royal*.

1818. In-18.

Titre en lettres gravées avec un sujet signé A. Blanchard aqua. : jeune fille, ayant une colombe sur le bras et donnant un fruit à un serpent enroulé autour d'un arbre.

118 pages de texte, romances et épitres en vers et en prose.

Six gravures reproduisant des tableaux :

1. sans légende. (*Homère dans l'Ile de Chio*, de Gérard). — 2. *La Vierge, Jésus, Agnès & S*<sup>t</sup> *Jean*, Le Titien P. — 3. *Pastorale*. — 4. *Henri IV & ses Enfants*, Choquet, del. Rubierre, scul. — 5. *Convalescence de Bayard*, Choquet, del. Rubierre, aq. sc. — 6. *Marguerite de Provence femme de S*<sup>t</sup> *Louis, à Damiette*.

Souvenir et Calendrier pour l'an 1818.

(B. Nat. Ye 29·890.)

126 — Le Petit Poucet. Année 1818. Dédié à l'Enfance. || *A Paris, chez Pomerel, Rue Montesquieu* N° 5.

1818. In-128.

Almanach minuscule, composé de 63 pages de texte avec le calendrier.

Huit petites figures se rapportant aux chansons :

1. *Dédicace à l'Enfance*. — 2. *Etrennes à Papa*. — 3. *L'Enfant Religieux*. — 4. *Le Gourmand puni*. — 5. *La Violette*. — 6. *La Bienfaisance*. — 7. *Le Serpent sous les Fleurs*. — 8. *La Coquette*.

Calendrier de 1818.

127 — Les Rêveries Pastorales. || *A Paris, Chez Marcilly, Rue S*<sup>t</sup> *Jacques* N° 21.

1818. In-18.

Titre en lettres gravées avec un sujet, signé Simonet Jeune 1818, représentant un pâtre assis sur un tertre, près d'une rivière, avec son chien couché à côté de lui ; au-dessous ces vers :

> *Beaume (sic) des maux que je ressens*
> *Aimable et tendre Rêverie !*
> *La langueur enivre mes sens*
> *Tu fais le charme de ma vie.*

Quatre figures, signées *Boyenval del.*, *Millet sculp.*, sans légendes, se rapportant aux romances, dont voici les titres :

1. *La Pauvre Zélie*. — 2. *La Lyre d'Amour*. — 3. *Le départ pour la croisade*. — 4. *L'amour et la Mort*.

72 pages de texte avec Table.

Souvenir des Dames avec titre gravé et vignette; douze sujets pour les mois, représentant des amours.
Avec le Calendrier.

[La B. Nat. à la cote Ye 32·076 possède un exempl. sans date, ni calendrier, ni souvenir]

— Journal de la Librairie, 24 8bre 1818, sous le n° 3905 : « *Les Réveries Pastorales*. In-18 de 2 f<sup>lles</sup>, plus 4 pl., Impr. de Eberhart, à Paris. — A Paris chez Marcilly. »

128 — LE SECRET DES DAMES. || *A Paris Chez Janet, Libraire, Rue S<sup>t</sup> Jacques, N° 59.*

1818. In-32.

Titre en lettres gravées avec une vignette représentant une jeune femme mettant un doigt sur sa bouche.

32 pages de texte gravé avec un cahier de chansons nouvelles imprimées.

Huit figures non signées dans des ovales encadrés avec traits de burin aux angles. Voici les légendes :

1. *Lise m'aime à la folie !* — 2. *Les effets de l'Infidélité.* — 3. *Le jeune Solitaire.* — 4. *La Bienfaisance.* — 5. *Alexis et Glicère.* — 6. *L'Amant désiré.* — 7. *Les Droits d'une bonne Mère.* — 8. *Isaure et Delmance.*

Calendrier de 1818 se dépliant.

129 — LE TEMPLE DES VERTUS ET DES GRACES ou Recueil des meilleurs morceaux en Prose et en Vers sur le Mérite des Femmes. Avec six Gravures. || *A Paris Chés Delaunay, Libraire, Palais-Royal, Galeries de Bois, et chez l'Editeur, rue Notre-Dame des Champs, N° 19. 1818.*

In-12 carré.

Titre en lettres gravées avec une vignette signée hocquart sculp. ; au-dessous : Œdipe et Antigone.

Recueil de 156 pages de texte avec la table (de l'Imprimerie de Fain), se composant, comme il est dit dans l'Avertissement, « des morceaux où nos poètes et nos grands écrivains se sont plu à illustrer les vertus, les talens et les belles actions des femmes : Delille, Ducis, Léonard, Bernardin de Saint-Pierre; Legouvé, Millevoye, Treneuil, Mollevault, Campenon, etc. . Nous y avons également admis quelques traits mythologiques. »

Six gravures à l'aqua-tinta, dont les 3 premières sont signées *Chasselat, del,*, et les 3 dernières *Pêcheux. del., hocquart Aqua-tinta* ; en voici les légendes :

1. *La Piété Filiale.* — 2. *Finan et Lorma.* — 3. *La Reine Blanche.* — 4. *La Mère des Gracques.* — 5. *Antigone et Argie.* — *Éponine et Sabinus.*

Calendrier pour l'An 1818.

## ALMANACHS ILLUSTRÉS

**130** — L'AMI DE LA JEUNESSE 1819. || *Le Fuel, Rue S<sup>t</sup> Jacq.*
In-128.

Almanach minuscule composé de petites chansons.
64 pages de texte gravé avec le calendrier.
Titre gravé avec une vignette : un amour jouant du flageolet.
Huit figures correspondant au texte :

1. *Le Voile.* — 2. *Rigueurs de Suzon.* — 3. *L'Espérance.* — 4. *Couplet.* — 5. *Le Berger timide.* — 6. *Portrait d'une Dame.* — 7. *Impromptu.* — 8. *Couplet.*

Calendrier de 1819.

**131** — LES CHARMES DE L'ENFANCE. || *A Paris chez Louis Janet, Libraire, Successeur de son Père, Rue S<sup>t</sup> Jacques N<sup>o</sup> 59.*
1819. In-64.

Titre en lettres gravées avec un petit sujet champêtre.
24 pages de texte composé de stances, romances, fables, etc.
Six figures finement gravées, non signées, avec les légendes suivantes :

1. *La Mère et les Enfans.* — 2. *Les Remords et les Regrets.* — 3. *La mort de la Colombe.* — 4. *Le Sommeil d'une Mère.* — 5. *Le Déjeuner d'Elise.* — 6. *Chloé ou la tricherie.*

Calendrier pour l'année 1819, comprenant 24 pages et encadrant le texte.

**132** — ETRENNES AUX DAMES. || *A Paris, chez Marcilly, Rue S<sup>t</sup> Jacques, N<sup>o</sup> 21.*
1819. In-18.

Le faux-titre imprimé porte : *Étrennes aux Dames, ou Choix d'anecdotes historiques et de Nouvelles.*
Le titre est en lettres gravées avec un sujet : un homme jetant une bourse aux pieds d'une pauvre femme assise et allaitant un bébé.
176 pages de texte avec table.
Six gravures, dont les deux premières signées *F. Massard del., Fortier aqua., Ab. Girardet fecit ;*

1. *Le Tableau.* — 2. *L'Héroïsme de l'amour conjugale* (sic).

Les quatre gravures suivantes sont signées *F. Massard del., Fortier aqua., Pigeot sculp. :*

3. *L'Incendie.* — 4. *L'Orage.* — 5. *Thérèse Balduci.* — 6. *L'Ours Marco.*

Souvenir des Dames avec vignette, et 12 paysages pour les mois.
Calendrier de 1819.
(L'exemplaire de la B. Nat., sous la cote G 23·343, n'a ni calendrier, ni Souvenir.)

[Le J^al de la Lib^ie, année 1819, 20 9^bre, porte, n° 4·010 : « Etrennes aux Dames, in-18 de 5 f^lles, plus des grav. Imp. de Eberhart, à Paris — A Paris, chez Marcilly.]

133 — Les Insectes par Charles Malo de l'Académie de Lyon. || *A Paris chez Louis Janet, Libraire, Successeur de son Père, Rue S^t Jacques N° 59.*
1819. In-24.

Titre en lettres gravées avec un petit sujet colorié : une ruche d'abeilles.
202 pages de texte avec Table des Matières.
Douze planches d'insectes finement coloriés (*Bessa del.*).
Une Préface indique que cet ouvrage doit faire suite aux : *Guirlande de Flore* (voir n° 104); *Volière de Dames* (n° 2011, p. 500, Bibliogr. des Almanachs de J. Grand-Carteret); *Corbeille de Fruits* (n° 1861, p. 476, même Bibliogr.); et sur-tout (sic) aux *Papillons* (voir n° 121) : « Les Insectes, dont j'offre aujourd'hui la vie et les habitudes, tendent à completter (sic) cette collection, enrichie toute entière des jolis dessins de M. Bessa. »
Les planches commencent après la page 10 ; la deuxième est après la page 146, etc. .
Calendrier pour l'An 1819.
(B. Nat. S 30·814)

134 — Loisirs d'un Français, ou Recueil de Chansons d'Amour, de Guerre, de Table, Critiques, Grivoises, Pastorales, et de différentes Poésies. Dédiés aux Dames. Par un Invalide. || *Paris, chez Sétier, Imprimeur-Libraire, rue du Cimetière S^t-André-des-Arts, N° 7. Et chez tous les Marchands de Nouveautés.* 1819.
2 années 1819-1820. In-18.

L'année 1819, de 148 pages de texte, a deux gravures, signées *Lopez pinx^t*, *Lefèvre J^e sculp.*, dont la première sert de Frontispice, avec cette légende :

*Cache ces pleurs; ces pleurs que je te donne*
*Sont les premiers d'un Grenadier français.*

L'autre gravure (page 61) porte cette légende :

*Seul avec sa tristesse, il se croit seul au monde.*

Calendrier Français Dédié à la vieille Armée, calendrier qui se vendait à part, donnant aussi chaque jour de l'année les noms des batailles, des victoires et des pays ainsi que l'année où elles ont eu lieu.

— L'année 1820 a, en outre du titre, imprimé, un autre titre gravé et illustré avec un Frontispice, tous deux signés *Drouin Del.*

Le titre gravé représente un paysage encadré par deux faisceaux surmontés : l'un, d'un casque et entouré d'une branche de chêne ; l'autre, d'un coq chantant, et entouré d'un cep de vigne. L'illustration représente un marquis marchant, en saluant, sur la robe d'une dame. En haut, en lettres gravées : Loisirs d'un Français Chansonnier; dans le bas, cette légende : *Vous chiffonnez ma robe...*

Le Frontispice a cette légende :

> *D'où viennent ces blessures*
> *Qui déchirent ton sein ?*

172 pages de texte.

Calendrier Français Dédié à la vieille Armée, de 1820 et, comme celui de 1819, donnant chaque jour de l'année les noms des batailles, des victoires et des pays avec l'année où elles ont eu lieu.

(B. Nat. année 1819 Ye 26.641.
» 1820 Ye 26.642.)

135 — MARIE LECZINSKA REINE DE FRANCE. Princesse de Pologne. || *A Paris Chez Le Fuel, Relieur, Libraire, Rue S<sup>t</sup> Jacques, N° 54,,*

1819. In-16.

Titre en lettres gravées.
Portrait-Frontispice au pointillé, signé *Pomel seul.*
130 pages de texte.
Quatre gravures au pointillé, non signées, reproduisant des épisodes de la vie de Marie Leczinska.
Imprimerie de Fain, Place de l'Odéon.
Calendrier de 1819 se dépliant.

136 — MIRACLES DE JÉSUS CHRIST. || *A Paris Chez Janet, Libraire, Rue S<sup>t</sup> Jacques N° 59.*

1819. In-32.

Titre en lettres gravées avec un médaillon contenant le buste du Christ au pointillé.
72 pages de texte en prose et en vers, dont 58 p. pour les Miracles et 14 p. de cantiques.
Six gravures au pointillé, non signées, avec ces légendes :

1. *Jésus quittant les Docteurs.* — 2. *Baptême de J.-C.* — 3. *Les Noces de Cana.* — 4. *La Samaritaine.* — 5. *La Chananéene* (sic). — 6. *L'Aveugle de Jéricho.*

Calendrier de 1819.

137 — CHOIX DE JOLIS MORCEAUX Tirés des plus célèbres

Poètes et Prosateurs Français. || *Paris, chez Lefuel, Libraire-Editeur, Rue St Jacques.*

1820. In-18.

Ouvrage avec un titre en lettres gravées et une couverture jaune illustrée avec le titre gravé des deux côtés.

144 pages de texte composé de 2 parties : la première de 128 p. de poésies de L. Belmontet, M$^{me}$ V. Babois, M$^{me}$ Desbordes-Valmore, F. Delcroix, Ulric Guttinguer, A. Naudet, Michaux Clovis, M$^{me}$ Amable Tastu, etc. ... et la seconde partie (p. 129) de prose, entre autres morceaux, fragments d'une notice sur M$^{me}$ Dufrénoy par F. F. Tissot.

Frontispice gravé et tiré en couleurs, signé Seb. Le Roy, del. Noël, J$^e$, sc$^t$, représentant un troubadour jetant sa harpe à terre près d'un tombeau ; au-dessous cette légende :

*Et vous, Cyprès, dont l'ombre fraternelle*
*Entoure le tombeau qui doit nous réunir,*
*Séparez votre tige amoureuse et fidèle,*
*Pour moi seul, aujourd'hui, ce tombeau va s'ouvrir.*

Souvenir avec vignette sur le titre (*Pomel scul.*) : jeune fille couronnant un buste de femme, et 12 vignettes, au pointillé, des amours tenant des médaillons contenant les signes du zodiaque.

Calendrier de 1820 se dépliant.

138 — LA GUIRLANDE DES MUSES. || *à Paris, chez Rosa, Libraire, Grande Cour du Palais Royal.* 1820.

In-18.

Titre en lettres gravées avec une jolie vignette : Muse dans un char poussé par l'Amour et traîné par deux colombes.

Almanach de 172 pages de texte composé de chansons et de romances.

Six gravures reproduisant des tableaux et estampes, avec l'explication des figures et les légendes suivantes :

1. *L'Enlèvement de Déjanire.* — 2. *L'Aveugle Frélon.* — 3. *Vue du grand jet d'eau dans le parc de la résidence près Cassel.* — 5. *Charles VII trace ses adieux à Agnès Sorel* (Lecerf sculp$^t$). — 6. *Orphée et Eurydice* (Ducis pinx., Lecerf sc.).

Calendrier pour l'Année 1820 et Souvenir avec 12 petites vignettes.

139 — HISTOIRE NATURELLE EN MINIATURE. Suite à l'Abeille des Dames. || *A Paris Chez Le Fuel Libraire Rue St Jacques N$^o$ 54.*

(vers 1820). In-18.

Titre en lettres gravées avec un sujet.
216 pages de texte avec la table.

Onze planches reproduisant des types d'oiseaux, d'animaux, d'insectes et de fleurs.
*(voir « L'Abeille des Dames, de 1818, chez Le Fuel », dans la Bibliographie des almanachs de J. Grand-Carteret, p. 464, n° 1819).*

140 — LE JOLI BOUT-EN-TRAIN, Etrennes Lyriques, Dédiées aux Chanteurs. || *A Paris, Chez les principaux Libraires, et au Palais-Royal.*

vers 1820. In-32.

Publication de colportage sans pagination, composée de chansons.
Frontispice colorié portant cette légende : *La double Déclaration d'Amour.*

141 — LE PETIT ALMANACH DES MUSES. || *A Paris chez Le Fuel Rel<sup>ur</sup> Lib<sup>re</sup> Rue S<sup>t</sup> Jacques, N° 54.*

(vers 1820). In-32.

Titre en lettres gravées dans un ovale encadré avec tailles de burin aux angles.
127 pages de texte avec table, composé de chansons, romances et contes.
Sept gravures au pointillé, non signées, dans des ovales encadrés avec les quatre angles burinés, sans légendes, mais se rapportant au texte :

1. *Salix et Pholoé ou l'Origine du Saule.* — 2. *Le Maître du logis.* — 3. *Iadesté, conte oriental.* — 4. *Ma Flute.* — 5. *L'Amour guerrier.* — 6. *Dartula.* — 7. *Le Chasseur et les Perdrix.*

De l'imprimerie de J.-M. Eberhart, Impr. du Collège Royal de France, rue du Foin St-Jacques, n° 12.

142 — PLAISIR ET BONHEUR ou L'Union de Bachus (sic) et l'Amour, Almanach chantant pour la présente année. || *A Paris, Chez Marcilly, Libraire, rue S<sup>t</sup> Jacques, N° 21 — Imprimerie de Douclet.*

1820. In-64.

Almanach, sans pagination, composé de chansons d'amour, humoristiques et morales.
Frontispice colorié avec cette légende : *Dansons, réjouissons nous.*
Calendrier pour 1820, intercalé au milieu du volume, avec adresse de l'éditeur : Marcilly, M<sup>d</sup> Papetier, rue S<sup>t</sup> Jacques, n. 21.
(B. Nat. Ye 30·195)

143 — LES PLAISIRS DE LA JEUNESSE, ou Les Variétés Amusantes. || *A Paris, Au Temple de la Gaîté.*

1820. In-32.

Publication de colportage, de 64 pages de chansons et de romances. De l'Imprimerie de la V° Lemaire·
Frontispice gravé et colorié représentant une place de village, où une vieille femme dit la bonne aventure à des paysans.
Calendrier pour l'Année 1820.

144. — LE RÉVEIL DES MUSES. || *A Paris Chez Louis Janet, Libraire, Successeur de son Père, Rue S. Jacques N° 59.*

vers 1820. In-32.

Almanach, de 32 pages, entièrement gravé à l'exception du cahier de chansons nouvelles.
Titre en lettres gravées avec un sujet : un amour, déguisé en folie, dansant en jouant du tambour de basque.
Huit gravures, non signées, dans des ovales encadrés avec tailles de burin aux angles, avec ces légendes :

1. *La Charité.* — 2. *Le Raccommodement.* — 3. *Le Passage.* — 4. *Le Moment.* 5. *L'Amante inquiète.* — 6. *La Jeune Créole.* — 7. *L'Hermite par Amour.* — 8. *à ma Romance.*

Chansons nouvelles, de M. Emmanuel Destouches.

145 — ETRENNES AUX GRACES. || *à Paris, chez Marcilly, rue S¹ Jacques, N° 21.*

1821. In-18.

Titre en lettres gravées avec un sujet au pointillé : un amour planant au-dessus d'un chien et d'un mouton qu'il tient en laisse.
142 pages de texte, chansons et romances.
Six gravures, non signées, avec les légendes suivantes :

1. *Le sacrifice des dons de l'amour.* — 2. *Une jeune fille pleurant son pigeon.* — 3. *L'expression d'un doux sentiment.* — 4. *La mère abandonnée.* — 5 et 6· sans légendes, mais se rapportant aux deux chansons ; *Ariane abandonnée par Thésée* — et : *L'Instruction maternelle.*

10 airs notés et gravés comprenant 8 pages ; — Souvenir des Dames gravé, avec douze vignettes d'amours.
Calendrier pour l'année 1821, après le titre.
J. M. Eberhart, Imp. du Collège de France, Rue du Foin Saint-Jacques, N° 12.

146 — HISTOIRE DES ROSES par Charles Malo. Ornée de 15 planches en couleur, dessinées par P. Bessa. || *A Paris*

chez *Louis Janet, Libraire, Successeur de son Père, Rue S$^t$ Jacques* N° 59.
1821. In-18.

Titre en lettres gravées, avec une vignette : un rosier, tout en fleurs, colorié.

240 pages de texte.

Douze planches de roses gravées et finement coloriées (*P. Bessa pinx$^t$*, **Teillard sculp**.), avec ces légendes :

*1. Rose mousseuse. Simple Jaune. — 2. Rose unique. Simple Capucine. — 3. Rose Inermis ou Rose sans épines. Rose Canelle. — 4. Rose Cels. Rose Luisante. — 5. Rose à feuilles de Chanvre. Lustre d'Eglise. — 6. Rose à feuilles de pimprenelle. Manteau pourpre. — 7. Grande Cuisse de Nimphe. Rose de Portland. — 8. Damas simple. Manteau d'Evêque. — 9. Rose Noisette. Rose Jaune. — 10. Rose Multiflore. Rose Panachée. — 11. Pompon. Provins double. — 12. — Rose Bichonne. Rose Thé.*

A la page 165 commence la « Poétique de la Rose, ou Choix des Poésies les plus gracieuses inspirées en France, par la Rose » jusqu'à la page 229, portant : « Appendix ou vocabulaire Botanique. »

La table des matières est page 235.

Calendrier de 1821 se dépliant.
(B. Nat. S. 30·812)

147 — LA LYRE D'APOLLON Dédiée aux Muses. || *A Paris chez Lefuel, Rue S$^t$ Jacques* N° 54.
1821. In-32.

Titre en lettres gravées dans une lyre, posée sur un socle et entourée d'une guirlande de feuillage.

Petit volume composé de 34 pages de chansons gravées et d'un cahier de chansons et romances imprimées.

Toutes les pages sont encadrées d'un double filet noir.

Calendrier de 1821 se dépliant, portant l'adresse de l'éditeur.

148 — PETIT ALMANACH DES MUSES. || *Paris. L$^s$ Janet. Lib$^{re}$ Rue S$_t$ Jacques*, N° 59.
1821. In-32.

Titre gravé et encadré avec un sujet : un amour assis devant un pupitre et jouant du flageolet.

Almanach de 32 pages de texte gravé, composé de chansons et de romances.

Huit gravures, dans des ovales encadrés avec tailles de burin dans les angles, dont voici les légendes :

*1. Les Sermentx indiscrets. — 2. Gonzalve. — 3. L'amant au tombeau de son amie. — 4. L'arabe pleurant son coursier. — 5. L'hermite par amour. — 6. Le Chien d'Anacréon. — 7. Le Page capucin. — 8. A un tourtereau.*

Cahier de chansons nouvelles imprimées, sans pagination.

Calendrier de 1821 se dépliant.

149 — Le Petit Galoubet. || *A Paris, Chez Louis Janet, Libraire, Successeur de son Père, Rue St Jacques, No 59.*

1821. In-32.

Titre en lettres gravées, avec une vignette représentant un amour qui s'appuie sur une lyre et joue du galoubet.
48 pages de texte composé de chansons et romances
Six gravures au pointillé, sans légende et sans signature, se rapportant aux chansons dont voici les titres :

*1. Fanchonnette. — 2. Les Guides de l'Amour. — 3. Histoire du pauvre Jean. — 4. Renelle. — 5. La voix de Lise. — Zelmire.*

Petit Souvenir des Dames avec une vignette sur le titre et 12 petites vues formant en-têtes des mois, avec guirlandes de fleurs et feuillages.
Calendrier de 1821.
*(Communiqué par M. Léon Sapin.)*

150 — Sage et Coquette. || *A Paris Chez Janet, Libraire, Rue St Jacques No 59,*

1821. In 32.

Almanach entièrement gravé à l'exception du calendrier et du cahier des chansons nouvelles.
32 pages de texte.
Titre en lettres gravées avec un sujet.
Huit gravures, non signées, dans des ovales encadrés avec tailles de burin aux angles; ces gravures se rapportent aux chansons et portent les légendes suivantes :

*1. Portrait de deux Sœurs. — 2. Le Serment. — 3. Le Jeune Armand. — 4. — Le Doute. — 5. Le Départ du Troubadour. — 6. Henri IV. — 7. La Défense. — 8. Les Projets de Retraite.*

Cahier de chansons nouvelles imprimées, sans pagination.
Calendrier de 1821 se dépliant.

151 — Le Chat Botté, Pour l'Année 1822. || *A Paris Chez Louis Janet, Rue St Jacques No 59.*

1822. In-128.

Almanach minuscule entièrement gravé, de 64 pages de texte avec le calendrier.
Huit petites figures avec chansons, sans titre.
Devises pour les Demoiselles et pour les Garçons avec table.
Calendrier de 1822.

152. — Le Désir, ou L'Art de plaire, Chansonnier pour la

## ALMANACHS ILLUSTRÉS

présente année. || *A Paris, chez Tiger, Imprimeur-Libraire, rue du Petit-Pont n⁰ 10.*
1822. In-16.

Chansonnier, composé de 90 pages de texte, romances et chansons, de MM. L. Patras, Edm. Géraud, G. Ménard, de Rochecave, Duhamel, V⁺ᵉ Le Prévost d'Iray, etc..., avec un Frontispice allégorique, sans légende, signé Poisson sculp., et le calendrier pour l'an 1822.
(B. Nat. Ye 20·116)

153. — ÉCOLE DE LA VERTU ornée d'Anecdotes curieuses et morales avec Figures. || *A Paris Chez Janet Libraire, Rue S⁺ Jacques, N⁰ 59. De l'Imprimerie de P. Didot.*
1822. In-18.

Titre en lettres gravées.
106 pages de texte, composé de sentences accompagnées d'anecdotes morales et historiques.

Vingt petites figures gravées, placées deux sur une même feuille, sans signature, avec ces légendes :

1. *J'ai perdu un œil en combattant pour vous.* = *Vous ne voulez donc pas d'argent.* — 2. *Ayez meilleur (sic) opinion de vos amis.* = *Croyez-vous que je n'aie perdu qu'une paire de gants.* — 3. *Le Prince demande les plus beaux éventails.* = *Recevez les vingt-cinq louis.* — 4. *Le Gouverneur écrasa l'insecte.* = *Il faut garder un secret.* — 5. *Consolez-vous je viens vous voir.* = *Approchons-nous de ces bonnes gens.* — 6. *Au lieu de 50 écus il en écrivit* = *500.* = *Il les jeta dans le feu.* — 7. *Un des pistolets tomba.* = *Que le prévôt fasse son devoir.* — 8. *Rends grâce à ma religion.* = *Quel mal t'ai-je fait ?* — 9. *M. de Catinat jouant aux quilles.* = *Respectez la vertu malheureuse.* — 10. *Il apprend que son fils est mort.* = *Ils arrivèrent à une chaumière.*

(B. Nat. R. 34·770 exempl. conforme, mais sans calendrier)

154 — ÉTRENNES DE POLYMNIE. || *à Paris, Chez Marcilly, Rue S⁺ Jacques, N⁰ 21.*
1822. In-24.

Titre en lettres gravées avec une vignette.
144 pages de texte composé de chansons et romances de femmes-poètes : Mesdames Perrier, Simons-Candeille, Fanny de Beauharnais, princesse de Salm, Louise Chevalier, Du Closeau, Adine Joliveau, Des Opres, de La Chabeaussière, etc.

A la p. 85, Poésies diverses de Mesdames : Du Deffant, Ninon de l'Enclos, Du Boccage de Boufflers, Deshoulières, de Villedieu, Desroches de Poitiers, de Montenclos, etc..

Six figures non signées, se rapportant aux chansons, avec les légendes suivantes :

1. *Mathilde et Malek-Adhel.* — 2. *Les Filles de Minée.* — 3. *Louis XIII et M*ᵐᵉ *de Lafayette.* — 4. *Boucicaut et M*ᵐᵉ *de Beaufort.* — 5. *La Diseuse de Bonne Aventure.* — 6. *Novès et Alix de Provence.*

10 airs notés et gravés formant 8 pages. — Souvenir des Dames avec

sujet sur le titre : un amour tenant un livre d'une main et son arc de l'autre.
12 vignettes d'amours pour les en-têtes des mois.
Calendrier de 1822 se dépliant.

155 — HISTOIRE DES TULIPES par Charles Malo, Ornées de 12 planches en couleur. Dessinées par P. Bessa. || *Paris Louis Janet, Libraire, Rue S<sup>t</sup> Jacques N° 59.*

(de 1822). In-18.

Ouvrage, de 180 pages de texte y compris Table des Matières, faisant suite à l'*Histoire des Roses (voir n° 146)*, d'après l'avis suivant de l'Editeur : « L'accueil flatteur que les dames ont daigné faire à notre *Histoire des Roses*, nous a suggéré l'idée de composer pour elles une *Histoire des Tulipes*, que nous recommandons aujourd'hui à la bienveillance des amateurs de ce genre de plante. »

Titre en lettres gravées avec un sujet colorié : deux tulipes dans un ovale.

12 planches finement coloriées, avec ces légendes :

*1. Le Roi des Cramoisis, le Comte du Nord. — 2. Le Léopold, L'Agréable. — 4. La Nouvelle Connaissance, La Romance Gouffier. — 5. La Violette en Prune, La Jean-Jacques Rousseau. — 6. Tulipe de Cels, Tulipe Œil de Soleil, Tulipe des forêts. — 7. Tulipe Dragonne, Tulipe à pétales étroits. — 8. Tulipe Duc de Toll, Tulipe de l'Ecluse, Tulipe double des forêts. — 9. Le feu Pochot, la Violette brodée. — 10. La Trésorière, Le Pelore. — 11. L'Hortense, L'Honorine. — 12. La Geneviève, La Nina Reine.*

Après l'histoire des tulipes se trouvent : Poétique de la Tulipe ou choix de vers sur la tulipe ; — le catalogue des tulipes anciennes les plus renommées ; — et Allégorie et nouvelles sur la tulipe.

(B. Nat. S 30·813)

156 — LES PASSE-TEMS, OU LE PORTE-FEUILLE DE SOCIÉTÉ ; Recueil de Chansons bachiques, morales, critiques et joyeuses. Couplets de fête. Par M. Bougnol aîné. || *A Paris, chez Tiger, Imprimeur-Libraire, rue du Petit-Pont, n° 10.*

1822. In-16.

Recueil composé de 89 pages de chansons, couplets et (p. 79) Poésies diverses.

Frontispice gravé, non signé, dans un cadre, avec cette légende :

*Le Mariage devient une Rose
Que l'bonheur fait épanouir.*

Avec le Calendrier pour l'an 1822.

**157** — Les Souvenirs d'un Barde. || *A Paris, Chez Marcilly, Rue St Jacques, No 21.*
1822. In-24.

Titre en lettres gravées avec un sujet : une femme, sur le bord d'un rocher, et jouant de la harpe.

172 pages de texte y compris Table des Matières ; 168 pages de poésies, dont *Bertola* est la dernière.

Après le faux-titre « Les Souvenirs d'un Barde, ou Poésies diverses ».

Un Avant-Propos : « Ossian, fils de Fingal et de Roscrana...... » (*une note au crayon, dans l'exemplaire de la Bibliothèque Nationale, porte : par Nuger.*)

Six figures, non signées, dont voici les légendes :

1. *Minona...... les yeux baignés de pleurs, la Harpe entre ses doigts.* — 2. ........ *mon amant et mon frère !* — 3. *Il a pris les habits, l'air d'un vieux Matelot.* — 4. *Seul, je résiste à leurs efforts.* — 5. *Fingal a reconnu le Spectre des combats.* — 6. *Mais peut-etre ô, Soleil ! tu n'as qu'une saison.*

Souvenir de Polymnie avec une vignette : un amour jouant de la lyre.

12 airs notés et gravés, ornés de douze vignettes, avec table gravée des airs.

Calendrier pour l'année 1822, après l'Avant-Propos.

(*Exempl. cart. avec dessins et sujets finement coloriés sur les plats et le dos.*)

(B. Nat. Ye 27·808)

L'exemplaire de la Bibliothèque Nationale n'a ni date, ni calendrier, ni Souvenir de Polymnie.

**158** — Album du Chasseur ; Par M. Doneaud du Plan. || *A Paris, Chez Lefuel, Libraire, Rue Saint-Jacques, No 54. 1823.*
In-18.

Titre en lettres gravées.

324 pages de texte avec la Table des matières.

Dans l'Introduction on lit, à la page VI : « ...... : cet ouvrage a été trouvé dans la carnassière d'un adorateur de Diane, qui, à l'exemple de Pline, a inscrit *currente calamo*, les remarques qu'il a été à portée de faire sur les animaux que l'on rencontre ordinairement, sur leurs habitudes, et sur la manière de les chasser. Il a ajouté à ces observations la description des différens systèmes des fusils brontiques en usage jusqu'à ce jour, dans leur ordre chronologique : des renseignemens précis et analytiques sur les poudres détonnantes, avec le procédé pour les fabriquer sans le moindre danger ; enfin quelques récits de traits agréables pour égayer les chasseurs, dont l'humeur est généralement joviale. »

Quatre gravures, signées *Th. Susémilk del. et sculp.*, avec ces légendes :

1. *Chiens courans.* — 2. *Chiens bassets.* — 3. *Chiens Levriers.* — 4. *Chasse au Marais, Chien Epagneul et Chien Griffon.*

Huit pages de fanfares notées, comprenant 24 airs.
Calendrier pour l'An 1824.
(L'exempl. de la B. Nat., sous la cote S 26·282, n'a pas de calendrier).

159 — L'AMI DES JEUNES DEMOISELLES par Charles Malo. ||
*Paris Louis Janet, Libraire, Rue S*ᵗ *Jacques, N*º *59.*

### 1823. In-18.

Titre en lettres gravées avec une vignette.
143 pages de texte en prose.
Six gravures, non signées, dont voici les légendes :

*1. Le fleuve, le Bois, les Montagnes.... tout est là ! — 2. Elle préludait par des accords touchants. — 3. Ah ! qu'il est doux de Voyager ainsi ! — 4. Ces fleurs, riantes images des beaux jours, — 5. C'est un bien triste exemple a suivre ! — 6. La Lecture fait le charme de la vie.*

Imprimerie de J. Didot, L'Ainé, Imprimeur du Roi.
Calendrier pour l'an 1823.

160 — L'AMOUR AU VILLAGE, ou Le Berger Discret, Etrennes galantes Dédiées au Beau Sexe, pour la présente année. || *Au Mont Parnasse, chez les neuf Sœurs.*
*et au verso du titre* : Cet Almanach, ainsi qu'un grand nombre d'autres, fins et communs, se trouve : *A Paris, chez L, Janet, Libraire, rue S*ᵗ *Jacques. A Lille, chez Vanackere, Imprimeur-Libraire, grande place, N*º *7. Et chez les principaux Libraires du Royaume.*

### 1823. In-32.

Almanach de colportage, avec deux airs notés et un Frontispice sur bois avec ces vers :

> *Timide pastourelle,*
> *Abjure un vain effroi ;*
> *Le dieu d'amour t'appelle*
> *Connais sa douce loi.*

Calendrier pour l'année 1823.
(B. Nat. Ye 14·125.)

161 — L'AMOUR MARCHAND DE FLEURS. Almanach Chantant pour la présente année. || *A Paris, Chez Caillot et fils, Libraires rue S*ᵗ*-André-des-Arts, n*º *57.*

### 1823. In-32.

Almanach de colportage, sans pagination, composé de chansons.

## ALMANACHS ILLUSTRÉS

Frontispice colorié : un amour vendant des fleurs.
Calendrier pour l'Année 1823, avec l'adresse des éditeurs.

### 162 — LE BOUQUET DE FLORE. || *Paris chez Marcilly Fils aîné Libraire, Rue S<sup>t</sup> Jacques, N<sup>o</sup> 21.*

#### 1823. Petit In-18.

Titre en lettres gravées avec une vignette coloriée représentant une marchande de fleurs.
68 pages de texte, chansons et romances.
Six gravures de fleurs au pointillé finement coloriées, se rapportant au texte, avec les légendes suivantes :

*1. Lis et Rose panachée. — 2. Iris et Primevère. — 3. Camellia (sic) et Narcisses. — 4. Rose du Bengale et Oreille d'Ours. — 5. Rose et Pois de Senteur. — 6. Amaryllis et Belle-de-Jour.*

Souvenir de Polymnie et 12 romances notées et gravées, comprenant 24 pages, avec vignettes en noir finement gravées, ainsi que la table des romances.
Calendrier pour l'année 1823.
(B. Nat. Ye 16·063. *Les gravures de l'exempl. de la Bibl. Nat. ne sont pas coloriées. En outre l'ex. est sans date, sans calendrier, sans Souvenir de Polymnie et les romances, sans musique.*)

### 163 — LES CHEVALIERS FRANÇAIS. || *Paris Louis Janet, Libraire, Rue S<sup>t</sup> Jacques N<sup>o</sup> 59.*

#### 1823. In-32.

Titre en lettres gravées avec une vignette.
Ouvrage de 46 pages de texte composé de nouvelles, fabliaux, faits historiques et romances.
Six gravures non signées avec les légendes suivantes :

*1. La mort du Chevalier. — 2. Louis de la Trémouille. — 3. Tancrède. — 4. Le Serment des Preux. — 5. Roger et Mainfroi. — 6. Angibert.*

Imprimerie de J. Didot, l'Aîné.
Petit Souvenir des Dames avec encadrement et médaillons avec attributs pour chaque mois.
Calendrier de 1823.

### 164 — LE PETIT ERMITE. || *A Paris Chez Louis Janet, Libraire Successeur de son Père, Rue S<sup>t</sup> Jacques, N<sup>o</sup> 59.*

#### 1823. In-64.

Titre en lettres gravées avec un sujet : petite fille faisant l'aumône à un pauvre qui a une jambe de bois.
Un second titre porte : Calendrier pour l'année 1823, avec l'adresse de l'éditeur.

24 pages de texte imprimé composé d'historiettes, de contes, de romances et chansons.
Six gravures, sans signature, avec les légendes suivantes :

1. *L'Aveugle Orphelin*. — 2. *La Piété Filiale*. — 3. *Le Chat et le Poulet*. — 4. *Le Charme des Talents*. — 5. *Le Joueur de Vielle*. — 6. *Le Bonheur d'une Mère*.

Calendrier pour l'année 1823, formant 24 pages, encadrant le texte.

162 — LE POËTE VOYAGEUR, par Charles Malo. || *Paris Louis Janet, Libraire, Rue S. Jacques N° 59.*
1823. In-32.

Titre en lettres gravées avec un sujet : un homme, assis à l'ombre d'un palmier, écrivant sur ses genoux.
Ouvrage de 72 pages de texte avec la table, composé de récits de voyages et des mœurs de différents pays, avec 6 gravures, non signées, dont voici les légendes :

1. *Espagnols dansant le Fandango*. — 2. *Comme l'amour se fait au Canada*. — 3. *Hospitalité d'un Négritien*. — 4. *Une Péruvienne et son enfant*. — 5. *Avilissement de la Caste des Parias*. — 6. *Le Vénitien, dans sa Gondole*.

Calendrier de 1823.

166 — QUINZE JOURS EN SUISSE. Promenades d'un Jeune Peintre Français dans les Cantons du Midi. || *Paris, Louis Janet, Libraire Rue S. Jacques N° 59.*
1823. In-24.

Titre en lettres gravées avec un sujet colorié : une jeune Suissesse.
146 pages de texte composé de XII lettres.
Trois figures coloriées sans signature ni légende représentant des vues de Suisse : *Le lac de Bienn*. — *Le val de Thounn*. — *Mausolées du parc de Ferney*.
Calendrier pour l'An 1823.

167 — CHANSONNIER VILLAGEOIS, Pour la Présente Année. || *A Paris, Chez Caillot, Père et Fils, Libraires Rue Saint-André des-Arcs. N° 57. 1824.*
In-16.

Petit volume composé de 108 pages de chansons et romances par MM. J. Dusaulchoy, Blanchard de la Musse, A. Chavantré, F. Derval, J.-F. Chatelain, P. Charlard, Isénor Bourdeloy, Vallenet, Coupard fils, etc., etc.
Frontispice gravé, non signé, avec cette légende : *L'Espoir d'un Chevalier*.
Calendrier pour l'Année 1825.

168 — LES CUISINIÈRES Almanach chantant, pour la présente année. || *Paris, chez Stahl, Imprimeur-Libraire, Quai des Augustins, N° 9.*

1824. In-32.

Almanach de colportage, composé de chansons et de romances, avec un Frontispice, gravure coloriée.

Petit ouvrage de 48 pages, avec le Calendrier Grégorien pour l'an bissextil MDCCCXXIV (1824), avec les départs et arrivées des coches de la Haute-Seine, intercalé au milieu de l'almanach, entre les pages 16 et 33.

(B. Nat. Ye 19,367.)

169 — FLEURETTE. || *Paris Louis Janet, Libraire Rue S<sup>t</sup> Jacques, N° 59.*

(vers 1824.) In-32.

Titre en lettres gravées, avec un petit sujet.
Ouvrage de 71 pages de texte composé de chansons et de romances, avec 4 gravures, non signées, dont voici les légendes :

*1. Zilia à petit blanc. — 2. Beau Chevalier. — 3. Oh ! le méchant. — 4. La cloche du Hameau.*

Imprimerie de Jules Didot l'Aîné, Imprimeur du Roi, Rue du Pont-de-Lodi, n° 6.

(Exempl. avec un joli carton. et étui en chagrin mar. avec gauffrages et fil. dor.)

170 — HOMMAGE AUX JEUNES VIERGES, ou Lecture choisie des meilleurs Poëtes et Orateurs Chrétiens. || *A Paris, Chez Le Fuel, Lib<sup>re</sup> Edit<sup>ur</sup> Rue S<sup>t</sup> Jacques, N° 54 au Bon Pasteur.*

1825. In-18.

Titre en lettres gravées avec sujet : *la Sainte Famille.*
228 pages de texte avec la table.
Six figures, avec explications, reproduisant des tableaux, dont voici les légendes :

*1. La Sainte Vierge contemplant l'Enfant Jésus,* du Corrège (Simonnet jeune 1819). — *2. Les Pèlerins d'Emmaüs,* de J. Palme (Simonet aîné sc. 1815). — *3. Sainte Famille,* de A. Carrache (Simonet jeune 1815). — *4. La Visitation,* de Morandini (Adrien Simonet 1819). — *5. Présentation de Jésus-Christ,* de Bartholomeo della Porta. — *6. Le Mariage de S<sup>te</sup> Catherine,* de l'École Vénitienne (Adrien Simonet 1819).

De l'Imprimerie de J.-M. Eberhart, rue du Foin Saint-Jacques, N° 12.

Calendrier de 1824 se dépliant, avec les adresses de l'éditeur et de l'imprimeur.

171 — LA PORTIÈRE. Almanach Chantant pour la présente année. || *A Paris, chez Stahl, Imprimeur-Libraire, Quai des Augustins, N° 9.*

1824. In-32.

Almanach de colportage, de 48 pages de texte, avec un Frontispice colorié représentant : deux soldats, sous les armes, dont l'un embrasse une femme près d'une guérite.

Le titre a une petite vignette sur bois : une lyre entourée de rayons lumineux.

Presque toutes les chansons composant cet almanach sont suivies de petites vignettes sur bois.

Calendrier grégorien Pour l'an Bissextil MCCCCXXIV (1824) Avec les Départs et Arrivées des Coches de la Haute-Seine.

(B. Nat. Ye 30·597.)

172 — RECUEIL DE MORALES ou Cours de Vertu Dédié à la Jeunesse. || *Le Fuel Libraire, Editeur, Rue S<sup>t</sup> Jacques, N° 54, Paris.*

1824. In-24.

Titre en lettres gravées avec attributs, fleurs et étoiles coloriés formant encadrement.

108 pages de texte.

Quinze planches d'attributs coloriés, formant des cercles, au milieu desquels se trouvent les légendes suivantes :

1. *Courage.* — 2. *Vertu.* — 3. *Chasteté.* — 4. *Religion.* — 5. *Probité.* — 6. *Amitié.* — 7. *Bienfaisance.* — 8. *Prudence.* — 9. *Philosophie.* — 10. *Félicité.* — 11. *Justice.* — 12. *Honneur.* — 13. *Modestie.* — 14. *Travail.* — 15. *Vieillesse.*

Calendrier pour l'an 1824.

(B. Nat. R 48·360.)

L'exempl. de la Bibl. Nat. n'a ni date, ni calendrier; le titre et les planches ne sont pas coloriés.

173 — ROSSINI FRANÇAIS || *Paris Louis Janet, Libraire, Rue S<sup>t</sup> Jacques N° 59.*

1824. In-24.

Titre en lettres gravées avec un sujet représentant un amour, assis sur un rocher et jouant de la lyre.

Six jolies gravures non signées, se rapportant aux romances :

1. *Il faisoit nuit.* — 2. *L'Ecole du baiser.* — 3. *Le Luth du fiancé.* — 4. *Le Radotage amoureux.* — 5. *Marguerite et son Page.* — 6. *Chant de Thélémy.*

24 airs notés et gravés, et le Calendrier pour l'an 1824.

(B. Nat. Ye 32·443.)

## ALMANACHS ILLUSTRÉS

**174** — Le Troubadour ou Constance et Fidélité. Almanach chantant, orné de Gravures. || *A Paris, Chez Janet Libraire Rue St Jacques No 59,*
1824. In-32.

Titre en lettres gravées.
Recueil de chansons sans pagination.
Huit gravures non signées avec les légendes suivantes :

1. *Le mal d'Amour.* — 2. *Le Colin maillard.* — 3. *La Bergère désabusée.* — 4. *Le Badinage.* — 5. *Le Chasseur.* — 6. *Le Billet.* — 7. *Portrait d'Eléonore.* — 8. *La sensible bergère.*

Calendrier de 1824 se dépliant.

**175** — Lecture a ma Fille ou Morceaux choisis des meilleurs Poëtes et Orateurs Chrétiens. || *A Paris chez Le Fuel, Libraire, Rue St Jacques, No 54.*
1825. In-16.

Titre en lettres gravées avec un médaillon colorié : La Foi pressant une croix sur sa poitrine.
6 gravures coloriées reproduisant des tableaux religieux :

1. *Moïse sauvé des Eaux,* de N. Poussin. — 2. *La Mort d'Abel,* de Vand-Der-Werf. — 3. *Jésus Christ recevant la Vierge dans le Ciel,* de Stella. — 4. *La Bénédiction de Jacob,* de Coning. — 5. *La Sainte Famille,* de Douwen. — 6. *L'Annonciation,* de Gentileschi.

de l'Imprimerie de Fain.
Calendrier pour l'An 1825.
(L'exemplaire de la B. Nat., sous la cote Z 28·902, 203 p. de texte, n'a ni date ni calendrier.)

**176** — Paris, Londres et Berlin ou Choix historique d'Anecdotes sur la France, l'Angleterre et la Prusse. || *Paris Louis Janet, Libraire, Rue St Jacques No 59.*
1825. In-24.

Titre en lettres gravées avec une vignette : une colonne au milieu d'une place,
144 pages de texte. De l'Imprimerie de Richomme, Rue Saint-Jacques, No 67.
Trois gravures, non signées, avec ces légendes :

1. « *Je vais, Monseigneur, reprit le soldat, mourir à quatre pas d'ici.....* » — 2. *Goddam, je vous donnerais de bon cœur cinquante guinées pour avoir aussi faim que vous !* — 3. *Le roi attendri, prend un rouleau de ducats et revient le mettre doucement dans la poche du page.*

Calendrier pour l'An 1825.

177 — Les Paysages par M. Brès. Dédiés à M^me Dufrenoy. || *A Paris chez Le Fuel, Edit. Lib. Rue S^t Jacques N° 54.*

### 1825. In-18.

Titre en lettres gravées avec un joli sujet, représentant une jeune femme qu'entoure d'une guirlande de roses un amour planant au-dessus d'elle, *signé Brès del.*

Ouvrage composé de poésies et divisé en quatre livres, avec une épitre dédicatoire à Madame Dufresnoy, signée de l'Auteur, et un Discours préliminaire.

147 pages de texte avec la Table ; de l'Imprimerie de Cordier.

Quatre gravures avec ces titres et légendes :

— 1. La Maison de Virgile :
*Là s'élève un autel, aux Muses consacré.*
*De vases, de festons, de parfums entouré.*

— 2. La Fontaine d'Amour :
*Là, près d'un large roc les longs bras d'un vieux chêne,*
*Sous leur sauvage abri cachent une fontaine.*

— 3. La Tour :
*Quelquefois ses donjons sont entourés de feux*
*Que semblent exhaler des fantômes hideux.*

— 4. La Chapelle du Vallon :
*Sous un toit d'un seul arc et sans art façonné,*
*La Vierge élève un front d'étoiles couronné.*

Calendrier pour l'an 1825.

(*Journal de la Librairie*, 14e année, n° 35, sous le n° 4·801 : « *Les Paysages*. Par M. Brès. *Seconde édition*. In-18 de 6 f^lles, plus un frontispice gravé et des planches. Impr. de Cordier, à Paris (1824) — A Paris, chez Lefuel. »)

[La B. Nat., sous la cote Ye 16·238, possède : « *Les Paysages*. Par M. Brès. *Troisième édition*. » Même éditeur avec Epitre dédicatoire à Madame Dufrenoy, signée de l'Auteur, 25 sept. 1821. Cette troisième édition a un titre imprimé sous le sujet décrit plus haut, et un frontispice gravé représentant un jeune homme (le Poète) méditant au bord d'un cours d'eau et tenant une plume à écrire avec un cahier. [Sans calendrier.]

178 — Album Lyrique. || *Paris Louis Janet, Rue S^t Jacques N° 59.*

### 1826. In-24.

Titre en lettres gravées avec une vignette : une lyre et un album contre un rocher, éclairés par le soleil sortant des nuages.

156 pages de texte y compris la Table.

Quatre gravures, non signées, se rapportant aux romances composant cet ouvrage, avec les légendes suivantes :

1. Don Quichotte. — 2. L'Esclave. — 3. Gaston de Foix. — 4. La Bergère naïve.

27 romances notées et gravées, de la page 101 à la page 148 inclusivement.
Puis, Table des Poètes et des Musiciens.
Calendrier pour l'an 1826.
(B. Nat. Ye 13·904.)

179. — La Bachelette. Chansonnier Pour la présente année. | *A Paris, Chez Caillot, Libraire, rue S.-André-des-Arcs*, n° 57.
1826. In-32

Publication de colportage, sans pagination, composée de chansons de MM. Coupart, L. Festeau, Delande, Comédon, Camille, le comte de Guiry, Blanchard de La Musse, Justin C...sol, etc.
Frontispice colorié.
Calendrier pour l'année 1826, avec l'adresse de l'éditeur.

180 — Le Don de l'Amitié Par Bouillet. || *à Paris. Chez Marcilly, Rue S<sup>t</sup> Jacques* N° 21.
1826. In-32.

Titre en lettres gravées avec une vignette : un amour tenant une corbeille dans laquelle se becquettent deux colombes.
Almanach de 36 pages de texte, composé de chansons et romances.
Six gravures non signées et sans légendes, mais se rapportant au texte :

1. *Plaintes de Bélisaire.* — 2, *Le Carnaval.* — 3. *Le Marin.* — 4. *A la plus belle ou Jugement de Pâris.* — 5, *L'Amour aveugle.* — 6. *La Lance ou la bataille de Roncevaux.*

Souvenir des Dames, avec titre gravé et vignette : une femme assise et écrivant, abritée par le feuillage d'un arbuste. 12 vignettes gravées pour les mois.
Calendrier de 1826.
(L'exemplaire de la B. Nat., sous la cote Ye 15·996, n'a ni Souvenir, ni Calendrier, ni date.)

181 — Le Gentil-Bernard. || *Paris Louis Janet, Rue S<sup>t</sup> Jacques* N° 59.
1826. In-32.

Titre en lettres gravées avec un sujet : une source sortant en cascade d'un rocher caché en partie par un saule.
Ouvrage de 48 pages de texte composé de fragments des œuvres de Bernard et de poésies de Lamotte, de Saint-Amand, L. Patras, Moncrif, C. Pradelle, Mollevault, etc.
Notice sur Bernard, surnommé *Gentil-Bernard*, se terminant par ces deux vers :

Bernard cueillit les fleurs du Pindre et de Cythère :<br>
Il chanta l'art d'aimer, il eut celui de plaire.

ALMANACHS ILLUSTRÉS

Six gravures, au pointillé, avec ces légendes :

1. *Je suis aimé.* — 2. *La Rose.* — 3. *La Coudrette.* — 4. *L'Ouragan.* — 5. *La Musette.* — 6. *Gentille Bergerette.*

Petit Souvenir des Dames, avec 12 encadrements d'ornements surmontés d'amours.
Calendrier de 1821 se dépliant, avec 4 vues.
(*exempl. avec une reliure sous verre.*)

182 — LE GUIDE DES ACHETEURS, ou Almanach des Passages de l'Opéra. Janvier 1827. || *Paris, Imprimerie de David, Boulevard Poissonnière,* N° 6.

1826. Plaquette In-18.

Almanach de 79 pages servant de réclame, non seulement pour les acheteurs mais surtout aux marchands et boutiquiers, des deux galeries, dont les noms sont cités dans le guide et dont la liste se trouve à la page 75.
Avec un Frontispice, lithographie de Langlumé, représentant la façade, sur le Boulevard, de la maison où sont les deux entrées des Passages de l'Opéra.
Calendrier pour l'an 1826.
(B. Nat. V 40·967.)

183 — PETIT ALMANACH DÉDIÉ A LA JEUNESSE, contenant un grand nombre de choses curieuses et instructives. Orné de 8 planches représentant une quantité d'objets intéressans (sic). || *Paris, Saintin, Libraire, Rue du Foin S$^t$ Jacques, n° 11.*

(1826) In-24 carré.

Petit volume de 96 pages traitant de l'étude de la géographie, de l'histoire, des météores, de l'histoire naturelle, etc...
Voici le détail des huit planches :

1. *Système du Monde.* — 2. *Histoire naturelle,* 4 *figures.* — 4. *Géographie Physique.* — 5. *Météores.* 6 *petites figures.* — 6. *Météores,* 6 *petites figures.* — 7. *Principales variétés de l'espèce humaine,* 3 *figures.* — 8. *Carte avec les 4 points cardinaux.*

(*Journal de la Librairie, année 1826, n° 7·188* : In-24 de 2 f$^{lles}$ plus les planches. Imp. d'Eberhart, à Paris. — A Paris, chez Saintin, rue du Foin, n° 26. Prix. . . . 1 - 50.)

184 — LE PETIT MOMUS. Année 1826. à Paris — et à la page 64 : *A Paris Chez Marcilly fils Libraire Rue S$^t$ Jacques N° 21.*

1826. In-128.

Minuscule entièrement gravé.

## ALMANACHS ILLUSTRÉS

Huit petites figures correspondant aux chansons dont voici les titres :

1. *Le Mardi Gras.* — 2. *La Ceinture.* — 3. *Hébé.* — 4. *La Table.* — 5. *Le Tombeau.* — 6. *Éloge de l'Eau.* — 7. *L'Occasion.* — 8. *L'Occasion fait le Larron.*

Calendrier de 1826.

185 — Rose d'Amour. || *A Paris Chez Louis Janet, Libraire, Rue St Jacques No 59.*

1826. In-32.

Titre en lettres gravées avec un sujet : un amour dans un nuage et tenant une rose de sa main gauche.
Ouvrage de 71 pages de texte composé de romances.
Six gravures, non signées, avec les légendes suivantes :

1. *Voici l'Hiver.* — 2. *L'Enfant perdu.* — 3. *Priez pour moi, mon Père.* — 4. *Ma fille, vous ne filiez pas.* — 5. *La petite Jeannette.* — 6. *L'Esprit follet.*

Calendrier de 1826, par trimestres, se dépliant.
(B. Nat. Ye 32·416.)

186 — Etrennes d'Or, ou la Quintessence des Etrennes Royales, Mignonnes, de Falaise, Intéressantes, des Muses et des cinq Parties du Monde, Pour 1827. || *A Paris, Chez Delarue, Libraire, quai des Grands-Augustins,* No 15.

1827. Petit In-18.

Petit volume, de 128 pages de texte, divisé ainsi : l'Annuaire pour l'An 1827, dont les saisons sont représentées par 4 petites vignettes (p. 8); viennent ensuite : Explication et usage du Calendrier ; — P. 40 : Puissances de l'Europe, suivies de la Maison du Roi et des Princes; — un air noté « *Besoin d'Aimer* », avec chansons et chansonnettes; — p. 73, deux rébus en actions, énigme, charades et logogriphe; — Le Langage des Fleurs ; — Secrets utiles, et enfin p. 121, quelques poésies.

Deux frontispices se dépliant, comprenant chacun 16 portraits de personnages des deux sexes, dans des médaillons garnis de perles; sur la 1ere feuille :

1. *Jacques Barozzio, dit Vignole.* — 2. *Hélion de Villeneuve.* — 3. *Léonard de Vinci.* — 4. *Corneille Vischer.* — 5. *Pierre-Joseph Laurent.* — 6. *Jean de La Valette Parisot.* — 7. *Jules Mazarin.* — 8. *François Ximenès.*

Sur la 2e feuille :

1. *Georges d'Amboise.* — 2. *Claude Ballin.* — 3. *Bramante d'Urbin.* — 4. *Miguel de Cervantes Saavedra.* — 5. *Marie de Rabutin, Marquise de Sévigné.* — 6. *Françoise d'Issembourg de Grafigny.* — 7. *Blanche de Castille.* — 8. *Poppée.*

Au verso du titre, qui a une petite vignette, est imprimé : Lille. — Imprimerie de Blocquel.

*Ces Étrennes d'Or doivent avoir certainement une suite ; car l'auteur possède un autre exemplaire pour l'année 1829.*

Celui-ci porte le même titre que celui de 1827.

Il se compose de 123 pages de texte décomposé ainsi : l'Annuaire pour 1829 ; — Puissances de l'Europe, et Maison du Roi ; — p. 65, Une Ecossaise au Tombeau de Douglas ; — p. 89, quelques poésies ; — p. 97, Extrait d'un voyage dans la partie septentrionale du Brésil, et p. 119, diverses recettes.

Deux frontispices se dépliant, comprenant chacun 20 portraits de célébrités dans des médaillons à cadres différents : Sur la 1ère feuille

1. *Zoroastre.* — 2. *Fohi.* — 3. *Confucius.* — 4. *Cécrops.* — 5. *Danaüs.* — 6. *Cadmus.* — 7. *Minos.* — 8. *Menès.* — 9. *Sésostris.* — 10. *Psamétieus.* — 11. *Nechao.* — 12. *Amasis.* — 13. *Ptolémée.* — 14. *Cambyse.* — 15. *Darius.* — 16. *Léonidas.* — 17. *Agis.* — 18. *Cléomène.* — 19. *Didon.* — 20. *Sémiramis.*

Sur la 2e feuille, on trouve :

1. *Homère.* — 2. *Thémistocle.* — 3. *Nicias.* — 4. *Xénophon.* — 5. *Miltiade.* — 6. *Philopœmen.* — 7. *Pausanias.* — 8. *Aspasie.* — 9. *Aratus.* — 10. *Pisistrate.* — 11. *Hippias.* — 12. *Hipparque.* — 13. *Trasibule.* — 14. *Le duc de Sully.* — 15. *Crillon.* — 16. *Jeanne d'Arc.* — 17. *Turenne.* — 18. *Condé dit le Grand.* — 19. *Bertrand du Guesclin.* — 20. *Bayard.*

187 — PRIMEROSE. || *Paris Louis Janet. Libraire, Rue St Jacques No 59.*

1827. In-32.

Titre en lettres gravées avec un sujet : un amour assis tenant une rose.

71 pages de texte composé de romances.

Six gravures au pointillé, non signées, relatives aux romances, et dont voici les légendes :

1. *Lucette.* — 2. *L'Amour mouillé.* — 3. *Amour, Zéphir protégez-nous.* — 4. *Le Chant du Jeune Grec.* — 5. *Les adieux de Madame du Terrail.* — 6. *Milton.*

Calendrier de 1827.
(B. Nat. Yc 30·757.)

188 — L'AMOUR ET LES GRACES. || *à Paris, Chez Marcilly aîné Libraire. Rue St Jacques, No 21.*

1828. In-32.

Titre en lettres gravées avec une vignette.

48 pages de texte composé de chansons et romances, de Delcasso, Talairat, L. Festeau, J. F. Chatelain, H. T. Poisson, J. Soulange, Fontenille, etc., etc.

Six gravures au pointillé, non signées et sans légende mais se rapportant au texte :

1. *Paul et Virginie.* — 2. *La Constance Gauloise.* — 3. *Le Seigneur du Village.* — 4. *Daphnis et Chloé.* — 5. *L'Enfant au tombeau de sa Mère.* — 6. *Les Aveux.*

Souvenir des Dames avec 12 petites vues pour en-têtes des mois. Calendrier de 1828.

189 — La Corbeille de Fleurs, Almanach chantant pour la présente année. || *A Paris, chez Caillot, Libraire, rue S.-André-des-Arcs, N° 57.*
1828. In-32.

Titre avec une vignette : les attributs de l'Amour.
Almanach de colportage, sans pagination, composé de chansons et romances.
Gravure coloriée et encadrée représentant une bouquetière faisant des bouquets.
Calendrier pour l'Année 1828, avec l'adresse de l'éditeur.

190 — Le Loisir du Jeune Age, Recueil d'Ariettes choisies || *A Paris, chez les Principaux Libraires, et au Palais-Royal.*
1828. In-32.

Publication de colportage, sans pagination, composée de chansonnettes, poésies, et contes en prose.
Frontispice dans un ovale avec cette légende :

*Malgré mon chien ma colère*
*Bouquet baiser tout fut pris.*

Calendrier de 1828 (an bissextil).

191 — Etrennes a l'Innocence. || *Perrot Au Chat noir rue St Denis à Paris.*
1830. In-128.

Almanach minuscule de 64 pages avec le calendrier.
8 petites figures, sans légendes, se rapportant aux chansons :
1. Dédicace. — 2. Les Charmes de l'Hymen. — 3. Les Chaînes de l'Amour. — 4. Avis aux Belles. — 5. l'Art de Pleurer. — 6. la Modestie. — 7. les Oreilles — 8. la Devise d'un Amant discret.

192 — Le Petit Rodeur ou l'Écouteur aux Portes. || *A Paris Chez Le Fuel, Libraire, Rue St Jacques, N° 54 près celle du Foin.*
1828. In-16.

Titre en lettres gravées avec un sujet : l'Amour écoutant à la porte d'une maison.
Ouvrage composé de 9 lettres de Zéphirin à Jules, mélangées de romances et de chansons.
Trois gravures en médaillons posés sur socles avec attributs différents ; ces gravures n'ont pas de légendes mais elles se rapportent aux 4e, 5e et 8e lettres :
1. Fidèle, ou le Chien noyé. — 2. Histoire de Sir Bertrand. — 3. Les Perruques, et le Sourd, et l'Aveugle.

Calendrier pour l'année Bissextile 1828.

**193** — Les Gaudrioles ou le Bon vieux temps, Recueil des plus jolies Chansons Badines. || *Paris, Au Temple des Muses.*

(vers 1830). In-32.

Titre avec une vignette : des instruments de musique.
Almanach de colportage, sans pagination.
Frontispice sur bois, colorié, avec cette légende : *Apollon et les Muses.*

**194** — Plaisir et Bonheur. Recueil de Chansons choisies. || *A Paris, sur les Boulevards.*

1830. In-32.

Publication de colportage, sans pagination, composée de chansons et d'historiettes en prose.
Frontispice colorié, dans un ovale encadré, avec cette légende :

*Ah dit-elle en montran't le poing.*
*Tu désobéis à ta mère :*

Au dessus de l'ovale se trouve le chiffre 5.
Calendrier de 1830.

**195** — Amour pour Amour. || *A Paris Chez Louis Janet, successeur de son Père, Rue S<sup>t</sup> Jacques, N° 59.*

1831. In-32.

Titre en lettres gravées avec une vignette : deux amours enlacés.
48 pages de texte composé de chansons.
Six gravures, non signées, dans des ovales encadrés avec tailles de burin aux quatre angles :

1. *L'Amour à la Chasse.* — 2. *Le Retour du Guerrier.* — 3. *La Pélerine.* — 4. *Jeanne d'Arc.* — 5. *L'Orage.* — 6. *Surtout ne l'éveillez pas!*

Calendrier de 1831 se dépliant.

**196** — Petit Blanc, Almanach chantant pour la présente année. || *Paris, Chez Caillot, Libraire, Rue Saint-André-des-Arts N° 57.*

1131. In-32.

Titre en lettres gravées avec une vignette : un sphinx.
Publication de colportage, sans pagination, composée de chansons et chansonnettes.
Frontispice colorié, sans légende.
Calendrier pour l'année 1831, avec l'adresse de l'éditeur.

**197** — Les Gaudrioles du bon Vieux Tems, ou le Chanson-

## ALMANACHS ILLUSTRÉS

nier des Lurons. Recueil des plus jolies Romances. || *Paris. Au Palais Royal Galerie de Bois.*

1832. In-32.

Titre avec un médaillon.
Almanach de colportage, sans pagination.
Frontispice, sans légende, représentant un ermite conduisant par la main une femme habillée en pèlerine.
Calendrier de 1832.

198 — LE PETIT MOMUS. 1832. et à la dernière page, 64 : *Paris, chez Marcilly, Rue S$^t$ Jacques, N° 10.*

1832. In-128.

Almanach minuscule entièrement gravé *(tout différent de celui de 1826, voir n° 184).*
8 figures correspondant aux chansons dont voici les titres :

1. Anacréon. — 2. *L'Amour mendiant.* — 3. *Les Regrets.* — 4. *L'Unisson.* — 5. *L'Amour et l'Amitié.* — 6. *La Lyre et le Pinceau.* — 7. *L'Illusion.* — 8. *La Coupe de l'Amitié.*

Calendrier de 1832.

199 — ELVIRE, OU LA BOUQUETIÈRE DE BRUXELLES. Recueil des plus jolies Romances pour la présente année. || *Paris au Palais Royal Galerie de Bois.*

1833. In-32.

Titre avec une petite vignette : une lyre avec 2 branches de laurier formant triangle.
Publication de colportage, sans pagination, composée de chansonnettes et romances ; dont la dernière feuille est semblable à la dernière de « Le Fidèle Berger, almanach chantant » *(voir n° suivant.)*
Frontispice, lithographie coloriée.
Calendrier de 1833.

200 — LE FIDÈLE BERGER. Almanach chantant pour la présente année. || *Paris, Au Temple du Plaisir.*

1833. In-32.

Titre avec une petite vignette : un chien dans un médaillon encadré. Cette vignette est reproduite à la fin d'une « Chanson Bachique ».

Publication de colportage, sans pagination, composée de chansons, pour la plupart, terminées par des culs-de-lampe.

La dernière page, comprenant « Les Bergers sont des Loups » et « Le cas embarrassant », est la même que la dernière page de « Elvire ou la Bouquetière de Bruxelles » *(voir n° précédent)*.

Frontispice colorié avec cette légende :

*Bacchus sur son Tonneau.*

Calendrier de 1833.

201 — Souvenir et Espérance ou le Passé, le Présent et l'Avenir, Tablettes d'un Bon Français. *et à la dernière page :* || *Pintard Jeune, Éditeur. Paris.—Rue Saint-Jacques, 30.*

1833. In-18 d'une feuille.

Ce petit almanach, ou plutôt « Souvenir », titre qu'il porte du reste sur le premier feuillet, n'est qu'une sorte de propagande légitimiste pour le Comte de Chambord. Il contient 24 pages de texte composé de poésies sur l'exilé de Frohsdorf, avec des petites vignettes lithographiques.

Le titre possède aussi une lithographie : une croix de pierre entourée de fleurs.

Les poésies portent ces titres :

*Ce que j'aime. — La Naissance. — Le Départ. — L'Espérance et le Souvenir. — L'Exilé. — Ils se relèveront. — .... L'Invocation à « Saint Henri, patron du pauvre exilé ! »*

Après la page 24 viennent immédiatement les : Petites Tablettes pour chaque jour de la semaine.

[B. Nat. Ye 35·725]

202 — Le Chansonnier des Desserts. Choix de Chansons de Table. || *A Paris, chez Delarue, Libraire, quai des Augustins, N° 11. A Lille, chez Castiaux, Libraire. Lille. — Imprimerie de Blocquel.*

1834. In-32.

Publication de colportage, sans pagination.

Frontispice sur bois colorié, représentant deux couples à table, dans un jardin ; au-dessus d'eux planent deux anges dans des nuages ; comme légende : *Les Gastronomes à l'ouvrage.*

Le frontispice, le titre, ainsi que le texte sont encadrés.

Annuaire de 1834.

203 — Le Chansonnier des Pastourelles Galantes, Recueil de Rondes à danser et autres. || *A Paris, chez Delarue Libraire, Quai des Augustins, N° 15.*

1834. Petit In-18.

Almanach de colportage de 128 pages avec table.
Frontispice sur bois, colorié à la façon d'Epinal, avec cette légende :
*Le Brigand. Il est près de vous.... c'est l'Amour.*

La couverture de l'almanach porte d'un côté le titre imprimé et de l'autre la reproduction du frontispice, avec sa légende, imprimé en noir.
Annuaire de 1834.

204 — Grégoire en Bon (sic) Humeur. Almanach chantant pour la présente année. || *Paris, au Palais Royal et chez les Marchands de Nouveautés.*

1837. In-32.

Titre avec une vignette.
Almanach de colportage, non paginé, avec un Frontispice, lithographie coloriée.
Calendrier pour 1837.

205 — Les Délices de Grégoire, Almanach chantant pour la présente année. || *Paris, au Palais Royal et chez les Marchands de Nouveautés.*

1838. In-32.

Titre avec une vignette semblable à celle de « *Grégoire en bon humeur* » *(n° 204)*.
Publication de colportage, sans pagination, composée de chansons.
Frontispice, lithographie coloriée : jardinier offrant un pot de fleurs à une femme.
Calendrier pour 1838.

206 — Les Finesses de l'Amour, Recueil de Chansons Badines. || *A Paris, chez Delarue, Libraire, Quai des Augustins N° 15.*

1831. In-32.

Publication de colportage de 64 pages de texte.
Frontispice colorié, représentant trois couples dansant.

Sur le verso du faux-titre on lit : Ce Chansonnier se vend à Lille chez Castiaux, et chez les principaux Libraires de la France et de la Belgique.
Annuaire pour 1838.

207 — Manuel du Chansonnier de la Bonne Compagnie, Recueil de Nocturnes, Romances, Duo, Ariettes des Opéras nouveaux, Chansonnettes, etc., etc. || *Paris, Chez Delarue, Libraire, Quai des Augustins*, N° 11 ; *Lille. -- Chez Bloquel-Castiaux.*

1838. Petit In-18.

256 pages avec la table.

Frontispice gravé au pointillé, signé *F. Massard Del., Duthé sc.*, représentant une jeune fille faisant des armes avec un amour. *(Cette gravure est reproduite de la première gravure de l'Almanach : « Le Petit Glaneur Lyrique, chez Le Fuel, 1814 ». (voir plus haut, n° 97).*

La couverture verte de ce chansonnier a le titre d'un côté, et de l'autre une lithographie.

Annuaire pour 1838.

208 — Le Chansonnier des Vrais Amis, Recueil des plus jolies Romances, Duo, Couplets, Ariettes des Opéra (*sic*) et autres Chansons choisies. Enrichi d'airs notés. || *A Paris, chez Delarue, Libraire, quai des Augustins, n.* 11.

1840. Petit In-18

Au verso du titre intérieur on lit : Ce chansonnier se trouve à Lille, chez Blocquel-Castiaux, Parvilliez-Rouselle, Vanackere fils, Imprimeurs-Libraires. Lille. — Imprimerie de Vanackere.

Couverture avec titre imprimé d'un côté, et sur l'autre la reproduction en noir du frontispice, sans la légende.

Chansonnier de 159 pages de texte avec la table.

Deux figures sur bois : l'une, en noir, collée au verso de la couverture et reproduisant « l'Amour militaire » *(page 27)* avec ce quatrain :

> *Cependant sa tournure unique*
> *Fit souscrire à ce qu'il vouloit,*
> *On l'engagea dans la musique*
> *Pour y jouer du flageolet* (1).

---

(1) Ce quatrain a été déjà reproduit avec la gravure dans la douzième partie de l'ouvrage « Les Muses Galantes », (voir plus haut, n° 66).

La seconde figure, servant de frontispice, est coloriée et porte cette légende :
*Un léger bruit vient me distraire.*
Dix airs notés.
Calendrier de 1840.

209 — Le Petit Chansonnier Dédié aux Messieurs pour la Nouvelle Année. || *A Paris, au Temple d'Appolon (sic).*
1840. In-32.
Almanach de colportage sans pagination.
Frontispice lithographié sans légende.
Calendrier de 1840.

210 — Les Plaisirs des Jeunes Pastourelles, Almanach chantant pour la présente année. || *Paris, chez Delarue, Librairie des Augustins, N° 11.*
1840. In-32.
Au verso du titre on lit : Ce Chansonnier se trouve à Lille, chez Blocquel-Castiaux. Parvillez-Rouselle. Vanackere fils. Imprimeurs-Libraires. Lille. — Imprimerie de Blocquel-Castiaux.
Almanach de colportage sans pagination.
Frontispice colorié, façon image d'Epinal, avec cette légende :
*Heureux l'amant qui sur son sein, voit reposer si douce amie !...*
Calendrier pour 1840.

211 — Le Poète de l'Enfance. 1840. || *Paris, Marcilly Rue S<sup>t</sup> Jacques, N° 10.*
1840. In-128.
Almanach minuscule avec un titre en lettres gravées.
Six petites figures, sans légendes, se rapportant aux chansons :
1. *Le Ruisseau.* — 2. *La Fête d'une Mère.* — 3. *Le jour de l'an.* — 4. *L'Enfant et la Toupie.* — 5. *Le Roi de la fève.* — 6. *La Prudence.*
Calendrier de 1840.

212 — Oscar et Malvina. || *à Paris. Chez Marcilly, Rue S<sup>t</sup>-Jacques N° 10.*
1841. In-32.
Titre en lettres gravées, avec sujet.
Ouvrage divisé en deux parties : la première, de 36 pages, de chansons avec les gravures (de l'Imprimerie de Debussecher) et la seconde, de 24 pages, de chansons encadrées (Imprimerie de Lebègue, rue des Noyers).

Six gravures, non signées et sans légendes mais correspondant aux chansons :

1. *Zulica.* — 2. *Ganzule et Zélinde.* — 3. *Oscar et Malvina.* — 4. *Léandre à Héro.* — 5. *Sapho à Phaon.* — 6. *Algard et Anissa.*

Calendrier de 1841 se dépliant.

213 — LE SAV'TIER EN RIBOTTE, ou le Contentement de la Vie. Dédié aux Estaminets. || *A Paris, au Temple de la Gaîté.*

1842. In-32.

Titre encadré d'une dentelle.
Publication de colportage, sans pagination, composée de chansons et ornée d'un Frontispice colorié et de six mauvaises lithographies en noir, sans légendes.
Calendrier de 1842.

*(J'ai eu entre les mains le même almanach, avec texte semblable et le calendrier de 1841, mais n'ayant que le frontispice).*

214 — LE BOUDOIR DE VÉNUS. Almanach pour la présente année. || *Paris, Chez tous les Marchands de Nouveautés.*

1843. In-32.

Titre avec une vignette : lyre, flûte de Pan et tambour de basque.
Publication de colportage, sans pagination, composée de chansonnettes et poésies.
Frontispice colorié avec cette légende : *Le chant d'amour.*
Calendrier de 1843.

215 — LA BOUQUETIÈRE DE PASSY. Almanach pour la présente année. || *Paris, Chez tous les Marchands de Nouveautés.*

1845. In-32.

Titre avec une vignette : un bouquet de fleurs.
Petit almanach de colportage, sans pagination, composé de chansons et de romances, avec un Frontispice.
Calendrier pour 1845, sur deux colonnes.

216 — PETIT ALMANACH DES VOLEURS A l'usage de tout le Monde. Contenant les moyens de se mettre en garde contre les filous et suivi d'un dictionnaire d'Argot. 1846. || *Paris, Chez tous les Libraires, Au Dépôt, 33, des Gravilliers.*

1846. Petit In-18.

Almanach composé de 256 pages de texte.

Un avertissement dit : « l'auteur de ce petit livre, ayant pour but de faciliter à tous ceux dans les mains de qui il tombera, les moyens utiles pour se prémunir contre les ruses des filous, a cru devoir donner ici sommairement le détail des différentes espèces de vol qui se pratiquent journellement dans la capitale. »

Cette première partie comprend 100 pages.

Le dictionnaire d'argot commence (sans titre) page 101.

Calendrier de 1846.

*(Communiqué par M<sup>r</sup> H. Lemaistre.)*

217 — LE CHANSONNIER DE GRACES ou Souvenir du Nouvel an || *Paris, Au Temple de la Gaîté.*

1848. In-32.

Simple souvenir, sans pagination, composé de chansonnettes, romances, rondes et poésies, avec une couverture sur laquelle est imprimé le titre suivant, en lettres dorées avec ornements dorés aux angles de la feuille : *Souvenir du Nouvel An Dédié à Messieurs les Habitués.*

Frontispice colorié représentant une salle de restaurant avec des dineurs, et comme légende : *Le souhait de la nouvelle année.*

Calendrier de 1848.

218 — ALMANACH DES BALLONS. Manière de monter dans la lune et d'en descendre. Par M. de Crac. 1852. 10 c. || *Paris, Galeries de l'Odéon. — Passage Jouffroy. Lyon. — Ballay et Conchon, libraires.*

1852. In-8º.

Plaquette de 16 pages, avec deux titres : le premier, sur la couverture qui est blanche, est encadré et a une illustration représentant huit individus, sur la surface du globe, regardant un ballon monté s'élevant dans les airs.

Le second titre intérieur est semblable à celui de la couverture, sauf qu'il ne porte ni l'année ni le prix de l'almanach. Il a aussi une vignette représentant un homme s'élevant dans les airs au moyen d'ailes *(sans doute M<sup>r</sup> Darville).*

Brochure humoristique et critique se composant de : Calendrier pour 1852, au verso du titre ci-dessus. — Prédications de Nostradamus sur le monde volant. — Jérôme Paturot cherchant un moyen pour monter dans la lune (monologue). — Le navire aérien de

M. Petin. — L'Homme Volant ou le Voyage dans la lune, chanson nouvelle, sur 2 colonnes.

Trois gravures sur bois :

1. *Visite à la lune.* (signée A Dalger sc.) — 2. *Manière de monter dans la lune* — 3. *Comment on descend de la lune.*

Adresse de l'imprimeur après la table des matières : *Paris.* — *De Soye, imprimeur, r. de Seine*, 36.

(B. Nat. 8° Y² 19-406.)

219 — ALMANACHS DES SORCIERS POUR 1852. || *G. de Gonet, éd., 6, r. des Beaux-Arts,* — *Martinon, lib., r. du Coq.*

2 années 1852-1853. In-16.

Titre avec une lithographie.
Couverture illustrée en couleur représentant des sorciers.
95 pages de texte, se composant de : Calendrier des Sorciers avec horoscopes ; — p. 11, L'Art des Sorciers ; — et p. 87, Dictionnaire des différents procédés usités pour découvrir l'avenir.
Dessins dans le texte de Henry Monnier, Montigneul, gravés par Birouste.
Paris. — Imp. Lacour et Comp., rue Soufflot, 16.
La seconde année (1853) a été imprimée à Lagny.
*(voir Journal de la Librairie, dans le fascicule n° 43, du 23 Octobre 1852, au n° 6079 :* Almanach des Sorciers pour 1853, in-16 de 3 feuilles. Impr. du Vialat, à Lagny — A Paris chez de Gonet, rue des Beaux-Arts, 6 ; chez Martinon — Prix 0,50.)

220 — ARLEQUIN. Almanach des Petits et Grands Enfants. || *G. De Gonet, éditeur, 6, r. des Beaux-Arts.* — *Martinon, lib., 4, r. du Coq-St-H.*

1852. In-16.

Titre en lettres gravées avec illustration signée *Geoffroy, V. Corbay*. La même illustration se trouve coloriée sur la couverture.
Almanach composé de 32 pages de texte divisé ainsi : Calendrier des enfants, de 1852, par trimestre, avec les Jeux de chaque mois ; — p. 11, Vie et Aventures d'Arlequin, avec une vignette : buste de Pierrot dans un cadre ovale ; — p. 25, Prédictions infaillibles d'Arlequin pour tous les mois de l'Année, avec une vignette : Polichinelle montrant la lanterne magique.
Six gravures sur bois, se dépliant, signées *Porret*, représentant tout le cortège du Bœuf Gras.
Cet almanach se vendait 50 centimes.
Paris. — Imp. Lacour et Comp. rue Soufflot, 16.

## ALMANACHS ILLUSTRÉS

221 — ALMANACH BOUFFON, ou La Fleur des Calembours. Questions énigmatiques, jeux de mots, etc ; suivi de L'Histoire d'un tigre Publié par Hilaire Le Gai. || *Paris, Passard. Libr. — éditeur, 7, rue des Grands-Augustins.* 1853.

In-32.

Couverture jaune avec le titre décrit ci-dessus et ornée d'une vignette-mascaron.
80 pages de texte, avec nombreuses vignettes fantaisistes.

A la page 43, Histoire d'un tigre, imitée de l'anglais de John S.-Cotton par l'abbé de Savigny. Cette histoire, qui est un récit de chasse de haute fantaisie humouristique (*nœud fait à la queue d'un tigre capturé dans un tonneau*) jouit, en Angleterre, d'une grande renommée. Elle est commentée ici de curieuses et expressives illustrations par M. Pauquet.
Calendrier de 1853.
(B. Nat. Z 40·172)

222 — ALMANACH ILLUSTRÉ DE LA PETITE PRESSE Pour l'Année 1867 Contenant la Complainte de Rocambole. || *Administration de la Petite Presse — 15, Rue Breda — Paris.*

1867 à 1869. 3 années, in-16 carré.

Le titre de l'almanach se trouve sur la couverture, avec une vignette (de *Cham*) : deux journalistes se battant au pistolet ; au-dessous cette légende : *La nouvelle prime des journaux. Entre journalistes.*

Almanach, composé de 27 pages de texte à deux colonnes mélangé de réclames et de lithographies, servant, comme il est dit à la page 7, «.... d'instrument de propagande au profit de notre journal, que quatre mois d'existence ont suffi pour mettre en possession d'une popularité sans précédent. »

A la p. 8, portrait du Vicomte Ponson du Terrail, précédant l'article « Le dernier mot de Rocambole ; — p. 12 et 25, lithographies signées *Godefroy Durand, Le dernier mot de Rocambole ;* — p. 13, 16 et 24, *Revue de l'année* par Cham ; — p. 20, lithogr. signée *A Dargent Le Succès du jour. — Complainte de Rocambole,* p. 26,
Calendrier de l'année 1867.
La couverture porte en tête : 10 centimes 1ᵉ Année, et au bas : Paris — Imprimerie Vallée, rue Bréda, 15.

— Année 1868, 2ᵉ année, 15 centimes ; Couverture avec vignette (de Daumier) représentant un pick-pocket retournant les poches de

Mʳ Joseph Prudhomme, avec cette légende : *Un pick-pocket ! Monsieur, si ce n'était que le respect que je dois à un étranger qui vient visiter mon pays, je vous ferais arrêter..*
Adminion de la Petite Presse. Paris, 13, Place Breda.

32 p, de texte à 2 colonnes. Anecdotes et croquis de l'Exposition universelle de 1867. P. 16 et 17 deux dessins de H. Daumier : *A l'Exposition Universelle, le Fabricant de chapeaux de feutre.* — *Un vrai Cicerone.* — P. 25. *Le Ballon Nadar.* — *Départ du ballon Nadar, le Géant, aux Invalides*, dessin de Crafty. — P. 32, *Portrait du zouave Jacob.* — Calendrier de 1868.

— Année 1869, 3ᵉ année. 32 p. de texte à 2 colonnes.
Couverture avec vignette de Daumier, avec cette légende (une mère à son fils) : *Tu veux emporter cette pioche à Paris.* — *Oui, maman, pour l'offrir à Mʳ Haentjens qui va démolir le mur de mon collège.*
Administration de la Petite Presse, Paris, 16, rue du Croissant.

P. 1, *Portrait de S. E. M. Pinard, ministre de l'intérieur.* — Revue comique de l'année par Cham, p. 4, 8, 12, 20, 25. — 3 dessins de H. Daumier : p. 16, *Exposition de peinture de 1868.* — p. 17, *Au Buffet de l'Exposition des Beaux-Arts.* — et p. 28, *Au Bal de l'Opéra.* — P. 24 et 29, *Le retour des Courses de la Marche*, et *Une sortie de l'Opéra*, dessins de M. Crafty. — P. 32, *Camp de Chalons (Une loge de soldats au Théâtre).*
Calendrier de 1869.
(B. Nat. Lc³³ 26, les 3 ann.)

223 — ALMANACH DES VÉLOCIPÈDES pour 1869. Prix : 50 centimes. || *Paris Librairie du Petit Journal, 61, rue Lafayette.*

1869 et 1870, 2 années, in-16 carré.

Titre avec vignette.
Couverture jaune avec vignettes sur les faces.
95 pages de texte avec vignettes et annonces, traitant de vélocipédie.
Calendrier pour 1869, 1 page pour chaque mois.
— L'année 1870 a un titre différent : *Almanach du Vélocipède pour 1870. Seconde Année. Prix : 50 centimes. Publié par le journal le Vélocipède Illustré.* || *Aux Bureaux de la Publication Rue des Martyrs, à Paris. 1870.*
Titre avec vignette ; vignette aussi sur la couverture jaune.
95 pages de texte avec vignettes et annonces.
Calendrier pour 1870 par trimestre.
(B. Nat. ann. 1869 V 30·030)
       »    1870 V 30·031)

## ALMANACHS ILLUSTRÉS

**224** — ALMANACH-MANUEL DE L'AMATEUR DE TOURS DE CARTES anciens et nouveaux recueillis par Bonneveine. Prix : 50 centimes. || *Paris Delarue, Libraire-Éditeur, 3 rue des Grands-Augustins.*

1869. In-16.

Couverture imprimée avec vignette coloriée : les 4 dames placées en éventail avec cette légende en dessous : *Faire trouver les quatre dames ensemble, après les avoir placées séparément.*
La même figure se trouve en noir sur le titre de l'almanach, qui est un recueil de tours de cartes accompagnés de figures explicatives lithographiées.
122 pages de texte et une Table.
Calendrier pour 1869.
Cinq autres éditions de cet almanach ont paru, avec le même texte et les mêmes figures : en 1876, 1877, 1879, 1883, avec calendrier de l'année, et une sixième année sans calendrier.
[B. Nat. les 6 éditions 8° V 442]

**225** — ALMANACH DU MARIN ILLUSTRÉ. || *Dépôt : Paris rue Furstenberg 6. S'adresser à M. Dauchez et chez Bray et Retaux Libraires, 82, rue Bonaparte.*

1886 et suite. In-32.

Petit almanach populaire pour les marins avec une couverture bleue ornée d'une vignette seulement au recto de la couverture, représentant deux marins.
Vignettes dans le texte.
— En 1887, le titre est modifié et porte : *Le Jean-Bart, Almanach du Marin.*
— Enfin, en 1894, le titre change encore et devient jusqu'à ce jour : *Le Jean-Bart, Almanach des gens de mer.* (voir n° 3315, p. 692, de la ' *Bibliographie des Almanachs Français de J. Grand-Carteret* ').
(B. Nat. Le[26] 16bis années 1886-1887-1888-1889 et 1890).

**226** — 1992. CALENDRIER PARISIEN Texte par Hugues Le Roux. Treize lithographies par Dillon. || *Paris Librairie L. Conquet, 5, rue Drouot. 1892.*

In-16.

Titre imprimé en rouge et en noir, et, ainsi que le texte, avec un léger encadrement couleur rose.

Petit almanach, sans pagination, traitant de la vie parisienne et de ses occupations mensuelles, avec une couverture en papier gaufré bleu clair avec fleurs, portant le titre en rouge et noir.

Joli Frontispice représentant une parisienne, dans un cercle noir et debout sur les épaules du Temps et tenant une faux d'une main et de l'autre un éventail sur lequel on lit *1892*.

Douzes lithographies signées, comme le frontispice *Dillon inv. sc.* avec le calendrier de chaque mois imprimé en très petits caractères. rouges.

Ouvrage tiré à 300 exemplaires, dont 100 sur papier du Japon avec deux états des lithographies, exempl. numérotés, et 200 sur vélin, non mis dans le commerce et qui ont été réservés comme cadeaux aux clients de Mr Conquet.

[B. Nat. Lc³¹ 444 (44)]

227 — PETIT ALMANACH DE L'ECOLE pour 1893. || *Paris, Dépôt : Rue Furstenberg, 6. et chez Victor Retaux et Fils, Libraires, 82, rue Bonaparte.*

1893. In-32.

Couverture, avec sujets sur les deux côtés, recto et verso : sujet religieux — La ceinture d'honneur — Une sortie d'école au XVIIIe siècle — Un ange, d'après Raphael.

Petite publication populaire pour les écoles chrétiennes de 62 pages de texte composé de petites histoires, avec cinq gravures sur bois.

Calendrier de 1893.

Dans la même année 1893 cette publication parait aussi sous le titre légèrement modifié de « *Petit Almanach de l'Ecolier* », titre qu'elle conserve jusqu'à ce jour.

[B. Nat. 8° R 11·170]

228 — PETIT ALMANACH DE L'ECOLIER (Année 1893). || *Paris, au bureau, rue Furstenberg, 6. Et chez V. Retaux et Fils, 82, rue Bonaparte.*

1893 et suite. In-32.

Couverture avec vignette : mappemonde et instruments de travail.

La couverture seule porte le titre de l'almanach, qui fait suite au précédent numéro : « *Petit Almanach de l'Ecole pour 1893.* »

60 pages de texte composé de petites histoires pour les enfants, avec gravures sur bois.

Petit livre de propagande catholique.

Les années suivantes portent toujours le titre sur la couverture qui a, sur ses deux côtés, les mêmes sujets que ceux de la couverture du Petit almanach de l'Ecole.

Avec calendrier de l'année.

[B. Nat. 8° R 11·170]

229 — L'Almanach des Poètes pour l'année 1896. || *Paris Édition du Mercure de France, XV, Rue de l'Echaudé-Saint-Germain,* XV. MDCCCXCV. *Tous droits* réservés.

1896-1898. 3 années. In-18 carré.

L'année 1896 a une couverture imprimée en bleu foncé, ornée d'une tête de femme.

— Almanach de 97 pages, comprenant le calendrier grégorien et républicain, et les mois, poèmes de Robert de Souza. — André Fontainas. — André Gide. — A.-Ferdinand Hérold. — Gustave Kahn. — Saint-Pol-Roux. — Henri de Régnier. — Adolphe Retté. — Charles Van Lerberghe. — Emile Verhaeren.

Avec 24 dessins par Auguste Donnay tirés en rouge.

— L'année 1897 a une couverture imprimée en marron, ornée d'une femme courbée en deux.

123 pages de poèmes divisés par mois avec le calendrier grégorien et 66 dessins par A. Rassenfosse, tirés en couleurs.

Les poèmes sont de Gustave Kahn. — Stuart Merrill. — Francis Jammes. — Françis Vielé-Griffin. — Albert Mockel. — Henri de Régnier. — Robert de Souza. — A.-Ferdinand Herold. — André Fontainas. — Camille Mauclair. — Emile Verhaeren. — André Gide.

— La troisième année porte sur le titre : *pour l'année 1898 Publié sous la Direction de M. Robert de Souza.*

147 pages de texte, avec le calendrier ; les poèmes, divisés par mois, ont comme titre principal : *Les Bêtes.* Les poèmes sont, par ordre, de : Saint-Pol-Roux. — Henri Ghéon. — Albert Saint-Paul. — Camille Mauclair. — Georges Rodenbach. — Tristan Klingsor. — A.-Ferdinand Herold. — Robert de Souza. — Francis Jammes. — Stuart Merrill. — Francis Vielé-Griffin. — Charles Van Lerberghe.

12 grands dessins et 38 petits par Auguste Donnay, tirés en rouge.

[B. Nat. 8° Ye 4·062]

230 — Almanach du Photographe-Amateur. Renseignements photographiques. Toxicologie. Répertoire Photo-

graphique — La Photographie sans objectif — La Photographie et le Droit — Photographie pratique — Recettes et conseils — Anecdotes. || *Paris, Delarue, Libr.-édit*[r], *5, rue des Grands Augustins, 5.*

1896. In-16.

Couverture papier bleuté non imprimée.
128 pages de texte.
Frontispice, portrait lithographique de Niepce.
Dans le volume, portraits de Daguerre, Talbot, Poitevin, et autres « Gloires de la Photographie »; vignettes humoristiques « Amour, amour, quand tu nous tiens » (p. 64)
Page 78 : « La Photographie-caricature », accompagnée de vignettes.
Calendrier pour 1896.

(B. Nat. 8° V 11·481.)

231 — ALMANACH GEORGES BANS 1996. || *Paris, Bibliothèque d'Art de* LA CRITIQUE, *50 Boulevard La Tour-Maubourg.*

1896 et suite. In-8°.

Almanach de fantaisie critique et humoristique, publié par M. Georges Bans, directeur de la Revue « *La Critique* », avec la collaboration de Papyrus (*Emile Straus*) et Martine, pour le texte ; et pour les illustrations, de Marc Mouclier, E. Couturier, Georges d'Espagnat, Jossot, Désiré Fortoul, Gatget, Jacotot, Lebègue, Eug. Delatre, Henri Bans, Hans Christiansen, H. Detouche, etc..

Chaque année a une couverture différemment illustrée en couleurs.

Le tirage est fait à 5 exemplaires sur papier impérial du Japon, et à 200 exempl. sur papier de luxe.

Avec le calendrier.

(B. Nat. années 1896, 1898 et 1899, 8° Z 4·174)

232 — ALMANACH GUILLAUME pour 1896. || *H. Simonis Empis, Editeur, 21, rue des Petits-Champs, Paris.*

Plaquette In-16. 1896 et suite.

Almanach rempli d'humour, avec illustrations et airs notés dans le texte.

Chaque année possède une couverture illustrée en couleurs.

Les 3 premières années ont été imprimées par Chamerot et Renouard à Paris ; les années 1899 et suivantes sortent de l'Imprimerie de Ed. Crété, à Corbeil.

Almanach du prix de 50 centimes, avec le calendrier de l'année.

[B. Nat. 8° Z 4·209]

**233** — 1896. ALMANACH. Lithographies par Dillon. Texte par Henri Second — Frédéric Lévy — Léon Hély. || *Paris Librairie Émile Rondeau, 19, Boulevard Montmartre*. 1896.

In-16.

Almanach de 54 pages, poésies et gravures.

Couverture imprimée à la sanguine avec titre et un sujet représentant une jeune femme traçant avec un pinceau l'année « *1896* » sur une toile posée sur chevalet. Cette couverture porte : *12 Lithos par H P Dillon. Almanach 5ᵉ Année. Texte par Henri Second, Fred Lévy, Léon Hély. Librairie E. Rondeau 19 Boulᵈ Montmartre 19.*

Le texte imprimé par L. Pochy. Lithographies imprimées par Tailliardat.

Calendrier de 1896 par trimestres placés en travers de la page.

L'indication de 5ᵉ Année sur la couverture seulement a sa raison d'être par la publication des œuvres de l'artiste-peintre-lithographe Henri Patrice Dillon et dont voici le détail : la 1ʳᵉ année a été publiée chez Conquet, en 1892, avec le titre de *Calendrier Parisien* (*voir au nº 226*). — la 2ᵉ ann. (1893) chez Belfond & Cⁱᵉ 10, rue Gaillon, avec ce titre : *L'Année des Polichinelles*; sans calendrier. — en 1894, 3ᵉ ann., lithographies, sans titre, publiées chez Belfond & Cⁱᵉ. — la 4ᵉ ann. (1895) a pour titre *Paris-Almanach* (*voir nº 3,317 de la Bibliographie des Almanachs de J. Grand-Carteret*. — Enfin l'Almanach de 1896, décrit plus haut est la 5ᵉ année de cette série des œuvres de l'artiste.

**234** — CALENDRIER DE LA BELLE JARDINIÈRE. Rue du Pont Neuf.
1896 et suite.

*En dehors des calendriers que la Maison si connue de la Belle Jardinière offrait chaque année à sa nombreuse clientèle, il est intéressant de citer les années suivantes, qui sont remarquables par les compositions des artistes qui ont collaboré à leurs illustrations et en ont fait des œuvres artistiques, dignes de figurer dans une collection :*

— Année 1896 — In 8º carré ; les 12 mois, en feuilles avec aquarelles de Grasset, dans une enveloppe artistique.
Imprimerie de Malherbe.

— Ann. 1897 — In 4º en hauteur ; 4 feuillets avec aquarelles de Marold.
Imprimerie de Lemercier.

— Ann. 1898 — In-8º carré ; 12 feuillets dans une enveloppe artistique. Voici les noms des artistes, par ordre de mois, qui ont collaboré : 1. Boutet de Monvel. — 2. L. Sabattier. — 3. M. Orange. — 4. de Monzaigle. — 5. P. Destez. — 6. F, de Myrbach. — 7. Reichan, — 8. L. Lhermitte. — 9. A. Parys. — 10. Caran d'Ache. — 11. L. Cawalski. — 12. L. O. Merson.
Imprimerie de Malherbe.

## ALMANACHS ILLUSTRÉS

— L'année 1899 — in folio n'est qu'un simple calendrier sur feuille, avec une composition de Grasset, gravée par Florian, dans une enveloppe artistique dessinée par Verneuil, et tirée sur papier gris.
Imprimerie G. de Malherbe.

— Année 1902 — 12 feuilles In-4º, douze compositions de : Calbet. — Chocarne-Moreau. — P. Destez. — Geoffroy. — J. Girardet. — A. Gorguet. — E. Grasset. — Job. — Kowalsky. — G. Scott. — Vogel. — E. Zier. dans une couverture d'Eug. Grasset.
Imprimerie de G. Malherbe.

*(Communiqué par la Belle Jardinière).*

235 — CALENDRIER DE LA MAISON MASSON. (Chocolat Mexicain) Rue de Rivoli.
1896 à 1900.

*Voici le détail des Calendriers artistiques que les Propriétaires de la Maison Masson, M.M. Aug. Leleu et Fils, ont fait dessiner par des artistes en vogue :*

— Année 1896 — 12 feuilles de format In-8º carré avec 12 compositions coloriées des artistes suivants : Janvier, Février et Mars, avec des aquarelles par Fournery. — Avril, aquar. par Guillaume. — Mai, aquar. par Steinlen. — Juin, Juillet et Aout, dº par Vallet. — Septembre, Octobre et Novembre, dº par Destez. — Décembre dº par Gerbault.
Ces 12 feuilles enfermées dans une enveloppe artistique.
Imprimerie de G. Malherbe.

— Année 1897 — 4 feuillets In-4º en hauteur (les Saisons) aquarelles de Mucha.
Calendrier-agenda dans une enveloppe.
Imprimerie de F. Champenois.

— Année 1898 — 4 feuilles In-4º, Les quatre âges par Mucha, dans une enveloppe.
Imprimerie de F. Champenois.

— Année 1899 — Calendrier-Agenda, In-8º cartonné, fait en compte à demi avec la maison de parfumerie Lubin, avec une couverture imprimée en couleurs, aquarelle de Thiriet.
Le titre a une composition artistique signée Barabandy.
8 pages de texte mélangé de vignettes signées P. Destez.
Cet agenda, comme tous les calendriers de la maison, a été présenté dans une enveloppe avec encadrement.

— Année 1900 — 12 feuilles In-4º avec encadrements différents, compositions artistiques de H. Thiriet, dans une enveloppe.
Imprimerie de F. Champenois.

*(Communiqué par M.M. Aug. Leleu et Fils).*

ALMANACHS ILLUSTRÉS

236 — CALENDRIER MAGIQUE. || *L'Art Nouveau*, 22, rue de Provence Paris An. Dom. MDCCCXCVI.

1896. In-4º, en long.

Titre en lettres gravées.
Couverture noire avec cette seule mention au-dessous de dessins rehaussés d'or : Mil DCCCXCVI L'Art Nouveau 22 Rue de Provence.
Calendrier composé de 16 pages de grimoires décoratifs et de 16 lithographies originales, tirées en cinq couleurs rehaussées d'or, de Manuel Orazy artiste peintre et de Austin de Croze, traitant d'occultisme.
Ce calendrier a été tiré à 700 exemplaires seulement, dont 30 sur papier du Japon.
(B. Nat. Cabinet des estampes, supplément.)

237 — ALMANACH DE L'YMAGIER 1897, zodiacal, astrologique. magique, cabalistique, artistique, littéraire et prophétique. || *L'Ymagier Paris*, IX, rue de Varenne,

1897. Petit In-8. carré

Almanach fantaisiste, non paginé, dont le titre est imprimé en noir et rouge avec un dessin.
La couverture, qui porte « Almanach de l'Ymagier », a un dessin en noir et rouge encadré, représentant un homme nu à cheval ; sur l'autre côté de la couverture est une tête de profil.
Almanach composé par Remy de Gourmont et orné de XXV bois originaux, en rouge et en noir, dessinés et gravés par Georges d'Espagnat.
Ouvrage ne comprenant que le calendrier avec quelques explications et quatre quatrains pour les saisons.
Il a été imprimé par C. Renaudie avec tirage à 95 exemplaires sur Chine, 15 ex. sur simili Japon moiré et 5 ex. sur grand Japon impérial.

*(Cet almanach a complété la publication de l'Imagier, dont le texte était signé Remy de Gourmont et Alfred Jarry, et dont il n'a paru que huit fascicules, d'octobre 1894 à décembre 1896.)*

238 — L'ANNÉE ILLUSTRÉE. Almanach pour 1897 Politique, Littéraire, Beaux-Arts, Sciences, Inventions, Recettes, Fantaisies, Variétés, Renseignements utiles pour la Ville et la Campagne. Plus de 200 Illustrations et Caricatures. Hors

texte : Portraits en couleurs du Tsar et de la Tsarine. ||
F. Juven, Editeur Paris -- 10, rue Saint-Joseph, 10 — Paris.

1897 à 1900, quatre années In-8.

La 1re année est du format grand in-8.

Titre avec un dessin fantaisiste de C. *Léandre*, reproduit en couleur sur la couverture avec le titre de l'almanach.

94 pages de texte, à 2 colonnes, mêlé de reproductions de photographies et de lithographies.

Calendrier de 1897 avec Memento.

= Les années 1898, 1899 et 1900 ont le titre modifié comme suit :

L'*Année illustrée. Almanach pour* 1898 (1899-1900) *Littérature, Beaux-Arts, Sciences, Politique, Inventions, Recettes, Fantaisies, Variétés, Renseignements utiles pour la Ville et la Campagne.* || *Paris F. Juven, Editeur 10 rue Saint-Joseph*, 10. *Tous droits réservés.*

Couverture illustrée en couleurs par *Ed. Carrier* pour 1898 et 1900 et par *E. Vavasseur* pour 1899.

192 pages de texte, à 2 colonnes, entremêlé de lithographies, de reproductions de photographies et de réclames.

Calendrier de l'année.

Le prix de cet almanach est de 50 centimes.

En 1901, l'*Année illustrée* devient l'Almanach du Rire. (*Voir plus loin, n° 275.*)

239 — ANNUAIRE DES GRANDS CERCLES. Cercle de l'Union — Jockey-Club — Cercle agricole — Cercle de la rue Royale — Cercle des Chemins de Fer — Cercle de l'Union artistique — Sporting-Club, par le Baron de Tully. || *Paris A. Lahure, éditeur, 9, rue de Fleurus.* 1897.

1897 à ce jour. Petit In-8°.

Annuaire de 382 pages de texte et XXXIV d'annonces (pour 1897), 430 p. pour 1898, avec titre imprimé en noir et rouge.

Publication annuelle groupant en un seul volume les noms des membres des sept Grands Cercles de Paris avec leurs adresses.

La classification est faite par ordre chronologique et chacun des sept Grands Cercles est précédé d'une Notice.

L'annuaire donne aussi la composition du corps diplomatique en France et à l'étranger ; des maisons souveraines et princières ; des cultes de Paris, classés par paroisses. Enfin il cite les réunions des cinq sociétés sportives ; le concours hippique ; le polo ; les grandes chasses ; le pistolet ; les expositions canines ; les salles d'armes ; la société des agriculteurs de France ; le yachting, le cyclisme, etc...

Annuaire, vendu 6 fr., avec reliure de l'éditeur, en basane bleue souple, et tranches rouges.
(B. Nat. 8°. R 14·346, années 1897 et 1898.)

240. 1897. ANNUAIRES-HACHETTE. PARIS. Manuel pratique de la vie quotidienne. Petit Dictionnaire-Guide. Carrières. — Professions. — Biographies. — Statistiques. *Pouvoirs Publics*: Présidence. — Gouvernement. — Chambre. — Sénat. — Corps diplomatique. — Ministère. — Armée. — Magistrature. — Cultes. — Préfecture de la Seine. — Préfecture de Police. — Conseil municipal. — Mairies. *Enseignement :* Faculté des Lettres, — des Sciences, — de Droit, — de Théologie, — de Médecine, — Ecoles supérieures, — Lycées. — Colléges, — Ecoles primaires, — Frais d'études. *Beaux-Arts :* Académies et Sociétés. — Peintres. — Sculpteurs. — Dessinateurs. — Graveurs. — Salons. — Musées. *Commerce et Industrie :* Bourse. — Bourse et Chambre de Commerce. — Banques. — Fabricants. — Détaillants. — Patentes. — Commerçants. — Métiers. — Salaires. *Vie Pratique :* Alimentation. — Ameublement. — Appartements. — Assainissement. — Assurances. — Bureaux de placement. — Chauffage. — Concerts. — Déménagements. — Eclairage. — Egouts. — Eglises, — Electricité. Funérailles. — Halles et Marchés. — Transports. — Pompiers. — Quartiers. — Recrutement. — Rues. — Restaurants. — Théâtres, etc., etc. — Le Paris qui s'en va. — Le Paris qui vient. *Paris charitable* : Hôpitaux. — Hospices. — Maisons de retraite. — Charité privée. — Assistance publique. — Bienfaisance étrangère. *Paris élégant et mondain* : Salons. — Cercles. — Colonies étrangères. — Sports. 100,000 Adresses. 600 Portraits gravés. — 145 Cartes et Plans. — 318 Illustrations. || *Paris Librairie Hachette et C*ⁱᵉ, *79, Boulevard Saint-Germain, 79. Droits de traduction et de reproduction réservés.*

1897 et suite. Gros in-8°.

Annuaire de 1.408 pages de texte, suivies de XL pages pour une quatrième partie : *Guide de l'Acheteur. Répertoire du Commerce et de l'Industrie.*

Couverture verte avec une composition en couleurs, dans un cadre, avec le titre de l'ouvrage, et signée *Ad. Gir. 96* (Giraldon).

Sur l'autre côté de la couverture est un plan de Paris par zônes pour évaluer les distances et la durée des courses.

Le titre intérieur a un fleuron : une balance portant dans un de ses plateaux l'Annuaire Hachette qui contrebalance 7 volumes placés dans l'autre plateau; au dessous, cette devise : *Je pèse un poids égal sous un moindre volume.*

Calendrier, suivi d'un Agenda-Mémento, avec éphémérides parisiennes.

= Année 1898. Le titre annonce : 100.000 Adresses. — 800 Portraits gravés. — 67 Cartes et Plans. — 152 Illustrations. — 24 Planches gravées.

Fleuron représentant une main étendue sur un plan de Paris, avec cette devise: *Tout Paris sous la main pour 3 fr. 75 c.*

In-8º de 1.500 pages, suivies de LVIII pages pour la quatrième partie...

= Année 1899, PARIS-HACHETTE. Annuaire illustré de Paris. Carrières. — Professions, etc.... 200.000 Adresses. — Nos de 20.000 Abonnés au Téléphone. — 1.150 Portraits gravés. — 150 Illustrations. — Un grand plan de Paris.

Même fleuron que pour 1898 avec cette devise : *Paris tout entier sous la main.* 200.000 Adresses.

In-8º de 1,540 et XL pages.

= Voici le titre de la 4me année :

1900. PARIS-HACHETTE. Annuaire complet Commercial, Administratif et Mondain. Renseignements pratiques. — 480 Articles. — 150 Illustrations. — 800 Portraits. — Administrations de l'Etat et de la Ville de Paris. — Gouvernement. — Ministères. — Armée... Professions. — 140.000 Adresses par professions (300 Portraits). — Commerce. — Administrations. — Liste complète de 4.031 Rues de Paris. — Liste générale de 30.000 Adresses mondaines (Paris et Villégiatures) — Liste de 170.000 Adresses par Rues et par Maisons. — Liste de 125.000 Adresses du Commerce par ordre alphabétique.

Première édition : 200.000 Noms avec adresses, 1,100 Portraits.

Deuxième édition: 435.000 Noms avec adresses, 300 Portraits.

Troisième édition: 465,000 Noms avec adresses, 1.100 Portraits,

465.000 Noms avec Adresses. — 1.100 Portraits. — 100 Illustrations. — N°s de 20.000 Abonnés au Téléphone. — 8.000 Adresses télégraphiques. — Un grand plan de Paris.

Même fleuron et même devise qu'en 1899.

In-8° de 4 f<sup>iles</sup>, 256-848-524-540-264-XL pages pour l'édition complète. Prix de 10 fr.

1901. PARIS-HACHETTE. Annuaire complet, Commercial, Administratif et Mondain. (5e Année).

Paris-Hachette, qui réunit tous les annuaires spéciaux en un seul, est publié en trois éditions permettant de choisir celle qui lui rend les services qu'il en attend.

Première *Edition A. Edition du monde et des professions libérales*, contenant : 1° *le Dictionnaire des renseignements pratiques* placés dans l'ordre alphabétique ; 2° *la Liste par Professions des Adresses du Commerce, de l'Industrie et des Administrations* avec les n°s du Téléphone, les Adresses Télégraphiques ; 3° *Liste des 4.036 Rues de Paris;* 4° *Liste des Adresses Mondaines à Paris et à la Campagne* avec Téléphone et jours de réception.

Deuxième Edition *B. Edition du Commerce et de l'Industrie*, contenant : 1° la *Liste des Adresses par Professions du Commerce, de l'Industrie et des Administrations* avec n°s du Téléphone et Adresses Télégraphiques ; 2° *Liste par ordre alphabétique des Adresses du Commerce et de l'Industrie* avec n°s du Téléphone ; 3° *Liste complète par Rues et par Maisons* des Adresses Mondaines, du Commerce et de l'Industrie.

Troisième Edition *C. Edition complète* contenant : 1° le *Dictionnaire illustré des Renseignements Usuels ;* 2° la *Liste des Adresses par Professions* (Commerce, Industrie, Administration) ; la *Liste alphabétique de toutes les Adresses* du Commerce et de l'Industrie ; 4° la *Liste complète par Rues et par Maisons*, de toutes les Adresses Mondaines, de l'Industrie et du Commerce; 5° la *Liste Alphabétique des Adresses Mondaines*, à Paris et à la Campagne.

En tout : 550.000 Noms avec Adresses. — 20.000 N°s d'Abonnés au Téléphone. — 1.100 Portraits. — 100 Illustrations diverses.

Un grand plan de Paris.

In-8º, de 200 — 880 — 552 — 569 — 295 — XXXVI pages pour l'édition complète.
Prix 10 fr.
[B. Nat. Année 1897 Lc $^{31}$ 444
» 1898 Lc $^{31}$ 444 (72)]

241. — ALMANACH DE DOUZE SPORTS par William Nicholson 1898. Plaquette In-4º.

Grande plaquette divisée en deux parties : la première porte ce titre : William Nicholson. Almanach De douze sports 1898. Etude sur William Nicholson et son Art par Octave Uzanne. || *Paris. Société Française d'Editions d'Art.*

16 pages de texte avec 12 vignettes en noir et le fac simile de la signature d'Octave Uzanne et la date du 29 octobre 1897.

Portrait de William Nicholson gravé directement sur bois par l'artiste, au verso du titre, qui a une petite vignette, reproduite en grand et coloriée sur la couverture.

La seconde partie a pour titre : Almanach De douze Sports 1898 par William Nicholson || *Société Française d'Editions d'Art. Paris. L.-Henry May, 9 et 11 rue S$^t$- Benoit. 1898.*

Vignette coloriée sur le titre qui est reproduite sur la seconde partie de la couverture.

Cette partie n'est pas paginée; elle se compose de 12 grands bois en couleur avec ces légendes et le calendrier de 1898 en regard de chaque illustration : 1. *La Chasse au Renard.* — 2. *La Chasse à courre.* — 3. *Les Courses.* — 4. *Courses en Canot.* — 5. *La pêche à la ligne.* — 6. *Le Jeu du Cricket.* — 7. *Le Tir à l'arc.* — 8. *Le " Four-in-hand ".* — 9. *La Chasse en plaine.* — 10. *Le Jeu du Golf sur la plage.* — 11. *Les Exercices de Boxe.* — 12. *Le Patinage.*

Le faux-titre a au verso une vignette en noir, un marchand d'images et au-dessous : Cette édition de l'almanach de douze sports a été tirée à 1.070 Exemplaires : 1.000 exempl. sur vélin anglais — 50 ex. sur Japon impérial — 20 ex. sur papier de Hollande. (pour la Société des XX) (1)

242 — ALMANACH DU BIBLIOPHILE pour l'année 1898. || *Se vend aux éditions d'art chez Edouard Pelletan, 125 Boul$^d$ S$^t$ Germain.*
1898 et suite. Petit In-8º.

Titre imprimé en noir et rouge avec une vignette : buste de femme

---

(1) Société de vingt membres, exactement, dont la fondation remonte à 1897 — (voir du reste l'article, signé d'Eylac, qui a paru dans le « Bulletin du Bibliophile et du Bibliothécaire, revue mensuelle par J. Techener, n° 1 du 15 janvier 1902, page 32).

entre deux branches de laurier; au-dessous, sur une bande, cette inscription grecque : KTHMA ΕΙΣ ΑΕΙ. Cette vignette ainsi que le titre sont reproduits sur la couverture qui est grise.

276 pages de texte avec la table, précédées d'un avant-propos de Edouard Pelletan, comprenant VI pages.

Le calendrier est divisé en 4 trimestres qui sont répartis dans les diverses parties du volume.

Cet ouvrage, qui a été tiré à 1,200 exempl. dont 100 sur Chine, par la Société typographique de Châteaudun, est orné de compositions décoratives de Bellery-Desfontaines, gravées par Froment, et divisé en 3 parties: la première comprend des articles, entre autres, sur : *La vie à Paris*, par Jules Claretie. — *La reliure en 1897*, par d'Eylac. — *Les Snobs*, par Jules Lemaitre. — *Le nouveau théâtre*, par Emile Bergerat. — *L'impressionnisme*, par Gabriel Séailles. — *L'antisémitisme*, par Anatole France. — *Les ventes de livres en 1897*, par Georges Vicaire, etc., etc.

La 2ème partie donne la liste des Sociétés de Bibliophiles — et la 3ème est consacrée à l'année théâtrale et bibliographique.

— En 1899 (deuxième année) la couverture est jaune, illustrée avec une vignette au centre : deux bibliophiles lisant, signée Florian d. sc.

Le titre intérieur, toujours imprimé en rouge et noir, a en tête une vue de la Seine prise du Pont-Royal.

289 pages de texte avec la table.

Même division de l'ouvrage en 3 parties avec la collaboration des mêmes écrivains que pour 1899.

Les compositions ont été dessinées et gravées par Florian. Il a été tiré 1.000 exempl. dont 50 sur Chine.

Le calendrier est divisé par mois et intercalé dans le texte.

— 1900 (troisième année) a une couverture jaune avec un sujet (le travail) signé Steinlen et titre imprimé en rouge et noir.

Le titre intérieur ne porte qu'une petite vignette avec l'inscription grecque.

294 pages de texte avec la table.

Avant-propos comprenant XIV pages.

Même division de l'almanach en 3 parties avec les mêmes collaborateurs.

31 compositions de Steinlen gravées par Emile et Eugène Froment.

Tirage à 1.000 exempl. dont 50 sur Chine, par l'Imprimerie nationale.

Calendrier 1900 par trimestre.

(B. Nat. année 1898 — 8° Q 2·509).

## ALMANACHS ILLUSTRÉS

**243** — CALENDRIER D'AMOUR pour 1898 par Gil Baer. Prix : 50 centimes.

*(En vente à la Bibliothèque du « Supplément », 18 rue Richer, Paris.*

1898. In-32.

Simple calendrier de douze feuilles avec dessins en couleurs par Gil Baer, ayant pour sujet la femme.

La couverture, qui porte le titre, est aussi illustrée en couleurs des deux côtés.

A partir de 1899, le journal (Le *Supplément*) a publié un Almanach qui fait suite au Calendrier d'Amour (voir n° 251).

**244** — PETIT ALMANACH FLEURI 1898. || *Melet, Editeur* 45, 46, *Galerie Vivienne Paris*.

1898 et 1899. In-32.

Petit agenda de poche cartonné, dont la couverture porte le titre en lettres gravées, avec une fleur coloriée à la main.

Cet almanach est composé de huit feuillets volants doubles comprenant : les 4 saisons avec le calendrier orné d'oiseaux et de fleurs coloriés à la main, — 2 cahiers pour les mois — et Souvenirs.

Il a été tiré 25 exempl. sur Japon et 100 ex. sur papier teinté numérotés.

— L'année 1899, dont les petits sujets, coloriés aussi à la main, sont moins soignés, a été tirée à 50 exempl. sur Japon et 350 ex. sur papier teinté numérotés.

(B. Nat. 8° V 12·569).

**245** — ALMANACH DE BIBI-TAPIN pour 1899. Par l'auteur des « Mésaventures de Bistrouille » || *Paris, A.-L. Guyot Editeur,* 12, *rue Paul-Lelong. Tous droits réservés.*

1899 et suite. In-16.

Couverture imprimée en couleurs, avec un tambour de la ligne représentant Bibi-Tapin avec son numéro matricule 9342.

Almanach composé de 190 pages de texte, historiettes et facéties grivoises, mêlées de vignettes et de gravures-réclames dessinées par Kossbühl.

Vendu d'abord au prix de 50 centimes, réduit en 1900, à 30 c.

Avec le calendrier.

(B. Nat. 8° Y² 48·312).

## ALMANACHS ILLUSTRÉS

**246 — ALMANACH DE LA CASERNE** pour 1899 (1re Année) 82 dessins de E. Thélem. || *Paris Société Française d'éditions d'art, L.-Henry May, 9 et 11 rue Saint-Benoit.*.

1899 et suite. In-8º carré.

Almanach populaire de 48 pages de texte, avec une couverture illustrée en couleurs, composé de contes et chansons militaires, avec illustrations et airs notés.
Calendrier de l'année.
(B. Nat. L° 26 24).

**247 — ALMANACH DE LA VIE COMIQUE** pour 1899. || *Paris, Librairie Parisienne Arnaud et Cie, 10, rue de Paradis.*

1899 et suite. In-32.

Almanach populaire, composé de 32 pages de texte, avec gravures dans l'esprit du titre.
Avec le calendrier.
— En 1901 l'éditeur change : *Paris, Librairie Martinenq, 10, rue de Paradis.*
(B. Nat. année 1901, 8º Z 15·403).

**248 — ALMANACH DES SPORTS** publié sous la direction de M. Maurice Leudet 1899. || *Paris Administration et Rédaction Librairie Paul Ollendorff, 28bis, rue de Richelieu.*

1899 et suite. In-16 jésus.

Almanach, traitant de tous les sports, avec une couverture illustrée en couleurs et signée A. Andréa, publié sous le haut patronage de MM. le baron Van Zuylen, comte de Dion, H. de Villeneuve, E. de La Croix, marquis de Chasseloup-Laubat, colonel Dérué, comte de Chasseloup-Laubat.
La première année comprend : une Préface par Aurélien Scholl ; — un calendrier n'indiquant que les dates des courses, championnats ou réunions des différentes Sociétés de sports ; — et 468 pages de texte, avec reproduction de nombreuses photographies et commençant par l'Imagerie sportive de quelques sports anciens, par J. Grand-Carteret.
Prix marqué de 1 fr. 25.
— L'année 1900 a son titre imprimé en rouge et en noir, avec la nouvelle adresse de l'éditeur : 50, *rue de la Chaussée-d'Antin.*
La couverture a une illustration en couleurs de F. Fau.

464 pages de texte mêlé de reproductions de photographies, avec le calendrier de 1900 ayant des encadrements différents en rouge.
Le prix de cette année est de 1 fr. 50.

— La 3ème année (1901), porte le même titre, le même comité de patronage moins E. de La Croix, avec une couverture illustrée en bleu et sanguine (une patineuse) signée Chéret.
Préface Par Maurice Leudet.

394 pages de texte, mêlé de nombreuses reproductions photographiques de professionnels des différents sports, Automobilisme, Tirs, Aviron, Chasse, Pêche, Boxe, Natation, Lutte, Escrime, Aérostation, Football, Patinage, etc.
Calendrier de 1901 avec encadrements différents en rouge.
(B. Nat. 8° V 27·971).

249 — ALMANACH DU JOYEUX TROUPIER pour 1899. Prix 30 centimes. || *Paris, en vente à la Librairie P. Fort, 46, rue du Temple.*

1899 et suite. In-16.

Titre avec une vignette.
Couverture illustrée en couleurs.
Almanach populaire composé de 32 pages de texte sur 2 colonnes, avec gravures et vignettes sur bois.
Histoires sur la vie militaire.
Calendrier.

— L'année 1901 a 40 pages de texte sur une seule colonne, avec gravures et vignettes.
Calendrier.
(B. Nat. L $\frac{26}{c}$ 26).

250 — ALMANACH DU PÈRE UBU illustré (Janvier-Février-Mars 1899). || *En vente partout. Prix 50 centimes. Abonnement, d'un an (4 numéros) : 1 fr.50.* (vente en gros, 3 rue Corneille, Paris : Thuillier-Chauvin).

1899. In-32 carré.

Publication fantaisiste, satirique et humoristique, par M. Alfred Jarry, auteur de la pièce (Ubu Roi, drame en prose) et collaborateur au Mercure de France.
Il n'a paru que le premier trimestre de 1899.
Le titre a une vignette et l'almanach est composé de 96 pages de texte avec vignettes au trait par Ch. Bonnard.
Calendrier du premier trimestre de 1899.
(Cet almanach reparait en 1901 dans un format in-8 avec ce titre : Almanach Illustré du Père Ubu (XXe siècle). (voir plus loin, n° 274).

251 — ALMANACH DU SUPPLÉMENT. 1899. Nouvelles et Contes inédits de Paul Acker, Alphonse Allais, Georges Auriol, Tristan Bernard, Georges Brandimbourg, Michel Corday, Maurice Curnonsky, Paul Gavault, Auguste Germain, Gabriel de Lautrec, Lionnette, Charles Mougel, Charles Quinel, Camille de Sainte-Croix, Léon Valbert, Pierre Veber, Willy, etc. Illustrations de Gil Baer. Dessins de Jacques Abeillé, H. Gerbault, Métivet, O' Vide Riche, Radiguet, etc. Prix : 60 centimes. || *Bibliothèque du Supplément, 18, Rue Richer, Paris.*
1899 et suite. In-16.

Cet almanach fait suite au *Calendrier d'Amour* (voir plus haut n° 243) publié par le journal « *Le Supplément* » en 1898.

La couverture est illustrée en couleurs par Gil Baer ; l'almanach comprend 160 pages de texte avec gravures et vignettes.

Publication populaire pornographique.

Calendrier avec mémento.

252 — ALMANACH FÉMINISTE. 1899. Directrice : Marya Chéliga. || *Paris, Édouard Cornély, éditeur, 35 bis rue de Fleurus.*
1899 et 1900. In-16.

Couverture grise imprimée en brun, avec fleurs.

Ouvrage, publié sous la direction de M$^{me}$ Marya Chéliga, femme de lettres, traitant de la situation de la femme dans toutes les carrières et servant de propagande, à son profit, dans le but d'apporter plus d'égalité dans les relations sociales et d'améliorer son sort.

— La première année, 1899, contient 10 portraits :

1. M. E. Legouvé.— 2. M. Jacques Finch.— 3. Bradamante. — 4. M$^{me}$ Klumpke, *astronome à l'Observatoire de Paris.* — 5. Isabelle Bogelot. — 6. Marcelle Tinayre, *femme de lettres, romancière.* — 7. Daniel Lesueur. — 8. Héléna Gaboriau, *docteur en médecine et pharmacienne.* — 9. Princesse Wiszniewska, *présidente des femmes pour le désarmement international.* — 10. M$^{me}$ Bernard d'Attanoux, *exploratrice.*

A la suite se trouvent : Petit Dictionnaire des femmes de lettres ; — Bibliographie ; — Indications utiles des œuvres et institutions féminines ; — Femmes docteurs en médecine, et le Calendrier de 1899.

— L'année 1900, avec la même couverture grise imprimée en rouge, ne contient aucun portrait, ni calendrier.

Dans la Préface « *Un mot à nos Lecteurs* », il est dit : « Afin d'être fidèles au principe dont fut inspiré notre *Almanach*, dénommé d'ores et déjà *Encyclopédie de la question féministe*, nous publions des études documentées sur le mouvement en faveur de l'affranchissement de la femme, ayant bien soin de présenter à côté des centres sociaux déjà transformés sous l'influence de ce courant rénovateur d'autres moins avancés dans la voie du progrès, où la compagne de l'homme est encore assujétie matériellement et moralement ».

(B. Nat. 8º R 16·066.)

253 — ALMANACH POUR 1899 des grosses farces du Major. (trente centimes). || *Librairie Parisienne, 10, rue de Paradis, Paris.*

1899 et suite. In-32.

Almanach, composé de 64 pages de texte, dont l'esprit est assez défini par le titre lui-même, avec 7 lithographies.

La couverture seule porte le titre de l'almanach et a un sujet colorié.

Le calendrier de 1899, comprenant 12 pages, est entouré de dessins au trait, caricatures de soldats, qui sont les mêmes pour l'année 1900. Cette seconde année, qui a 60 p. de texte, a un titre intérieur, avec cette adresse d'éditeurs : *Paris, Librairie Parisienne Arnaud et Cie, Éditeurs, 19, rue de Paradis.* 1900.

L'année 1901, de 64 p. de texte, avec vignettes, croquis, anecdotes et charges militaires comme ci-dessus. — un titre intérieur portant cette adresse : *Paris, Librairie du Nouveau Siècle, Martinenq, édit[r], Paris, 10, rue de Paradis.* — et une couverture verte, avec sujet militaire en noir.

(B. Nat. 8º Y² 19·156, ann. 1899, 1900, 1901.)

254 — PETIT ALMANAH DU XVIIe A[rrt]. Batignolles. Épinettes. Ternes. Plaine Monceaux. Première Année. 1899. Petits Almanachs Parisiens par Arrondissement. Prix 0 fr. 50. || *En vente chez les principaux libraires du XVIIme. Éditeur :* Batignolles-Journal, 5, rue Bridaine. Gaston Morin, Propriétaire-Directeur des petits almanachs Parisiens par arrondissement.

1899 et suite. In-8º.

Almanach composé de 48 pages de texte et de réclames, avec une préface de G. Morin ainsi conçue : « Aux amis du XVIIe. Aux lecteurs de l'Almanach.... C'est une petite œuvre de décentralisation que nous entreprenons : nous aurions voulu insérer dans ce recueil plus de renseignements, publier une liste de commerçants plus complète. Ce sera pour l'année prochaine... »

La couverture jaune porte seule le titre de l'ouvrage, avec une vignette : l'Arc de triomphe de l'Etoile.

Quelques vues de monuments et le plan du 17ᵉ arrondissement, ainsi que le projet de Paris Port de mer par M. Bouquet de la Grye. Calendrier pour l'an 1899.

— L'année 1900 contient 56 pages de texte et de réclames, avec le portrait de A. Deslandres, la vue de l'Hippodrome, le plan du 17ᵉ arrond$^t$, et un morceau de musique. Calendrier pour l'an 1900.

Le prix de cette seconde année est de 45 centimes.

— Année 1901 (3ᵉ an.) 41 pages de texte suivies d'adresses et de réclames. Plan du 17ᵉ arrondiss$^t$ ; 1 historiette.
Calendrier pour l'an 1901.
(B. Nat. Lc³¹ 444 (73).)

255 — ALMANACH CHANTANT POUR 1900. Revue des Concerts et Cabarets de Montmartre. (*L. Hayard, éditeur, Paris*).

1900. In-16.

Couverture en noir par Léon Roze représentant un dragon et un fantassin admirant les ébats chorégraphiques d'une danseuse de café-concert.

Deuxième titre intérieur : « *Les Succès du Jour* » *Répertoire de Chansons, Chansonnettes, romances, monologues et Récits des Grands Concerts de Paris, Prix : 1 franc.* || *Léon Hayard, éditeur, 146, rue Montmartre, Paris.*

32 pages de texte, chansons légères, avec vignettes, dont voici les titres :

1. *Vieille concupiscence.* — 2. *La Dèche.* — 3. *Nos Cauchemars.* — 4. *Le Gavroche et les Chiens.* — 5. *Le Monologue du Calicot.* — 6. *Examen de conscience.* — 7. *Les Ages du Cœur.* — 8. *Venise, barcarolle.* — 9. *Le Boniment du Vieux Devin.* — 10. *Les Ages de la femme.* — 11. *A l'Hôpital.* — 12. *La Chanson de la Classe.* — 13. *Tes Cheveux.* — 14. *Quand on a turbiné.*

Calendrier pour 1900 à la p. 2.

A la fin, catalogue des Publications de la maison L. Hayard avec les deux adresses : 146, rue Montmartre, à l'intérieur ; 24, r. St-Joseph tout au bas de la couverture.

[B. Nat. 8° Ye 5·271]

256 — ALMANACH DES NOUVELLES CHANSONS PARISIENNES. 1900. Revue des Cabarets Artistiques de Montmartre et des Grands Concerts de Paris. || *Léon Hayard, éditeur, 24, rue Saint-Joseph, Paris.*

1900. In-16.

Almanach de colportage composé de 32 pages de chansons légères, mêlées de vignettes.

Couverture imprimée en couleurs, signée *Léon Roze*, représentant un fantassin et un dragon admirant les ébats chorégraphiques d'une danseuse de café-concert.

Cette couverture porte simplement ce titre : *Almanach chantant. 1900*. (50 cent.) Revue des Concerts et cabarets de Montmartre.

Et au bas, *Les Chanteurs amateurs qui désirent recevoir Franco n'importe quelle chanson en musique (ancienne ou nouvelle), n'ont qu'à envoyer 30 centimes en timbres poste à M. Léon Hayard, éditeur, 24, Rue St-Joseph, à Paris*.

Cette couverture est la même que celle de l'Almanach Chantant pour 1900. (Voir numéro précédent 255).

Quelques-unes des chansons contenues dans cette édition sont avec les airs notés.

En voici les titres :

1. *L'An 1900 ou Ce qu'on verra au siècle prochain*. — 2. *Chant national des Boërs*. — 3. *Une partie de vélo*, par Crozière. — 4. *Un rêve rigolo*, avec air noté. — 5. *Le fiancé de la Paimpolaise*, air noté. — 6. *Stances à l'Idole*, notées. 7. *La France aux Français*. — 8. *Premières caresses*, avec air noté. — 9. *Pauvre Môme*, avec air noté. — 10. *La Saison des Poireaux*. — 11. *Le Monologue du calicot*. — 12. *Cette gentill' femme-là*, avec air noté. — 13. *La Gosse aux beaux yeux*, air noté. — 14. *Prenez garde à la peinture ! Les Anglais débarquent !* — 15. *La marche des punaises*, avec l'air noté. — 16. *La chanson de la classe*. — 17. *La Polka des Anglais*, avec air noté. — 18. *Un poivrot au palais Bourbon*.

Calendrier de 1900 sur le verso de la couverture.

257 — ALMANACH DE L'AGRICULTEUR POPULAIRE pour 1900. Prix : 0 fr. 30 centimes. || *Paris librairie Arnaud et C*$^{ie}$, *10 rue de Paradis.*

1900, In-32.

Petit almanach de 64 pages de texte composé du calendrier agricole et horticole universel ; des dictons sur la température recueillis mois par mois ; des notions d'agriculture pratique et d'un tableau des températures de végétation.

La couverture rose est ornée d'une vignette signée *Ludovic*.
Calendrier de 1900 avec les calendriers isréalite et mahométan.
(B. Nat. 8° S 10.537.)

258 — ALMANACH DE L'AMATEUR D'ART PHOTOGRAPHIQUE, par Marc Le Roux. 1900. || *Paris, Bibliothèque de l'Annuaire général et international de la photographie. E. Plon, Nourrit et C*$^{ie}$, *imprimeurs-libraires, 8, rue Garancière.*

1900. In-16.

Couverture jaune imprimée en rouge et noir, avec une tête d'enfant dans un médaillon.

Ouvrage contenant, dit l'Auteur, « le résumé même du mouvement qui s'est opéré dans la science photographique durant ces dernières années ; il en précise la tendance vulgarisatrice et en affirme les meilleurs espoirs. »

128 pages de texte avec quantité de reproductions photographiques par divers moyens et appareils.

La table des matières se trouve imprimée sur la seconde partie de la couverture qui porte aussi cette adresse : Paris Typographie de E. Plon, Nourrit et C$^{ie}$ rue Garancière, 8.

Collée à cette seconde partie de la couverture se trouve une grande feuille, pliée en 8, ayant d'un côté, huit photographies dans un éventail, signé L. Savarin del., Van Leer sc., et, de l'autre côté, des adresses-réclames d'appareils photographiques.

Calendrier de 1900.

259 — ALMANACH DE L'ENSEIGNEMENT PRIMAIRE. Année scolaire 1900-1901. || *Paris Eug. Molouan, Libraire-éditeur, adjudicataire des fournitures scolaires pour les écoles de la Ville de Paris, 46, rue Madame.*

1900-1901. In-16.

Almanach, avec une couverture rouge portant le titre, composé de 288 pages de texte, dont 12 d'annonces, donnant toutes sortes de renseignements concernant l'enseignement primaire, divisés en sept chapitres : I. Mémento de l'instituteur. II. Calendrier du jardin potager et du jardin d'agrément, III. Annuaire de l'enseignement et des associations d'instituteurs. IV. Législation et administration scolaires. V. Variétés et Congrès. VI. Documents officiels. VII. Sujets de composition donnés aux examens du certificat d'études primaires.

Avec le calendrier de 1900-1901.

(B. Nat. 8° R 16.792.)

260 — ALMANACH DE LA CHAMBRÉE pour 1900 par Paul Burani. Renseignements utiles aux fricotteurs, rigoleurs et tire au c... flanc de l'armée française. Vive la Classe ! Contes grivois, Anecdotes comiques, Chansons de route, Mots pour rire à l'usage des farceurs. 150 dessins, Charges, Caricatures. *Librairie de la Caricature. 78, boulevard Saint-Michel. Paris.*

1900 et suite. In-16.

Titre avec 3 dessins de G. Berlureau.

La Couverture, qui est illustrée en couleurs et signée G. *Lion*, porte en tête : Numéro exceptionnel des *Contes de la Chambrée*.

Almanach populaire se composant de 64 pages de texte avec nombreuses gravures.

Prix : 20 centimes.

Calendrier.

261 — ALMANACH DE LA GAZETTE DU VILLAGE Politique et Agricole, avec ses nombreuses recettes, connaissances pratiques, procédés de toute nature intéressant les campagnes. Année 1900. || *Bureaux de la Gazette du Village*, 26, *rue Jacob, Paris.*

1900 et suite. In-16.

Première année de cet almanach publié par le Journal « *Gazette du Village* » arrivé à sa 37ᵉ année, sous la direction de M. A. Lesne.

Couverture jaune imprimée en couleur avec une vignette représentant un paysan dirigeant sa charrue attelée de deux bœufs.

Renseignements nombreux et pratiques pour les agriculteurs, vignerons, cultivateurs, fermiers, etc.

240 pages de texte, sur 2 colonnes, mêlé de vignettes, avec une chanson notée : « *Les bœufs* » de Pierre Dupont.

Calendrier pour 1900, avec des renseignements et recettes de culture pour chaque mois.

(B. Nat, 8° S. 10,449.)

262 — ALMANACH DE LA PATRIE FRANÇAISE pour 1900. Prix 50 centimes. || *En vente : aux bureaux de la « Patrie Française »* 97, *Rue de Rennes, Paris.*

1900 et suite. In-16.

Almanach de propagande patriotique, composé de 150 pages de texte avec 35 portraits et 4 gravures.

La Couverture porte, dans un cœur entouré de drapeaux français coloriés, les portraits des deux présidents de la Ligue de la « Patrie Française » MM. François Coppée et Jules Lemaitre.

Calendrier de l'année.

(B. Nat. Lc²² 913.)

263 — ALMANACH DES FOIRES ET MARCHÉS pour 1900. (30 cen-

times). || *Paris Librairie Parisienne Arnaud et C*ⁱᵉ, *Éditeurs,* 19, *rue de Paradis.*

1900. In-32 carré.

Almanach populaire composé de 64 pages de texte, avec une couverture bleue.

Indicateur des dates et jours des marchés alimentaires et spéciaux de Paris, ainsi que de ceux des départements.

Calendrier de 1900 avec les levers et couchers du soleil et de la lune.

(B, Nat. 8° V 12·862).

264 — ALMANACH DES PATRONAGES (1ʳᵉ année, 1900). *Paris, Nurit Grillot,* 86, *rue Bonaparte.*

1900 et suite. In-8°.

Almanach de 96 pages de texte sur 2 colonnes avec vignettes et gravures sur bois.

Le titre se trouve seulement imprimé en bleu sur la couverture et sur un rideau tenu par un ange, au-dessus de lys; cette illustration est signée Burgos.

Publication religieuse, composée de petites histoires, sous la direction de Mˡˡᵉ Jeanne de Lacrousille.

Calendrier de l'année.

— L'année 1901, comprenant 96 pages de texte sur 2 colonnes, porte cette adresse des éditeurs (p. 93 et 96): *Librairie et Papeterie Nurit Grillot,* 86, *r. Bonaparte, Paris.*

— Année 1902 — 108 pages de texte sur 2 colonnes. Editeurs : « *Librairie catholique Périsse Frères, Paris,* 38, *rue Sᵗ-Sulpice.* »

(B, Nat. 8° Z 5·051).

265 — ALMANACH DES SOURDS-MUETS de 1900. || *Paris, Imprimerie d'ouvriers Sourds-Muets,* 111 *ter, rue d'Alésia.*

1900 et suite. In-32 carré.

Almanach, avec couverture rose imprimée, composé de 112 pages de texte, sujets et faits historiques concernant l'Institution Nationale des Sourds-Muets de Paris.

Première année de cette publication dirigée par MM. B. Dubois, professeur de Sourds-Muets et E. Endrès, commis principal des Ponts-et-Chaussées.

Cinq gravures :

1. *Le Pape Pie VII.* — 2. *Séance offerte au pape Pie VII le 23 février 1805 à l'Institution des Sourds-Muets de Paris.* — 3. *Portrait de l'abbé de l'Épée.* —

4. *Inauguration du buste de l'abbé de l'Épée le 11 mai 1840.* — 5. *Dactylologie ou alphabet manuel.*

Almanach du prix de 60 centimes.
Calendrier de 1900 avec éphémérides.
(B. Nat. 8º R. 16·985).

266 — Almanach du Bon Père de Famille et des Recettes utiles pour 1900 || *Paris, Librairie Parisienne Arnaud et Cie, Éditeurs, 19, rue de Paradis.* 1900.

In-32 carré.

Petit almanach, de 64 pages, avec une couverture verte, donnant la nomenclature des tirages à lots et des coupons à toucher mois par mois, ainsi que des recettes pour la cuisine et des renseignements relatifs à l'hygiène.
Prix : 30 centimes.
15 dessins par divers illustrateurs : Couturier, J. Engel, André Lenfant, Delaw, Sellier, Moriss, etc.
Calendrier de 1900.

267 — Almanach du Drapeau pour 1900. Livret du Patriote, du Marin et du Soldat. || *Paris, Hachette et Cie, 79, Bould St-Germain.*

1900 et suite. In-16.

Couverture avec illustration coloriée.
Petite encyclopédie des Armées, composée de 416-XL pages avec de nombreuses figures et cartes, dont voici les principales divisions : *Agenda militaire.* — La vie du soldat et du marin aux 4 saisons de l'année. — Historique de 310 drapeaux de l'armée de terre. *La Patrie* — Son passé — Sa gloire — Les 500 milliards que nous défendons — Emplacements de troupes, des escadres — La solde de tous les grades — L'argent qu'il faut pour être heureux au régiment — Emplois réservés aux libérés. *La Guerre* prochaine — Ce qu'il faut de plomb pour tuer un homme — Notre avenir lu dans la main des soldats. *Le Livre d'Or* du dévouement — L'homme le plus blessé de France. *Les Arts et l'Armée* — Le rire et le soldat — Les jeux du bord et de la chambrée — Les plus entraînantes chansons de route — Pages de bravoure et de gaîté, etc., etc.
(B. Nat. L c $^{22}$ 428).

268 — Almanach du Petit Illustré Amusant pour 1900. ||

Paris Librairie Parisienne Arnaud et C*ie*. Editeurs 19 *Rue de Paradis. Reproduction interdite.*

### 1900. Petit In-8°

Almanach composé de 62 pages de texte avec gravures.

La couverture, illustrée en couleurs, avec la signature de F. Fau, porte : *Première année. Cinquante centimes. Cet Almanach contient un calendrier hors texte, en couleurs, par Roubille.*

(B. Nat. L c $^{22}$ 922),

269 — JOYEUX ET SÉRIEUX ALMANACH DU TROUPIER pour 1900. Par Richard Cross-Country. || *Paris Didier et Méricant, éditeurs*, 1, *rue du Pont-de-Lodi.*

### 1900. In-12.

Couverture jaune, avec dessins des deux côtés, de Le Riverend, portant ce titre : *Almanach du Troupier. 1900. 20 c.*

Petit almanach militaire, avec une Préface de l'auteur, composé de 128 pages de texte avec gravures, donnant des renseignements utiles sur le service, avec quelques récits sur la vie militaire et deux poésies.

Calendrier de 1900.

(de la nouvelle collection illustrée à 20 centimes le volume.)

270 — ALMANACH DE L'ECOLE LAÏQUE pour 1901. Publié sous le patronage et avec le concours de MM. Aulard, Beurdeley, Léon Bourgeois, F. Buisson, F. Comte, A. Crouzet, Daumal, A. Debidour, A. Delpech, A. Deum, L.-H. Ferrand, Ch. Gide, E. Jacquin, Lavisse, J. Lecocq, A. Milhaud, Ed. Petit, Potez, R. Leblanc, Seignobos, etc. Illustrations de MM. Denise, Fillol, Jamas, Thiriet, Valvérane, Vavasseur, etc. etc. || *Edouard Cornély, éditeur,* 101 *rue de Vaugirard, Paris.*

### 1901. In-8°

Le titre de cet almanach se trouve sur la couverture qui a un encadrement et sujet gris sur les deux côtés, signé H. Thiriet.

Almanach de XII-116 pages de texte sur deux colonnes, avec gravures, et une vue panoramique de l'Exposition de 1900 en couleurs et se dépliant, à la fin du volume.

Prix : 50 centimes.

Calendrier de 1901.

271 — Almanach de la Grande Vie. Illustrations photographiques. || *Edition photographique* 142 *rue Montmartre Paris.*

1901. In-16

Almanach, sans pagination, avec une couverture verte, illustrée sur les côtés de photographies tirées en bleu,

Le texte est composé de prose et de vers et mêlé d'illustrations photographiques prenant pour sujet invariablement la femme.

Ces collaborateurs sont, pour les historiettes : Marcel Lévêque, Eugène Courché, Sœur Marthe, Jean Lorrain, René Maizeroy, etc.— et pour les poésies : Pierre Régnier, Léon Rebon, Jean Bertier, Charles Quinel, Charles Ladurée.

Prix : 60 centimes.

Calendrier de 1901 divisé par trimestre.

(B. Nat. 8° Z 5·167).

272 — Almanach des Saints pour l'année 1901. || *Librairie J. Briguet, éditeur Paris* 83, *Rue de Rennes. Lyon* 3, *avenue de l'Archevêché.*

1901. In-8º.

Titre en lettres gravées avec le portrait de Saint-Vincent de Paul, patron des Associations catholiques de charité.

Almanach religieux, avec une couverture rose imprimée des deux côtés, composé de 158 pages de texte avec gravures et vignettes, et 22 pages d'annonces.

Calendrier de 1901.

273 — Almanach du Frou-Frou pour 1901. | *S. Schwarz, éditeur,* 9, *rue Sainte-Anne Paris.*

1901 et suite. In-8º.

Almanach du journal *Le Frou-Frou* composé de 95 pages de texte sur papier rosé, avec nombreuses gravures pour la plupart pornographiques prenant pour sujet principal la femme de mœurs légères.

La couverture porte cette inscription : *Le Frou-Frou Son Almanach pour* 1901 prix 75 cent.; elle est imprimée en rouge sur dessins gris sur jaune signés *Rousset sc..*

L'autre côté de la couverture a aussi une illustration, en gris sur fond blanc, signée *André Rouveyre* avec inscription en rouge : *Demandez partout le Frou-Frou. S. Schwarz, Editeur, 9, rue Sainte-Anne, Paris,*

ALMANACHS ILLUSTRÉS 117

Peu de temps après sa publication, la première année de cet almanach a été saisie.
Calendrier de l'année.

274 — ALMANACH ILLUSTRÉ DU PÈRE UBU (XX⁰ Siècle) 1ᵉʳ Janvier 1901. || *En vente partout.*

1901. Grand In-8⁰.

Nouvelle édition de l'*Almanach du Père Ubu illustré de 1899,* dont il n'a paru que le premier trimestre *(voir plus haut, n⁰ 250).*

Cette édition est imprimée sur papier teinté jaune, et la couverture porte le titre en rouge avec dessins en noir sur les deux côtés. Prix : 1 fr. 2ᵐᵉ Edition.

56 pages de texte, avec annonces, mêlé de vignettes en rouge et en bleu, et en plus deux feuilles volantes doubles, hors texte, reproduisant l'une, un dessin en noir indiqué dans la légende comme « *l'image de notre gidouille* » et l'autre, une chanson notée, en noir, avec titre et couplets imprimés en rouge : « *Tatane, chanson pour faire rougir les nègres et glorifier le Père Ubu* ».

Il a été tiré 25 ex. sur Japon impérial et 25 ex. sur Hollande Van Gelder numérotés.

Calendrier du Père Ubu pour 1901. Approuvé par Mgr. St-Bouffre.

275 — LE RIRE. Son Almanach pour 1901. || *Félix Juven, éditeur, 112, Rue Réaumur, Paris.*

1901 et suite. In-8⁰

Le titre est encadré de types caricaturés avec les noms des divers dessinateurs.

Almanach de 96 pages de texte entremêlé, comme l'annonce la couverture qui est illustrée en couleurs, de 200 dessins inédits par les Collaborateurs du journal « Le Rire ».

Prix : 60 cent.

Le dessin de la couverture représente une tête de gommeux tirant la langue sur laquelle on lit : *Voyez donc sous ma langue.*

Cet almanach fait suite à l'*Année illustrée (voir plus haut, n⁰ 238)*

Calendrier de 1901.

— En 1902 le titre, qui est à la 3ᵉ page, change et devient : 1902. ALMANACH DU RIRE. [Epigraphe :] « Et allez donc ! c'est pas ton père ! » || *Paris, Librairie F. Juven et Cⁱᵉ. 122, Rue Réaumur, 122. (Droits de traduction et de reproduction réservés).*

Le titre intérieur a un fleuron : une balance portant dans un de ses plateaux l'Almanach du Rire qui contrebalance la tour Eiffel placée dans l'autre plateau ; au dessous, cette devise : *Je pèse beaucoup moins lourd mais je m'en f'...*

La couverture illustrée en couleurs représente un gommeux assis, lisant et fumant, signé *José 1901*.

96 pages de texte, entremêlé de caricatures, reproductions de photographies et de réclames.

Calendrier de 1902

276 — ALMANACH DE LA JEUNESSE DE FRANCE. Première Année — 1902. || *Librairie Catholique Périsse Frères* 38, *Rue Saint-Sulpice*, 38. *Paris, VI*.

1902. In-8º.

Publication catholique composée de VIII pages pour le calendrier, 107 pages de texte sur 2 colonnes et 4 pages d'annonces.

Gravures dans le texte et hors texte et trois airs notés.

Couverture bleue avec le titre de l'almanach et un dessin.

Calendrier de 1902.

# SUPPLÉMENT

## ALMANACHS RECUEILLIS PENDANT L'IMPRESSION

### 1773 - 1887

277 — ALMANACH DU DIABLE, Par un Auteur qui n'est pas Sorcier. || *A Paris, avec Permission.* Sans autre indication.

### 1773. In-32.

Petit almanach sans pagination donnant des recettes de toutes sortes.

Il commence par un « Avertissement sur lequel il faut jetter *(sic)* les yeux : Mon dessein n'est pas de nuire, je ne veux, au contraire, qu'être utile. Si le titre de mon livre a pu effaroucher, on s'appaisera *(sic)* en le parcourant, et l'on verra, que je ne suis pas si Diable que je suis noir ».

Chaque recette est accompagnée, en tête, d'un petit ornement et à la fin, d'un cul-de lampe.

Au milieu du volume, se trouve le Calendrier pour l'année M.DCC.LXXIII.

278 — ETRENNES DES JOLIES FEMMES ou Almanach de la Beauté. || *A Paris chez ceux qui vendent des Almanachs.*

### 1783. In-32.

Titre imprimé.

24 figures coloriées et numérotées, non signées, représentant de jolies figures accompagnées chacune d'une chanson portant le même titre et le même numéro que ceux de la coiffure.

Voici le détail de ces figures :

1. *Coëffure* (sic) *à la Grénade.* — 2. *Coëffure à l'Extreme.* — 3. *Coëffure à la belle Poule.* — 4. *Coëffure à l'Indienne.* — 5. *Coëffure à la Jocquet* (sic). —

6. *Coëffure à la Thevenet.* — 7. *Coëffure... Ça An* — (sic) *est.* Citons le 1er couplet de la chanson :

*La C'en est.*

Faut-il qu'en me trouvant bien mise,
De ma coëffure chacun dise :
« Oh ! très certainement, c'en-est ».
Ce propos à l'excès me choque ;
Car rien si fort ne me déplaît
Que d'entendre un mot équivoque.

8. *Coëffure à l'Enfant.* — 9. *Coëffure à la Gréable* (sic). — 10. *Coëffure à la Dignité.* — 11. *Coëffure au Chien Couchant.* — 12. *Coëffure à la Reine.* — 13. *Profil de la Coëffure à la Reine.* — 14. *Coëffure à l'Erisson* (sic). — 15. *Coëffure à la Vestris.* — 16. *Coëffure à la Molé.* — 17. *Coëffure à l'Espoir.* — 18. *Coëffure à la Félicité.* — 19. *Coëffure Sean* (sic) espoir. (la chanson correspondante porte le titre : *La Désespérée*). — 20. *Coëffure à la Naiveté.* — 21. *Coëffure à la Michlo* (sic) (la poésie a pour titre : *La Michelot*). — 22. *Coëffure à la Jeannette.* — 23. *Coëffure à la Circassienne.* — 24. *Coëffure à la Janot* (sic).

Toutes les figures ont au bas les lettres A. P. D. R. (*Approbation du Roi*).

Au milieu du volume et après la p. 12, se trouve le cahier de Perte et Gain pour chaque mois, comprenant 24 pages.

A la dernière page on lit: « Lu et approuvé ce 14 août 1781. De Sauvigny.

Vu l'Approbation, permis d'imprimer, ce 14 août 1781. « Le Noir ».

Calendrier gravé de 1783, se dépliant.

[*Communiqué par Mr le Vte de Savigny de Moncorps*].

279. — ALMANACH LIRICO (sic) GALANT ou les Délices du Siècle || *à Paris chez Esnauts et Rapilly, rue St-Jacques, à la ville de Coutances.*

1784. In-24.

Titre gravé et colorié sur un grand rideau, surmonté d'un baldaquin et drapant une toilette, devant laquelle se trouve un chien assis sur un coussin.

Almanach entièrement gravé, composé de chansons, non paginées, au verso desquelles se trouve gravé le calendrier.

Douze jolies gravures de modes coloriées et numérotées, avec leurs explications pour légendes :

1. Jeune Dame vêtue d'une Polonaise de satin Garnie à la mode, elle est coëfé (sic) en marmotte ; Le 1er enfant est en chemisette ; le 2e en matelot avec des Bavaroises. — La chanson porte ce titre : " *Les Compliments* ". — 2. Dame affublée d'un Domino de taftas (sic) à capuche en usage aux Bals publics ; — titre de la chanson : " *Le Domino* ". — 3. Jeune Dame vêtue à la J.-Jacques coëffée d'un rond à poil ; les 2 Enf. sont habillés de même ; — titre de la chanson : " *Les Jean Jacques* ". — 4. Jeune Gouvernante en Carracot (sic) de taffetas, tablier de Gaze rayée, l'Enf. en matelot ; — titre de la chanson : " *L'Education* ". — 5. Dame vêtue d'un (sic) Levite de Taffetas avec une Ceinture, Coëffée d'un chapeau à fleurs ; — titre de la chanson : " *La Printanière* ". — 6. Robe à la Lévantine avec une ceinture, la Chevelure à l'enfance ; — titre de la chanson : " *La Prévoyance* ". — 7. Circassienne en Gaze doublée de taffetas Garnie en Gaze pincée avec des bouquets ; — titre

## ALMANACHS ILLUSTRÉS

de la chanson: " *L'Avantageuse* ". — 8. Dame en polonaise bordée d'une platitude, l'enfant est vêtu d'une Blouse garnie; — titre de la chanson: " *L'Econome* ". — 9. Robe à la Circassienne Garnie en platitude. Coeffure à l'enfant ceinte d'une Guirl. de fleurs; — titre de la chanson: " *La Dédaigneuse* ". — 10. Dame en robe de chambre coeffée d'un bonnet rond à la Dormeuse; — titre de la chanson: " *La Belle Matineuse* ". — 11. Jeune Dame vêtue d'un Frac à bavaroise et la jupe, coeffée d'un Chapeau à plumes; — titre de la chanson: " *La Diane Française* ". — 12. Dame en pelisse de satin fourrée, manchon blanc et affublée d'une Thérèse; — titre de la chanson: " *La Séduisante* ".

Perte et Gain pour chaque mois, comprenant 24 pages, encadrant le texte; le cahier porte l'adresse: Chez Langlois, rue du Petit-Pont.

Le volume se termine par cette chanson: « *Les Modes au Nouveau Globe volant* ».

Calendrier gravé de 1784.

[*Communiqué par M<sup>r</sup> Lemallier, coté 200 fr.*]

280 — LE TRÉSOR DES GRACES ou La Parure De Vénus, Mis au jour Par le Favori du Beau Séxe. || *à Paris chés (sic) Esnauts et Rapilly rue S<sup>t</sup> Jacques.*

### 1784. In-32.

Titre-frontispice gravé et colorié représentant deux amours s'embrassant au-dessus d'un médaillon, dans lequel se trouvent deux cœurs enflammés.

Deux arbres entourent le titre.

Texte gravé, sans pagination, composé de chansons accompagnant 12 figures de coiffures coloriées dans des médaillons et dont voici les légendes:

1. Coëffure (sic) *à la Sémiramis.* — 2. Coëffure *de Mlle Colombe dans la Colonie.* — 3. Coëffures *à la Mont-médy.* — 4. Coëffure *à la Fleury-court.* — 5. Coëffure *à la Veuve de Malabar.* — 6. — Coëffure *à la Rethel-mazarin.* — 7. Coëffure *à la Villers.* — 8. Coëffure *à la Cléophile.* — 9. Coëffure *à la Vénus pélerine.* — 10. Coëffure *au plaisir des Dames.* — 11. Coëffure *à la belle Saison.* — 12. Coëffure *A Iris pélerine.*

Cahier de Perte et Gain pour chaque mois.

Calendrier gravé de 1784 intercalé dans le texte et au verso des chansons.

(*Ex. dans une jolie rel. anc. mar. rou. avec ballons sur les plats, et au-dessous se trouve en lettres dorées, dans une petite banderole: Bon Voyage.*

[*Communiqué par M<sup>r</sup> le V<sup>te</sup> de Savigny de Moncorps*].

281 — LES PLAISIRS VARIÉS ou les Délices des Saisons. Almanach Chantant. || *A Paris chez Jubert Rue S<sup>t</sup>-Jacques la Porte Cochère vis à vis celle des Mathurins.*

### (vers 1785). In-24.

Almanach, avec un titre gravé, composé de 24 pages, chansons accompagnées de douze jolies gravures, non signées, portant les légendes suivantes :

1. *La première Toilette.* — 2. *Les Semailles amusantes.* — 3. *La grande Parure.* — 4. *L'Homage* (sic) *des Fleurs.* — 5. *La vraie Gaieté.* — 6. *Le Chant des Oiseaux.* — 7. *Les Ailes de l'Amour.* — 8. *La bonne Course.* — 9. *La Musique séduisante.* — 10. *Le déjeuné* (sic) *agréable.* — 11. *L'Union parfaite.* — 12. *Le Soupé* (sic) *délicieux.*

Perte et Gain au milieu du volume.

(*Ex. rel. soie blan. brodée de paillettes dor. avec médaillons sur les plats*).

[*Communiqué par M<sup>r</sup> Rapilly*].

282 — LES TOURS DE GIBECIÈRE DE L'AMOUR Offerts au beau Sexe, par Vénus à Cithère (sic). || *A Paris Chez Jubert Doreur, Rue S<sup>t</sup> Jacques vis à vis les Mathurins Queverdo Fecit.* 1785.

In-48.

Almanach entièrement gravé avec un titre illustré.

24 pages de chansons accompagnées de douze gravures :

1. *L'Heureux Repentir.* — 2. *Les Oiseaux qu'il faut craindre.* — 3. *Les Pélerins de Cythère.* — 4. *l'Heureux Sommeil.* — 5. *Le Bilboquet.* — 6. *La Femme comme il y en a Peu.* — 7, *Le Canal de Cythère.* — 8, *La Double Jouissance.* — 9. *C'est la Reine de ces Lieux.* — 10. *Ce Loup n'a pas la Dent Cruelle,* — 11. *La Femme comme il n'en faudrait pas.* — 12. *Le Bal des Pays-Bas.*

Viennent ensuite: Le Nécessaire des Dames et des Messieurs ; — Perte et Gain pour chaque mois — et un cahier de feuilles blanches pour notes, formant ensemble 48 pages. Enfin un autre cahier de feuillets blancs non paginés.

[*Communiqué par M<sup>r</sup> Jean-Fontaine.*]

283 — LE PASSE TEMS DES PARESSEUX ou La Morale Analysée. || *à Paris Chez Jubert Doreur rue S<sup>t</sup> Jacques vis à vis les Mathurins.*

1789. In-128.

Charmant almanach minuscule entièrement gravé, composé de 64 pages avec le calendrier.

Douze figures finement gravées représentant de petites scènes à deux personnages, hommes et femmes, très intéressants pour le costume.

Devises pour les Demoiselles et pour les Garçons.

Calendrier de 1789.

(*Ex. rel. mar. rou. avec étui en carton peint. Communiqué par M<sup>r</sup> le V<sup>te</sup> de Savigny de Moncorps*).

284 — LE PROTÉE COMPLAISANT ou Les Déguisements Per-

mis. Almanach Orné de Jolies Gravures. || *A Paris, chez Jubert, Doreur, rue S<sup>t</sup> Jacques vis à vis celle des Mathurins Numéro 37.*

1789. In-64.

Titre imprimé et encadré par deux arbres reliés par deux guirlandes de roses dans lesquelles se jouent trois amours.

24 pages de chansons accompagnées de douze charmantes gravures, non signées, dont voici les légendes :

1. *Le Moderne Abeillard.* — 2. *L'École des Filles.* — 3. *Où gît le vrai bonheur.* — 4. *La Consolation puissante.* — 5. *L'École des Mères.* — 6. *La Préteuse sur gage.* — 7. *Le mal indispensable.* — 8. *La Montre à Répétition.* — 9. *Le Bouquet les* (sic) *Vieillards.* — 10. *La juste Conséquence.* — 11. *Le Portrait d'un Avare.* — 12. *L'Éditeur au Public.*

Calendrier de 1789, comprenant 24 pages et encadrant le texte.

(*Ex. mar. r. avec orn. sur les plats*).

285 — LE TABLEAU DE PARIS. Etrennes aux Beautés Parisiennes. || *sans aucune indication d'éditeur ni de lieu.*

1790. In-32.

NOTA. — *Il importe de signaler ici ce volume qui est la seconde partie de celui cité par M<sup>r</sup> J. Grand-Carteret, dans sa Bibliographie des Almanachs, au n° 803, p. 205 ; car le texte ainsi que les gravures en sont tout différents ici.*

Le titre-frontispice colorié est identique à celui de l'année 1785.

Il a 35 pages de texte gravé et douze figures, non signées, finement gravées dont quelques-unes assez légères.

En voici les légendes :

1. *La Confidence des M<sup>lles</sup> de Modes.* — 2. *L'Amour militaire.* — 3. *La tendre déclaration.* — 4. *L'Intendant fortuné.* — 5. *La fausse Compagne.* — 6. *Le Refus inutile.* — 7. *Les Offres du petit Marquis.* — 8. *Le Pouvoir des larmes.* — 9. *Le Retour du Chasseur.* — 10. *Le Clerc favorisé.* — 11. *L'Hommage au plus bel Oiseau.* — 12. *Garre* (sic) *le Coup de patte.*

Cahier de Perte et Gain pour chaque mois.

Calendrier gravé de 1790 au milieu du volume.

(*Ex. avec une rel. anc. mar. rou. Communiqué par M<sup>r</sup> le V<sup>te</sup> de Savigny de Moncorps*).

386 — LE MENTOR EN AMOUR, ou l'Ami des Amans. Almanach Orné de jolies Gravures. || *A Paris chez Janet Doreur, beau-frère et successeur du S<sup>r</sup> Jubert, Rue S<sup>t</sup> Jacques vis-à-vis les Mathurins N° 36.*

1793. In-18.

Joli titre illustré en couleurs et signé *Dorgez sculp.*

24 pages de texte gravé composé de chansons auxquelles correspondent douze jolies gravures coloriées, signées *Dorgez sc.*, avec les légendes suivantes :

1. *Le préjugé du sentiment*, avec l'air noté et gravé. — 2. *La spéculation sensée.* — 3. *L'Epicurien conséquent.* — 4. *La Double fatalité.* — 5. *Précisément.* — 6. *Le cadeau d'une insensible.* — 7. *Les Différences.* — 8. *Le double emploi.* — 9. *La perte sensible.* — 10. *A quelque chose malheur est bon.*

11. *De vos transports de notre ivresse*
*Jouissez fortunés époux,*

premiers vers d'une chanson dont l'air est noté et gravé, ayant pour titre : *Epithalame.* — 12. *L'Amis* (sic) *des Enfans.*

Perte et Gain pour chaque mois au milieu du volume.
Calendrier de 1793, se dépliant, avec l'adresse de l'éditeur.

287 — LES EBATS RUSTIQUES. Almanach Gaillard Par le Citoyen Allegro. || *A Paris chez Blanmayeur Rue du Petit Pont, N° 12.*

An 3e. In-32.

Titre en lettres gravées.
Almanach composé de chansons accompagnées de douze gravures, non signées, dont voici les légendes ;

1. *les Pièces en Perce.* — 2. *la chute avantageuse.* — 3. *le Quatuor Naïf.* — 4. *les Loups Ravissans* (sic). — 5. *la Lutte Amoureuse.* — 6. *l'Anguille sous Roche.* — 7. *les Jolis Jumeaux.* — 8. *Les deux Piqnures* (sic). — 9. *l'Escarpolette dangereuse.* — 10. *les Sauts hazardeux* (sic). — 11. *la double Cachette.* — 12. *l'Attention Récompensée.*

Au milieu du volume se trouve un cahier de chansons patriotiques (44 pages) avec airs notés et gravés (*ces chansons ont été reproduites dans un autre ouvrage de Blanmayeur intitulé*: « Etrenne des Neuf Sœurs » (*voir au n° 30*).
Calendrier gravé, se dépliant, de l'An 3ème de la Rép° Française, encadrant le texte.
[*Communiqué par M' Danlos*].

288 — PHILIPPE et GEORGETTE ou Les Amans à l'Epreuve. || *A Paris Chez Janet Rue Jacques N° 31.*

An III. 1794-1795. In-128.

Almanach minuscule entièrement gravé, composé de 64 pages avec le calendrier.
Le titre, qui est encadré d'un filet noir, est paginé 1.
Huit petites figures accompagnées de chansons sans titre.
Devises pour les filles et pour les Garçons avec une table.
Calendrier républicain de l'An III portant les noms des productions naturelles et instruments ruraux.

288bis — LES DONS DE VÉNUS, Ou les Moïens *(sic)* de Plaire. Etrennes Aux vrais Amans *(sic)*. || *A Paris chez Blanmayeur, Rue du Petit Pont N° 13, et Demoraine Imp. Lib. même Rue N° 99.*
1796. In-32.

Titre en lettres gravées au milieu d'un joli sujet colorié.

Un autre titre précède, qui est imprimé et porte : Les Dons de Vénus, ou les Moyens de Plaire. Etrennes aux Vrais Amans. A Paris Chez Blanmayeur, rue du Petit-Pont, n° 13. Et chez Demoraine, Impr.-Libr., même rue, n° 99.

32 pages de texte imprimé et composé de chansons.

Six jolies gravures coloriées et non signées, avec ces légendes :

1. La Libéralité. — 2. La Bienfaisance. — 3. L'Intrépidité. — 4. La Promesse. — 5. La Sensibilité. — 6. Les tendres assurances.

Au milieu du petit volume se trouvent deux cartes gravées et coloriées : l'une, La France par Gouvernemens Dressé par Longchamps Ing<sup>re</sup>; l'autre, Département de Paris Divisé en 3 Districts et 16 Cantons, avec l'adresse de l'Editeur Blanmayeur. Ces deux cartes se déplient.

Calendrier gravé de 1796, se dépliant, encadrant le texte, avec les signes du Zodiaque en tête des mois.

*(Joli exempl. avec un cartonnage en fils d'or tressés, encadrant sur chaque plat un petit sujet peint, avec ces inscriptions : d'un côté : Ton retour charmant me rendra content, et sur l'autre côté : Je vous ettrenne* (sic) *en ce jour. De ce cœur remplis* (sic) *d'amour.)*

val. 200 frs.

289 — L'ECOLE GALANTE ou Les Leçons Amoureuses = *A Paris, chez Blanmayeur Rue du Petit-Pont, n° 13. Et chez de Moraine* (sic) *Imp. Lib. même Rue, N° 99.*

1796. In-64.

Titre frontispice gravé dans une composition représentant l'Amour enseignant l'art d'aimer.

Le faux titre porte en entier le titre ci-dessus, mais avec le nom « Demoraine » en un seul mot.

30 pages de texte composé de chansons, avec huit figures, non signées, dont voici les légendes :

1. *La nouvelle Erigone.* — 2. *l'indécision favorable.* — 3. *La double Contrainte.* — 4. *Le Talent séducteur.* — 5. *Les attentions obligeantes.* — *Le Fruit des petits soins.* — 7. *La veille du plus beau jour.* — 8. *l'Heureuse Conclusion.*

Calendrier de 1796, de 24 pages au milieu du volume.

[Communiqué par M<sup>r</sup> Danlos].

– *Ex. en mar. rou. dans un étui mar. r. avec emblèmes et cette devise sur l'un des plats :* Toujours contant (sic).

290 -- Calendriers de Rome Ancienne et Moderne, Pour l'Année 1798. Suivi d'une Dissertation sur le Calendrier Romain ancien, et d'un Dictionnaire abrégé des Dieux, des Fêtes, des Cérémonies et des Usages des Romains. Par J. P. L. Beyerlé. || *A Paris, Chez l'Auteur, rue et maison des Filles S. Thomas, n° 88. M<sup>lle</sup> Durand, Libraire, au palais Egalité, galeries de bois, et chez tous les M<sup>ds</sup> de nouveautés.*
1798. In-18.

Ouvrage assez intéressant, composé de 202 pages de texte.
Au verso du titre se trouvent les quatre vers suivants :

*Tous ces grands de leurs noms et de leurs rangs si fiers,*
*Maintenant que sont-ils ? Quelque peu de poussière.*
*C'est ainsi que le Dieu qui créa l'Univers,*
*Nivelle tous les rangs, du trône à la chaumière.*
B...

Ce quatrain se retrouve à la fin de la dissertation, p. 38.
L'auteur, qui a fait aussi l'Almanach des Femmes Célèbres (*voir le N° 1243, p. 325, de la Bibliographie des Almanachs de J. Grand-Carteret*) fait, dans le présent ouvrage, un cours d'instruction.
Dans son Introduction il dit : « J'offre à l'intéressante jeunesse, l'esquisse des Fêtes de cette ville célèbre..... » *et plus loin* : « Peut-on présenter un Calendrier romain, sans parler de l'année romaine et de sa division ? Peut-on s'occuper des Fêtes de Rome et ne pas jetter *(sic)* un coup d'œil sur cette ville mémorable ? »
Page 39 : « Dictionnaire abrégé des Dieux, des Fêtes, des usages des Romains, etc. »
Après le titre se trouvent les six feuilles, se dépliant, du Calendrier Romain ancien avec la Concordance du Calendrier Romain moderne et de l'Annuaire de 1798, ainsi que le Nécrologe des Grands de la terre pour chaque mois.

291 — Les Jeux de l'Enfance Almanach nouveau Pour l'Année 1799. || *A Paris Chez Marcilly Rue S<sup>t</sup>-Julien le Pauvre, N<sup>os</sup> 14 et 15, et chez Demoraine, Rue du Petit Pont N° 99.*
1799. In-128

Almanach minuscule entièrement gravé à la sanguine et composé de 64 pages avec le calendrier.
Le titre est paginé 1.
Douze petites figures accompagnées de chansons dont voici les titres :

1. *Le Polichinel* (sic). — 2. *Le Bilboquet.* — 3. *Le Pied de Bœuf.* — 4. *La Balançoire.* — 5. *Le Cerf-Volant.* — 6. *Le Ballon.* — 7. *Le volant.* — 8. *La Bascule.* — 9. *Chaūx* (sic) *de Cartes.* — 10. *Les Osselets.* — 11. *Colin-Maillard.* — 12. *Cache cache Nicol* (sic).

Calendrier de 1799 au milieu du petit volume.

292 — ALMANACH NOUVEAU. Fait aux Dépens des Tems Passés, Pour le Profit des Années Présente et à Venir ; ou RECUEIL PROVERBIAL Des Observations de nos Péres sur ce qui, depuis des années, des siècles, âges & tems, leur a paru arriver plus communément. || *A Paris. Chez la veuve Bonquet, Libraire, rue du Marché-Palu, N° 10. Déposé à la Bibliothèque Nationale.*
vers 1800. Petit In-18.

Almanach assez curieux, composé de 96 pages de texte, commençant par une « Epitre de l'Editeur, contenant Dédicace à tous ses Concitoyens », qui se termine ainsi : « ... Ces Almanachs-ci méritent tout votre mépris ; vous devez à celui que je vous présente, tous vos égards et vos respects.

Je vous le dédie, Citoyens ; puisse-t-il vous plaire, vous amuser, vous instruire, et ne pas tomber, par votre faute, dans la cathégorie *(sic)* de ces livres dont on dit :

Maint (sic) livres qui sont publiés,
Sont morts avant que reliés.

Je vous salue respectueusement.
Philopere ».

Viennent ensuite : à la page 6 : « Pronostications dont l'événement est certain » ; — p. 7 : « Remarques Générales faites par nos Pères, sur les années, saisons, mois, jours, températures & fêtes mobiles, mises par ordre alphabétique, pour ne pas déranger l'ordre des mois » ; — p. 92 : « Choses que nos Aïeux ont trouvé bonnes, et que leurs représentans *(sic)* aujourd'hui ne doivent pas trouver mauvaises, à moins qu'ils ne soient plus qu'abâtardis » ; — à la p. 73 ; « Conseils généraux et désintérésés » ; — et enfin p. 95 : « Souhaits de nos Aïeux. Ressemblant parfaitement aux nôtres. »

292 bis — LES AMUSEMENS *(sic)* DES GENS D'ESPRIT, Almanach Enigmatique Pour l'année IX de la République Française, jusqu'à la fin de 1801, vieux style || *A Jocose, Chez Sans-Chagrin, à la Bouteille pleine.* An 9.

In-32

Cet almanach, de 48 pages de texte, est un recueil d'énigmes dont les mots se trouvent aux deux dernières pages.

Chaque page est encadrée de filets noirs.

Calendrier pour l'an 9 (1800-1801) au commencement du volume, suivi de l' « Explication du nouveau Calendrier & des motifs qui l'ont fait adopter »

293. — LE BOUTON DE ROSE, ou LES ÉTRENNES à la Beauté. || *A Paris, Chez tous les Marchands de Nouveautés. Imprimerie de Chaignieau, Jeune, Rue Saint-André-des-Arcs*, N° 97. (*An XII — 1804*).

In-18.

Chansonnier, de 158 pages y compris la Table, composé de chansons bachiques et anacréontiques, romances, énigmes, etc...

Joli frontispice gravé et encadré d'un filet noir, avec cette légende : *Etrennes de l'Amour*, et signé *Binet del. Bovinet sculp...*

Après le titre se trouve le Calendrier pour l'An XII (1803-1804).

*(Exempl. rel. anc. veau marbré avec grecque, tranches dor. et dos orné).*

294 — LE JOUJOU Almanach des Enfans *(sic)* Pour l'An 1804. || *A Paris chez Lefuel. Rue St-Jacques*, N° 28, *près celle des Noyers.*

1804. In-64

Petit volume entièrement gravé ainsi que le Calendrier qui, avec le texte, comprend 72 pages.

Le titre, paginé 1, est gravé dans un cadre.

Douze gravures, non signées et sans légende, correspondent aux chansons pour les mois de l'année ; elles sont suivies d' « Anecdotes ».

Calendrier de 1804.

295 — CALENDRIER DE LA JEUNESSE pour l'An 1805. || *A Paris chez Janet Libraire Rue St-Jacques* N° 31.

1805. In-128.

Almanach minuscule entièrement gravé, composé de 64 pages avec le calendrier.

Le titre porte le chiffre 1.

Huit figures gravées sans légendes représentant des petites scènes à deux personnages. Les chansons qui accompagnent les figures ne portent aucun titre.

Devises pour les Demoiselles et pour les Garçons avec une Table.

Calendrier de 1805.

## ALMANACHS ILLUSTRÉS

**296** — LE PETIT PRÉCEPTEUR. Almanach pour l'Année 1807. || *A Paris chez Lefuel Rue St-Jacques*, N° 54

In-128

Minuscule entièrement gravé, de 64 pages avec le Calendrier, sur papier bleuté. Le titre est paginé 1.
Chansons sans titre accompagnées de huit petites figures.
Devises et Calendrier de 1807.

**297** — LE TRIOMPHE DE LA BEAUTÉ ou Le Messager de Cythère || *A Paris, chez Lefuel, Rue St-Jacques*, N° 53.
1807. In-24.

Titre en lettres gravées entre deux branches de feuillage reliées par un nœud de ruban; au-dessus se trouve une petite gravure qui a son explication après le titre en un couplet gravé, portant ce titre :

LE VÉLOCIFÈRE DE L'AMOUR.

*L'Amour, en léger Postillon,*
*Conduit les Grâces à Cythère,*
*Et des Ailes de Papillon*
*Soutiennent son Vélocifère;*
*Tandis que, l'air humilié,*
*Un Dieu, qui ne va pas bien vite,*
*L'Hymen, le pauvre Hymen à pied*
*Marche tristement à sa suite.*

Le titre de l'almanach est signé Touzet del., Bovinet sculp.
L'almanach se compose de chansons imprimées dont toutes les pages sont encadrées d'un double filet noir.
Ces chansons sont divisées en deux cahiers, de 24 pages chaque, dont le second est accompagné de huit gravures, non signées, avec ces légendes :

1. *L'Amour vengé.* — 2. *Le retour à l'Amitié.* — 3. *Les amours et les saisons.* — 4. *Le regret.* — 5. *Autre chose.* — 6. *Mes derniers adieux à mon amie.* — 7. *Le Songe.* — 8. *Bonsoir.*

Souvenir et le Calendrier de 1807 encadrant le texte.

**298** — ALMANACH DE SURPRISE, Contenant des Figures changeantes, et Chansons analogues, sur des airs connus, et un choix de nouvelles Romances; Pour l'An Bissextile (*sic*) 1808. || *A Paris chez Langlois, Imp. Libraire, rue du Petit-Pont*, N° 25.
1808. In-18 carré

Curieux petit almanach dont le titre gravé dans un cadre étoilé a, au centre, un médaillon contenant des initiales enlacées, éclairées de rayons lumineux avec deux branches de feuillage.

Au verso du faux-titre se trouve une « Préface », en vers :

> L'Auteur des varians tableaux
> Veut exciter, malgré qu'on dise
> Qu'ils ne paraissent pas nouveaux,
> De plus en plus votre surprise ;
> Comme on voit par le changement
> Soit de sagesse ou de folie,
> Passer ainsi rapidement
> Toutes les scènes de la vie.

Quatre figures à transformations, coloriées, avec chansons gravées au verso ; les figures portent les titres gravés suivants :

1. L'Amant coupable et repentant. — 2. Arlequin, Colombine et Cassendre (sic). — 4. Jille (sic) dupé, ou les amours à la Modes (sic). — 4. La Marchande de Modes.

Ce petit volume, qui n'a pas de pagination, se termine par « Choix de Nouvelles Romances » au nombre de quatre, dont voici les titres : A Estelle. — Pygmalion. — Le Portrait de Myrthé. — Valsain, ou l'exemple à suivre.

Calendrier de 1808, après le titre, avec l'étymologie des mois

299 — LE PANORAMA DU PARNASSE, Chansonnier Pour 1808. || A Paris, Chez Marchand, Libraire, passage Feydeau, N° 24. 1808.

In-24.

Chansonnier composé de 208 pages de texte avec la Table des Matières.

Frontispice gravé, se dépliant, représentant une nombreuse réunion de gens des deux sexes dans un salon ; cette gravure est signée *Bovinet Sculps.*

Imprimerie de Brasseur Aîné.

Calendrier de 1808.

300 — LA PERCE-NEIGE, ou Le Galant d'Hiver, Etrennes des Dames ; Contenant Chansons, Chansonnettes, Romances, Couplets. Fables, Epitres, Odes, Madrigaux, etc. *inédits.* Deuxième Année. || *A Paris. chez Madame Cavanagh, Libraire, Passage du Panorama,* N° 5. 1808.

Petit In-18. 2 années

*(Voir la première année au N° 60).*

Cette deuxième année a 128 pages de texte avec Table, et commence par une « Préface « et un « Avis aux Libraires » comprenant xvij pages.

Frontispice gravé, signé *Marchand, del., J. Drouët, Sculp. 1808*, avec cette légende :

> ... *Cette Vierge ingénue,*
> *Pleine de grâce et de beauté,*
> *S'élance et plonge dans la nue*
> *Son front rayonnant de clarté.*

— La troisième année (1809) (qui doit être la dernière de cette publication) a le même titre que pour les 2 premières, sauf une modification dans l'adresse de l'éditeur :

*A Paris, Chez Madame Cavanagh, Libraire, Passage du Panorama,* N° 5. *Et au 1er avril, boulevard Montmartre,* N° 2, *enface (sic) du théâtre des Variétés.* 1809.

Au verso du faux-titre est imprimé : *Se trouve aussi A Bordeaux, Chez M. Trénié, rue Porte-Dijaux* N° 97.

*A Rouen, Chez Mari, rue des Carmes* N° 102. *A Bruxelles, chez Wahlen, rue de la Madelaine,* N° 36. *Et chez Gambier rue de la Madelaine.* N° 416.

*A Gand, Au cabinet de lecture de même, rue des Jésuites.* N° 319.

*A Lille, Chez Vanacker, Grand'Place.*

Cette troisième année, qui a 164 pages de texte avec Table, commence par un « Avis aux Libraires », suivi du Calendrier pour l'Année 1809. Vᵉ de l'Empire.

Frontispice gravé signé *J. Drouët, Sculp. 1808.* avec cette légende :

> *Que la Rose au teint blême ajoute à ma parure*
> *Le Contraste de sa Couleur ;*
> *Fixez la fleur vermeille au nœud de ma Ceinture*
> *La blanche Contre mon cœur*

301 — Le Chansonnier du Gastronome, Dédié Aux bons vivans *(sic)* de tous les siècles. Par une société de Gourmands, réunis de pensée dans tous les départemens *(sic)* [épigraphe :

Anathême au buveur qui se corrigera.

Anathême au gourmand qui plus ne mangera. || *A Paris, chez Delacour et Levallois, Imprimeurs-Libraires, rue J.-J. Rousseau, n° 14, vis-à-vis la Poste aux lettres. Martinet, Libraire, rue du Coq-St-Honoré, n. 13 et 15.* 1809.

In-18.

Recueil de 180 pages, composées en grande partie de chansons de table et couplets bachiques, commençant par « Dédicace *(en vers)* aux Dames Gastronomes ».

Ce recueil, ainsi qu'il est dit au bas de la dernière page, a été

« Rédigé et mis en ordre par Charles Ferru, rue Jean-Jacques Rousseau, n° 14 ».

Frontispice gravé et colorié portant cette légende :
*La Gastronomie Départementale en Insurrection contre celle de Paris.*

302 — ÉTRENNES DE THALIE, ou Précis Historique sur les Acteurs et Actrices Célèbres Des trois grands Théâtres de la Capitale ; Suivi d'un Choix d'Anecdotes dramatiques, et d'un Traité de Déclamation. Avec Soixante Portraits. || *A Paris, chez M° V° Hocquart, Libraire, rue de l'Eperon, n° 6. Delaunay, Palais-Royal, Galerie de Bois, n° 242. Favre, même Galerie, n° 263.* 1811.

1811. In-18.

Ouvrage très intéressant, composé de deux tomes réunis en un volume ; le premier tome comprend xj-102 pages, commençant par un « Avant-Propos » où il est dit que les « portraits ont été copiés fidèlement d'après les tableaux et les gravures des meilleurs peintres et graveurs qui furent les contemporains de ces personnages célèbres, et qui se firent un devoir de transmettre leurs traits à la postérité.... »

A la page 73 se trouvent les « Anecdotes Dramatiques », suivies de la Table des 30 portraits compris dans le 1er tome.

Le second tome comprend 128 pages, avec iij p. pour la table, et se termine à la page 107 par les « Règles sur l'Art du Théâtre par François Riccoboni ».

Les soixante portraits des artistes, du Théâtre Français, de l'Opéra-Comique et de l'Académie Impériale de Musique, sont tous dans des médaillons ovales et coloriés.

Imprimerie de Fain, Rue St-Hyacinthe, n. 25.
Calendrier de 1811.
(*Exemplaire en veau marbré avec fers de l'époque.*)

Cette édition, qui a été publiée sous forme d'almanach, a eu précédemment deux autres éditions, en 1808 et 1809, qui ont porté les titres ci-après :

Le 1er titre : ACTEURS ET ACTRICES CÉLÈBRES qui se sont illustrés sur les trois grands théâtres de Paris, ouvrage orné de trente portraits coloriés par J.-G. Saint-Sauveur. || *Paris Chez Latour, Libraire, grande cour du Tribunal près les Galeries de bois.* 1808.

1 vol. format In-18.

La seconde édition portait cet autre titre : GALERIE DRAMATIQUE, ou Acteurs et Actrices Célèbres qui se sont illustrés sur les trois

grands Théâtres de Paris : Ornée de Soixante Portraits. || *A Paris, chez Madame veuve Hocquart, Libraire, rue de l'Éperon, n. 6. 1809.*
Cette édition était en deux vol. In-18, avec les portraits coloriés.

302 bis. — Littérature des Dames ou Morceaux Choisis des Meilleurs Auteurs Anciens et Modernes. || *à Paris Chez Le Fuel, Libraire, Rue St-Jacques, N° 54.*

1812. In-18.

Titre en lettres gravées, avec une gravure en médaillon, signée *De Villiers l'ainé del. et sculp.* L'explication de cette gravure, qui est la reproduction d'un tableau par Nicolas Poussin (Le Temps fait triompher la Vérité) se trouve en regard et au verso du faux-titre.

Ouvrage de 252 pages de texte, la Table comprise, composé de prose et de poésies.

Six gravures, signées *De Villiers frères del. et sculp.* ; reproductions de tableaux accompagnées de leurs explications :

1. *Le Voyageur charitable,* par Karel-Dujardin. — 2. *L'Intérieur d'une Cuisine,* par D. Téniers. — 3. *Le Triomphe de Flore,* par N. Poussin. — 4. *Le Bon Ménage,* par Rambrant (sic). — 5. *Euterpe,* par E. Lesueur (cette gravure est dans un ovale avec tailles de burin formant cadre.) — 6 *Les Inconvéniens* (sic) *du Jeu,* par Van Ostade.

A la fin du volume, le Calendrier de 1812 se dépliant.

(*exempl. avec un étui en moire blanche. Le catalogue de l'éditeur, qui se trouve au commencement du volume, donne les prix de vente suivants : broché, 4 fr. — cartonné avec étui, 7 fr. — en maroquin avec étui, 9 fr. — en moire et étui aussi en moire, 18 fr. — en veau fauve, 6 fr.*).

[*Journal de la Librairie 1e Année — N° 1er du 1er Novembre 1811 — N° 121 :* Littérature des Dames ou Morceaux etc.... In-18 de 7 feuilles et demie tiré à 2,000 exemp. Imprim. d'Eberhart, à Paris chez le Fuel.]

303 — Hommages a la Tendresse ou L'Heureux Retour du Guerrier. Almanach Chantant. || *A Paris, chez Tiger, Libraire, rue du Petit-Pont-S.-Jacques, au coin de celle de la Huchette. Au Pilier littéraire. De l'imprimerie de P. Didot l'ainé.*

1813. In-32.

Publication de colportage composée de 48 pages de chansons, avec un frontispice colorié, sans légende, représentant un guerrier contemplant une femme dormant au lit.

Almanach pour l'An 1813, avec Les Levers et Couchers du Soleil et de la Lune, et l'adresse de l'éditeur.

304 — Le Retour des Bourbons. Étrennes aux Français. Par Augustin Legrand. || *à Paris* 1815.

Et au verso du titre : *A Paris, chez Augustin Legrand, rue Hautefeuille, n° 18 ; Et chez Testu et C*ⁱᵉ, *Imprimeurs-Libraires, rue Hautefeuille, n° 13 ; Pelicier, Libraire, au Palais Royal.*

### 1815. In-18.

Titre en lettres gravées à la sanguine avec une petite vignette coloriée : un Génie embrassant un lys renaissant.

92 pages de texte composé : d'un Exposé de la Révolution ; — d'Anecdotes sur chacun des personnages dont les portraits se trouvent dans le corps du volume ; — et d'une Idée de la Campagne des alliés et du Siège de Paris.

Frontispice colorié représentant un Chevalier Français prêtant le serment de fidélité sur la couronne royale ; au-dessous, cette légende à la sanguine :

*Je le jure....... à la vie à la mort.*

Huit portraits gravés au pointillé, très finement coloriés, dans des cadres de pointillés avec quatre fleurs de lys dorées aux angles et la couronne royale au-dessus. Ces gravures, qui sont signées *Aug*ⁱⁿ *Legrand sculpsit*, ont leurs légendes gravées à la sanguine :

1. — *Henry* (sic) *IV. Roi de France et de Navarre.* — 2. *Louis XVI. Louis XVII, Marie-Antoinette d'Autriche.* — 3. *Louis XVIII, le Désiré, Roi de France et de Navarre.* — 4. *Monsieur, Comte d'Artois, Colonel général des Gardes Nationaux.* — 5. *Madame, Duchesse d'Angoulême, Fille de Louis XVI.* — 6. *L. Ant*ⁿᵉ *de France, duc d'Angoulême.* — 7. *Ch*ᵛˡˢ *F*ᵈ *de France, Duc de Berry.* — 8. *Alexandre. 1*ᵉʳ *Empereur des Russies. François II, Emp*ʳ *d'Allemagne. Guillaume III, Roi de Prusse.*

Souvenir gravé et le Calendrier pour l'Année 1815.

Testu, Imprimeur de LL. AA. SS. Mgr le Duc d'Orléans et Mgr le Prince de Condé.

*(Journal de la Librairie (3ᵉ année, 17ᵉ de la collection, n*ᵒˢ *49 et 50) du 10 décembre 1814, au n° 2178.)*

304 *bis*. — AMOUR ET TENDRESSE ou Les Soins Maternels. Recueil De petites Scènes agréables et Familières, Gravées par Augustin Legrand. || *à Paris, Chez Aug*ⁱⁿ. *Legrand, Rue Hautefeuille, N° 18. Pelicier, Libraire, au Palais Royal.*

### (de 1816.) In-18.

Titre en lettres gravées.

Ouvrage composé de IV pages pour l' « Avis de l'Editeur » et 74 p. de texte en prose entremêlée de quelques petites poésies.

Ce volume est intéressant par les gravures au pointillé et finement coloriées qui accompagnent le texte.

ALMANACHS ILLUSTRÉS 135

Frontispice avec cette légende gravée :

*Privé des secours d'une Mère,
Que deviendroit-il ?..........*

Vient ensuite une « Dédicace aux bonnes mères de famille ».

Douze gravures sans légende, mais se rapportant aux différents chapitres du volume et dont voici les titres :

1. *La Nourrice.* — 2. *Le Bain.* — 3. *Le Berceau.* — 4. *L'Ange volant.* — 5. *Le premier pas.* — 6. *La Prière.* — 7. *Le Dîner.* — 8. *La Leçon d'Écriture.* — 9. — *La Leçon de Musique.* — 10. *La Leçon d'Équitation.* — 11. *La Promenade.* — 12. *L'acte de Bienfaisance.*

Petites Tablettes pour chaque jour de l'Année, ou Souvenir des Dames, avec des dessins et des amours au pointillé finement gravés.

Adrien Egron, Imprimeur de S. A. R. Monseigneur, Duc d'Angoulême, rue des Noyers, n° 37.

(*Exempl. avec une jolie rel. romantique mar. rou. dos orné —
60 fr.*)

[*Journal de la Librairie — Cinquième Année (19e de la Collection) — N° 1er du 6 janvier 1816 — N° 23* : Amour et Tendresse ou les Soins maternels... in-18 de 2 feuilles un quart, plus les planches et un Souvenir gravé. Imp. d'Egron, à Paris.]

305 — LE PETIT NAIN ROSE Chansonnier Caustique & Joyeux Orné de Gravures. || *à Paris chez Le Fuel, Relieur Libraire, Rue St-Jacques, N° 54, près celle du Foin.*

1816. In-32.

Titre en lettres gravées.

Petit volume, sans pagination, composé de chansons de Armand Gouffé, Brazier, Charles Malo, Chevallier, Étienne Jourdan, J.-A. Jacquelin, Lablée, F. Mayeur, Rochefort, etc., etc.

Un frontispice et 4 gravures au pointillé, signés *Bosselman del et sc.*, sans légendes, mais se rapportant aux chansons suivantes :

1. *Le Miroir.* — 2. *L'Amour ancien et l'Amour nouveau.* — 3. *Ma Cravate.* — 4. *Les Raisins sont trop verts.*

Calendrier se dépliant de 1816.

[*Journal de la Librairie (4e année — 18e de la collection, n° 43] du 2 décembre 1815, au n° 2·979.*]

306 — RECUEIL DE CHANSONS ET POÉSIES FUGITIVES PAR M. GENTIL. Membre du Caveau Moderne. || *à Paris, Chez Rosa, Libre Grde Cour du Palais Royal, Cabinet Littéraire, & Rue Montesquieu, N° 7.*

1816. In-24.

Titre en lettres gravées, avec un mascaron.

136    ALMANACHS ILLUSTRÉS

Le faux titre, qui est imprimé porte : *Recueil de Chansons et Poésies Fugitives. Avec 32 pages de Musique.*

250 pages de texte, compris la table et les airs notés.

Trois gravures, non signées, dont voici les légendes :

> 1. *Amis, vers cette Forteresse*
> *Dirigeons nos coups furieux ;*
> *Nos vrais ennemis sont ceux*
> *Qui font vœux de sagesse.*

Cette gravure se rapporte à la première chanson intitulée : Les Amours à la Guerre, ou le Siège d'un Couvent de Nonnes.

> 2. *Non rien n'égale dans la vie*
> *Le baiser du retour...*
> 3. *Le sang coule, il suffit, mon courage est content,*
> *Dit-il essuyant son Epée*
> *Voilà comme je sais punir un Insolent.*

Le titre de la chanson est : L'honneur Satisfait.

A la fin du volume, 32 pages de musique comprenant 23 airs notés.

Imprimerie de M$^{me}$ V$^e$ Perronneau, quai des Augustins, n° 39.

Calendrier pour l'Année 1816, après le titre.

[*ex. rel. anc. veau avec dent. tr. dor. dos orn.*]

307 — FLEUR DE SOUVENIR. || *Paris, Louis Janet, Libraire, Rue S. Jacques, N° 59.*

1817. In-32.

Titre en lettres gravées, avec une petite vignette : Le Temps, assis, écrivant sur une tablette.

48 pages de texte composé de chansons.

Six gravures, non signées, dans des ovales encadrés avec traits de burin aux quatre angles, et portant les légendes suivantes :

1. La Chasse. — 2. Mort d'Atala. — 3. Les Amours de Glycère. — 4. Le Vieux Gondolier. — 5. Le Rêve. — 6. Veux-tu m'aimer.

Feuilles blanches pour notes.
Calendrier de 1817.

308 — ÉTRENNES MIGNONE (sic) pour l'Année 1818. || *A Paris chez le Fuel lib, Rue St-Jacques N° 54.*

In-128.

Minuscule entièrement gravé.

Ce petit volume, dont le titre est paginé 1, se compose de 64 pages, compris le Calendrier, de chansons accompagnées de douze petites figures représentant des paysages.

Voici les titres des chansons :

1. A Rose. — 2. A un Instituteur. — 3. A une jeune Marie. — 4. d'un enfant à son Père. — 5. A ma Marraine. — 6. A Mlle Alexandrine Saint Aubin. —

## ALMANACHS ILLUSTRÉS 137

7. *A Eglé.* — 8. *Le Bouquet de l'Amitié.* — 9. *A une Amie.* — 10. *D'un enfant à sa Mère.* — 11. *D'une petite fille à sa Mère.* — 12. *Pour une distribution de Prix.*
Calendrier de 1818.

309 — Petit Hermite du Mont-Blanc ou Observations sur les Mœurs Françaises Mélées de Chansons. || *à Paris Chez Le Fuel, Relieur, Libraire, Rue St-Jacques,* No 54.

1818. In-18.

Titre en lettres gravées avec un sujet : un amour, déguisé en ermite, sur un rocher et regardant avec une longue-vue.

Petit ouvrage de 160 pages de texte, compris la « Table des Matières », se composant de contes en prose mêlés de chansons et divisés en 9 chapitres, d'après la table, entre autres : n° 5, Le café des Italiens. — n° 7, Les petits contes, maximes, bons mots. — n° 8, M. Comte, physicien ventriloque.

Trois gravures en médaillons posés sur socles diversement ornés sur lesquels se trouvent les légendes :

1. *Le Joueur,* — 2. *Les Petits Contes.* — 3. *Le Mannequin* (anecdote Prussienne).

A la fin du volume le Calendrier de 1818 se dépliant, avec des amours personnifiant les 4 saisons, et un encadrement de cornes d'abondance, de vases, de petits médaillons et d'ornements *(dessiné et gravé par Couché fils).*

(*exemplaire dans le cartonnage de l'éditeur.*)

310 — Étrennes aux Graces ou Les Proverbes de Cythère. 1819, sans aucune autre indication.

In-128.

Almanach minuscule entièrement gravé, composé de 64 pages avec le calendrier.

Huit petites figures accompagnées de chansons.
Calendrier de 1819.

*(Les planches de ce petit almanach ont servi pour un autre minuscule « Étrennes à l'Innocence » qui est semblable à celui-ci à l'exception du titre (voir au n° 191).*

[*Communiqué par M. Danlos.*]

311 — Le Langage des Fleurs, ou Les Selams de l'Orient. Ouvrage orné de douze bouquets des plus jolies fleurs, peintes d'après nature, avec leur signification. Accompagné d'un Précis sur les mœurs des Turcs, et terminé par un

Choix de Poésies orientales. || *A Paris, Chez Rosa, Libraire, Cabinet Littéraire, Grande Cour du Palais Royal,* 1819.

In-18.

Cet ouvrage, composé de 176 pages de texte avec la Table, commence par cet « Avertissement : De tout temps les selams, ou le langage des fleurs, ont excité autant d'intérêt que de curiosité. Ce moyen ingénieux de correspondre, en usage dans presque tout l'Orient, étoit presque inconnu en France. Nous espérons donc que l'hommage de ce petit recueil sera favorablement accueilli du beau sexe.... »

Douze bouquets de fleurs finement coloriées, avec leur signification en regard.

Viennent ensuite, p. 49 : Notice sur les Mœurs de la Turquie, et particulièrement sur les usages du Harem ; — p. 157 : Choix de Poésies Orientales ; — et p. 173 : Table alphabétique des fleurs, fruits et autres objets qui entrent dans la composition des selams.

De l'Imprimerie de P. Didot l'Aîné, Chevalier de l'Ordre Royal de S.-Michel, Imprimeur du Roi.

Calendrier de 1819 immédiatement après le titre.

[*Exemplaire avec cartonnage et étui de l'époque.*]

(*Journal de la Librairie de 1818, 7ᵉ année (nº 41) du 10 octobre — in-18 de 5 feuilles, prix 6 frs.*)

312 — LES SONGES DE L'AMOUR. || *A Paris Chez Le Fuel, Libraire, Rue Sᵗ Jacques, Nº 54.*

1819. In-32.

Titre en lettres gravées avec une petite vignette au pointillé : un amour étendu dormant sur un lit de feuilles au-dessus d'un nuage.

Texte, sans pagination, composé de chansons dont toutes les pages sont encadrées d'un double filet noir.

Six gravures au pointillé, non signées et sans légende, entourées de nuages formant cadres ; ces gravures correspondent aux chansons suivantes portant ces titres :

1. Janvier et Février : *Emma ou les Amans* (sic) *réunis.* — 2. Mars et Avril : *Alvar ou l'Amant espagnol.* — 3. Mai et Juin : *Estelle et Vivaldi ou les Amans* (sic) *jaloux.* — 4. Juillet et Août : *Owen et Ida ou la Belle et le Guerrier.* — 5. Septembre et Octobre : *Ethelna et Myrtil ou la Balance d'Amour* — 6. Novembre et Décembre : *L'hymen ou le Miroir de l'Amour.*

A la fin du volume le Souvenir et le Calendrier se dépliant de 1819.

(*ex. dans le cart. de l'éditeur.*)

313 — LE PETIT CHANSONNIER DES DAMES. || *A Paris, Chez Marcilly, Rue Sᵗ Jacques; Nº 21.*

(vers 1820) In-128.

Almanach minuscule entièrement gravé, composé de 72 pages petites chansons accompagnées de 6 petites figures :

*L'Amour Banquier. — Le Berger. — Le Papillon. — Le Sage et l'Insens* etc.

(*Communiqué par M. H. Leclerc*)

314 — LE SOUVENIR D'EMILIE. | *A Paris chez Le Fuel, Lib-Rel. Rue S<sup>t</sup> Jacques. N<sup>o</sup> 54.*

(vers 1820). In-32.

Titre en lettres gravées avec une vignette : une jeune femme entourée de nuages et jouant de la lyre; au-dessus d'elle planent deux colombes tenant dans leur bec une couronne de fleurs.

32 pages de texte composé de chansons.

Six gravures, non signées, portant ces légendes :

1. *La femme.* — 2. *l'Amour et l'Amitié.* — 3. *La Barrière des Amours.* — 4. *Le prix de l'emsemble* (sic). — 5. *C'est la mode à présent.* — 6. *Signalement de l'Amour.*

Six airs notés et gravés.
Souvenir au milieu du volume.

315 — ALMANACH DU PROPHÈTE MERLIN, Contenant L'histoire et les prophéties de Merlin, un grand nombre d'anecdotes et de choses curieuses, les douze prédictions d'une sorcière de Village, un choix d'époques remarquables, une petite histoire de Paris, etc; Publié par Jonas Pharasmos. Pour l'an 1821. || *Paris, Chez Caillot, Libraire, rue Saint-André-des-Arcs, N<sup>o</sup> 57. 1821.*

Petit In-12

Publication de colportage, de 128 pages avec la Table, commençant par l'Histoire fabuleuse de Merlin, suivie de ses prophéties et d'anecdotes; à la page 111 : Bababec, ou Les Fakirs, et Aventure Indienne; Contes de Voltaire.

p. 125 : « Post-Scriptum : Ce petit Almanach n'est point, comme beaucoup d'autres, une spéculation..... La plupart des almanachs destinés aux classes populaires ne répandent que l'erreur; on a voulu, par celui-ci, étendre un peu la vérité..... Mais, outre que les prophéties de Merlin sont meilleures que celles de Mathieu Laënsberg, on espère qu'elles ne seront pas toujours de mode; et on se propose alors de continuer plus utilement encore ce petit Almanach. »

De l'Imprimerie d'A. Egron, rue des Noyers, n<sup>o</sup> 37.

Au verso du faux-titre, l'éditeur annonce qu'il a acquis la propriété de cet ouvrage qui se publiera tous les ans.
Frontispice colorié avec cette légende :

*La Sorcière de Village.*

Calendrier pour l'Année 1821, Avec le départ des Coches d'eau des ports S.-Bernard et S.-Paul.
De l'Imprimerie de Doublet.

316 — LE MIROIR DES DAMES ET DE LA JEUNESSE ou Leçons de toutes les Vertus, qui honorent les deux Sexes. Ouvrage Tiré d'un Manuscrit Indien Rempli de Maximes, et de Sentences. Appropriées à tous les âges et à tous les rangs. Version libre de l'Anglois. Orné de gravures. || *à Paris Chez Le Fuel, Libraire, Rue S$^t$ Jacques, N° 54, Delaunay, Lib. Palais Royal, Galerie de Bois.*

1823. In-18.

Ouvrage entièrement gravé en lettres anglaises. 220 pages avec la « Table des Matières », et composé de sentences et préceptes auxquels se rapportent 20 gravures, au pointillé, non signées et sans aucune légende.
De l'Imprimerie de Firmin Didot, Rue Jacob, n° 24.
Petit calendrier de 1823 se dépliant, avec l'adresse du Libraire-éditeur Le Fuel.
(*ex. rel. en mar. rou. plein avec dent. et fil. dor.*).
[Sous la cote R. 44·036 l'exempl. de la Bibl. Nat. n'a ni calendrier ni date.]

317 — LES MUSES ET LES GRACES. || *à Paris Chez Marcilly, rue S$^t$ Jacques N° 21.*

(de 1823) In-18.

Titre en lettres gravées avec une vignette signée *gravé par Lejeune.*
Ouvrage de 144 pages de texte composé de poésies lyriques par Mesdames Dufrénoy, Pourmarin, princesse Nathalie de Kourakin, Clément, Hinguerlot, Remi, Perrier, Desbordes-Valmore, comtesse de Genlis, Fanny de Beauharnais, etc., etc...
Six gravures, non signées, se rapportant aux poésies, avec ces légendes :

1. *Les Inconpément du jeu.* — 2. *Le Maréchal Ferrant.* — 3. *Cléobis et Biton.* — 4. *Minerve, Louis XIV et Mazarin.* — 5. *Psyché; prosternée devant Cérès.* — 6. *Vénus donnant des ordres a Psyché.*

(NOTE. — *Toutes les poésies de ce volume, ainsi que les airs notés qui font suite, ont déjà paru dans la 8ème année de la « Guirlande des dames, de 1822, » où se trouvent aussi les six gravures, qui sont des reproductions de tableaux accompagnées de leurs explications*).

Les poésies sont suivies de dix airs notés et gravés, formant 8 pages, et d'un « Souvenir des Dames », avec une vignette sur le titre et 12 petites vues gravées pour les mois.

De l'Imprimerie de J.-M. Eberhart, Rue du Foin Saint-Jacques, n° 12.

318 — LA JEUNE HORTENSE, ou LES PLAISIRS D'AMOUR, Almanach chantant. || *A Paris Chez la veuve Tiger, Rédacteur et Editeur, au Pilier Littéraire, Place de Cambrai. Et chez les Marchands de Nouveautés.*

(vers 1825). In-32.

Almanach de colportage.
64 pages de texte, composé de chansons.
Frontispice colorié, sans légende.
[Communiqué par M. Et. Revet.]

318 bis — AMOUR ET AMITIÉ, année 1826. || *A Paris (et à la dernière page :), A Paris, chez Marcilly, Rue St-Jacques, N° 21.*

1826. In-128.

Minuscule entièrement gravé comprenant 64 pages avec le Calendrier.

Le titre, en lettres gravées, est paginé 1.

Huit petites figures accompagnent les chansons, dont voici les titres :

1. *l'Amitié.* — 2. *l'Aurore.* — 3. *la Galanterie maritale.* — 4. *le Pastour.* — 5. *la Fontaine.* — 6. *l'Emprunteur mal reçu.* — 7. *le Berger amoureux.* — 8. *les Fleurs.*

Calendrier de 1826.

319 — LE JOYEUX TROUBADOUR 1828 (*et à la dernière page* :), *Paris Chez Charles Sédille Rue de la Verrerie, N° 61.*

1828. In-128.

Almanach minuscule entièrement gravé, de 64 pages avec le Calendrier.
Le titre est paginé 1.

142   ALMANACHS ILLUSTRÉS

Huit petites figures, sans légendes, mais se rapportant aux chansons dont voici les titres :

1. *Le Départ.* — 2. *La Naissance de l'Amour.* 3. *Le Gastronome sans argent.* — 4. *Le lendemain de Noces.* — 5. *La Coquette.* — 6. *L'Amour a passé par là.* — 7. *L'attente.* — 8. *Point de Paix.*

Calendrier de 1828.

320 — LE BRÉVIAIRE DE GRÉGOIRE, Recueil de Chansons Bachiques, || *A Paris, Chez Delarue, Libraire Quai des Augustins*, N° 15.

1830. In-32.

Publication de colportage avec une petite vignette sur le titre intérieur, et composée de 128 pages, compris la « Table », de chansons, couplets et rondes à boire.

Couverture bleue, ayant d'un côté le titre imprimé sur un écusson encadré avec guirlande de feuillage, ornements et paysage ; sur l'autre côté de cette couverture se trouve la lithographie du frontispice avec sa légende.

Frontispice, gravure sur bois avec légende : *Bacchus en Goguettes*

Sur le verso du faux-titre se trouve : Ce Chansonnier se vend a Lille chez Castiaux, et chez les principaux Libraires de la France et de la Belgique ; *et au bas de la dernière page* : Lille. — Imprimerie de Blocquel.

Annuaire de 1830, à la fin du volume.

321 — MOSAIQUE DES DAMES. || *Paris, Marcilly, Rue St-Jacques*, N° 10.

1838. Petit In-18

Titre en lettres gravées, avec une vignette : jeune femme dansant et jeune homme jouant de la mandoline.

124 pages de texte composé de prose et de poésies.

Quatre gravures, non signées et sans légendes, correspondant au texte :

1. *Le Cimetière de Brest.* — 2. *L'homme heureux.* — 3. *Bonne Mère, soyez tranquille.* — 4. *Le Mont Saint-Michel.*

Calendrier pour l'année 1838 dont le titre ainsi que les mois ont de jolis encadrements ; avec l'adresse de l'éditeur.

Typographie de Firmin Didot frères et Comp$^e$, rue Jacob, 24.

322 — ALMANACH CHANTANT pour la présente année. || *Paris, Au Palais-Royal.*

1840. Petit In-12.

## ALMANACHS ILLUSTRÉS

Titre dans un encadrement de dentelle avec quatre rosaces aux angles.

Almanach de colportage, sans pagination, composé de couplets tirés de pièces de théâtre et de chansons avec quelques petites vignettes.

Frontispice colorié : un paysan et une paysanne assis contre un arbre ; au-dessous cette légende :

*Vient (sic) dans ma chaumière*

Calendrier de 1840.

323 — LE BERGER BRETON. Almanach Chantant Pour la Présente Année. || *Paris, Stahl, Imprimeur-Libraire, 33, Quai Napoléon.*

1842. In-32.

Titre imprimé dans un cadre de dentelle.
Almanach de colportage composé de 48 pages avec le calendrier.
Chansons, avec une Table au verso du titre.
Frontispice colorié, façon Épinal.
Calendrier Grégorien pour 1842, avec des encadrements différents pour les mois, et l'adresse de l'imprimeur-libraire.

324 — LE CHANSONNIER DES BRAVES, Almanach Chantant pour la Présente Année [Epigraphe :] La valeur n'attend pas le nombre des années. || *Paris. Chez Derche, Successeur de Gauthier, Marché-Neuf, n° 34, près le pont Saint-Michel.*

1842. In-32.

Publication de colportage, de 40 pages de texte, avec le calendrier.
Chansons et romances dont la Table se trouve au verso du titre.
Frontispice gravé représentant deux femmes causant assises sur un banc dans un jardin.
Paris. Imprimerie Le Normant, rue de Seine, n° 8.
Souvenir Parisien de 1842, avec l'adresse de l'éditeur.
[*Journal de la Librairie 30ᵉ année, 44ᵉ de la collection, N° 45 du 6 novembre 1841, au n° 5,266*].

325 — GUIDO ET GINEVRA. Almanach Chantant pour la présente année. || *Paris. Vᵉ Demoraine et Boucquin, Libraires, Rue du Petit-Pont-St-Jacques, 18.*

1842. In-32.

Almanach de colportage, composé de 48 pages de chansons, romances et scènette, dont la table se trouve au verso du titre.

Frontispice, gravure coloriée représentant une femme attachant un amour à un arbre, tandis qu'un autre amour s'envole une torche à la main.

Paris. — Imprimerie de Stahl, quai Napoléon 33.

Calendrier pour l'An de grâce 1842 avec adresse des éditeurs, au milieu du volume.

326 — LA PLUS BELLE. Almanach Chantant Pour la présente Année || *Paris, V. Demoraine et Boucquin Libraires, Rue du Petit-Pont-St-Jacques*, 18.

### 1842. In-32.

Titre dans un cadre formé de petits ornements.

Almanach de colportage comprenant 48 pages avec le calendrier, texte composé de chansons et romances, dont la table est au verso du titre.

Frontispice colorié,

Paris. — Imprimerie de Stahl, 33, Quai Napoléon.

Calendrier pour l'An de grâce 1842, avec l'adresse des éditeurs.

327 — LES ACCENTS DE LA GOGUETTE. Par Dales aîné, Membre de plusieurs Sociétés lyriques. Almanach Chantant Pour la présente Année. || *Paris, Stahl, Imprimeur-Libraire*, 21, *Quai Napoléon*.

### 1844. In-32.

Publication de colportage, comprenant 48 pages de texte avec le calendrier.

Chansons et chansonnettes terminées par des culs-de-lampe.

Couverture vert foncé et imprimée.

Frontispice colorié se dépliant.

Almanach Parisien de 1844, avec l'adresse de l'imprimeur libraire

328 — LE BOHÉMIEN DE PARIS. Almanach chantant pour la présente Année. || *Paris, Stahl, Imprimeur-Libraire*, 21, *Quai Napoléon*.

### 1844. In-32

Publication de colportage composée de chansonnettes, rondes et romances.

La pagination de ce petit almanach est défectueuse ; car la dernière page donne le chiffre de 48, quoiqu'il y ait interruption entre les pages 16 et 33.

Il est arrivé assez souvent que certains éditeurs, pour écouler leurs almanachs de colportage, les ont confectionnés d'une façon fantaisiste.

Cependant, pour l'almanach qui nous occupe ici il est bien complet malgré la pagination erronée ; car la « Table », qui est au verso du titre, donne exactement les titres et pages de toutes les chansons.

Le titre est en lettres gravées avec une petite vignette sur bois un joueur de grosse caisse.

Frontispice colorié, sans légende, signé *Birouste sc.*, *Henry Monier*

La couverture de l'almanach est bleue avec ce titre : *Almanach chantant pour la présente année*, avec une petite vignette ; sur l'autre côté une gravure sur bois : un prisonnier assis devant une table.

Almanach Parisien pour 1844 ave l'adresse de l'éditeur : Paris, Imprimerie de Stahl, 21, quai Napoléon.

329 — LES BOHÉMIENS DE PARIS. Almanach Chantant Pour la présente Année. || *Paris, Au Bureau de l'Album Comique ; Chez L. Vieillot, Editeur des Chansons de M. L. Festeau, 32, Rue Notre-Dame-de-Nazareth.*

1844. In-32.

Publication de colportage, composée de chansonnettes et scènes comiques.

39 pages de texte avec le calendrier.

Frontispice gravure sur bois, au verso du titre avec cette légende :

*Un Racoleur sous Louis XV*

Table des chansons à la dernière page du volume.
Imprimerie A. François et Compagnie, rue du Petit-Carreau, 32.
Souvenir Parisien de 1844.

330 — L'ENFANT DE PARIS ou Le Titi Pur Sang. Almanach Chantant Pour la présente Année. || *Paris, Au Bureau de l'Album Comique ; Chez L. Vieillot, Editeur des Chansons de M. L. Festeau, 32, Rue Notre-Dame-de-Nazareth.*

1844. In-32.

Publication de colportage, composée de chansons, chansonnettes et scènes comiques.

39 pages de texte avec le calendrier.

Couverture jaune imprimée sur les deux côtés.
Frontispice au verso du titre avec cette légende :

*Objet Perdu !*

Imprim. A. François et C$^{ie}$, rue du Petit-Carreau, 32.
Souvenir Parisien de 1844.

**331 — LE GUIDE DES AMANS.** Chansonnier Nouveau, Suivi d'un Almanach pour la présente année. || *Paris, Derche, Libraire-Editeur, Successeur de Gauthier, Quai du Marché-Neuf, 30 et 34.*

1844. In-32 carré.

Publication de colportage, composée de 32 pages, chansons, avec le calendrier.
La table de ces chansons se trouve au verso du titre, qui a une petite vignette sur bois.
Couverture rose imprimée avec une vignette : un petit paysage.
Frontispice colorié, gravure sur bois, sans légende, signée *Rivoulon*, représentant un brigand calabrais.
Souvenir Parisien de 1844, avec adresse de l'éditeur.
Paris, Imprimerie de Le Normant, rue de Seine, 8.

**332 — LE JOYEUX TROUBADOUR.** Almanach Chantant Pour la présente Année. || *Paris, Stahl, Imprimeur-Libraire, 21, Quai Napoléon.*

1844. In-32.

Publication de colportage, composée de chansons et scènes comiques.
48 pages de texte.
Table au verso du titre.
Couverture rose imprimée avec encadrements et vignettes des deux côtés.
Almanach Parisien de 1844.

**333 — LE MARCHAND D'IMAGES.** Almanach Chantant pour la Présente Année. || *Paris, Stahl, Imprimeur-Libraire, 21, Quai Napoléon.*

1844. In-32.

Almanach de colportage de 48 pages avec le calendrier.
Chansons, romances, scène comique.
Le titre est encadré d'ornements, avec la Table au verso.

Couverture jaune imprimée avec vignettes sur les deux côtés.
Frontispice se dépliant, gravure sur bois, coloriée et signée *Pothey sc.*
Almanach Parisien de 1844.

334 — ALMANACH THÉATRAL DES DAMES DE PARIS Contenant l'Analyse en Chansons de 8 Pièces à Succès. Les Sept Merveilles du Monde. La Prière des Naufragés. Avec une belle gravure gravée exprès. — 17 Chansons. 1854. 10 c. || *Chez l'Auteur, Rue Sainte-Marguerite-Saint-Germain*, 16 *et Rue du Temple*, 94.

1854. Plaquette In-8 d'une feuille.

Publication populaire de 16 pages, composées de 17 chansons pour la plupart de L. de Chaumont, et de L. C., Adolphe Joly et E. Lépingle.

Le titre se trouve sur la couverture avec une gravure sur bois portant cette légende : *Marthe de Lascour emportée sur un glaçon*, de la chanson « La Prière des Naufragés », qui est à la page 16.

Une autre gravure sur bois à la page 11, signée *Dalger*, précède la chanson dramatique : « *Les Adieux du Mousse à sa Mère* ».

Une « Table des Matières » se trouve au bas de la p. 16, qui se termine ainsi : 1853. — De Soye et Bouchet, imprimeurs, rue de Seine, 36. Paris.

Calendrier de 1854, par trimestre, au verso du titre.

NOTA. *Cette publication parait avoir eu, à l'époque, une certaine vogue, d'après l'exemplaire qui est en ma possession, car il porte, au-dessous de la gravure du titre : (6ᵉ édition).*

335 — ALMANACH DE LA CHANSON ILLUSTRÉE. 20 Centimes. || *Bureaux de L'Eclipse* 16 *rue du Croissant.* 1870.

In-16.

Petit almanach du journal « La Chanson Illustrée » paru en 1869 et qui, en cessant au moment de la guerre de 1870, n'a eu que 18 numéros.

Le titre se trouve seulement sur la couverture qui est rose avec un dessin, signé *Hadol :* une folie dansant le verre en main.

32 pages de texte composé de chansons et d'historiettes entremêlées de vignettes.

Calendrier de 1870, par trimestres, avec 4 dessins :

*Chanson de table. — Chanson comique. — Chanson d'amour. — Chanson patriotique.*

336 — ALMANACH DES TRAVAILLEURS pour 1874. || *Paris F. Polo, Libraire-Editeur, Au Bureau de l'Eclipse, 16, rue du Croissant, 16. Prix : 50 centimes.*

1874. In-4.

Publication qui n'a de l'almanach que le titre. Elle est composée de cinq livraisons qui ont paru d'abord avec ce titre : « *Le Travail et les Travailleurs, Dessins par A. Gill.*

*Le Forgeron,* texte par Emile Zola. — *Le Charpentier,* texte par Edouard Siebecker. — *La Modiste,* texte par Ernest d'Hervilly. — *Le Soldat,* texte par Jules Claretie. *Le Menuisier,* texte par Ernest d'Hervilly.

*Paris, chez tous les Libraires.*

Cette publication, n'ayant pas obtenu de succès, l'éditeur la fit paraître sous ce nouveau titre :

« Almanach des Travailleurs », portant sur la couverture la lithographie de la livraison 2 : (*Le Charpentier*) signée And. Gill, *Lefman sc.*

Mêmes lithographies et même texte.

Paris. — Typographie Rouge, Dunon et Fresné, 43, rue du Four-Saint-Germain.

Immédiatement après le titre se trouve le « Calendrier des Travailleurs pour 1874 », avec cette adresse :

Paris — Typ. Rouge frère et Comp.

337 — ALMANACH DES THÉATRES Memento Annuel des Spectacles et Concerts Parisiens (Année 1886) Prix : un franc. || *Chez tous les Libraires, A Paris.* 1887.

Plaquette In-18.

Almanach, de 12 pages de texte, imprimé sur papier bleu, donnant par ordre de dates les premières représentations et reprises des pièces jouées dans les différents théâtres de Paris pendant l'année 1886.

Cette publication, qui n'a vécu que deux années, a été faite sous la direction de M. Ernest Hamm, 6, rue Troyon (Champs-Élysées) à Paris.

*Imp. — Registres. — Gabriel Gerbe, breveté s. g. d. g., 26 rue de Rabuteau (sic), Paris.*

L'almanach a paru le 14 mai.

[*Journal de la Librairie (76ᵉ année, 2ᵉ Série, nº 22) du 28 mai 1887, au nº 4.600.*]

— Le titre de la seconde année diffère un peu de la première :

ALMANACH DES THÉATRES Memento des Spectacles et Concerts

Parisiens en 1887. (Nouvelle Série — Deuxième Année) Prix : un franc, || *chez tous les Libraires, A Paris.* 1888.

Plaquette In-8º.

28 pages de texte sur papier bleu.

Au verso du titre : « Toutes les communications doivent être adressées : à M. Ernest Hamm, directeur, 6, rue Troyon (Champs-Élysées), à Paris. Albert Trotin, secrétaire de la rédaction ».

Dans cette seconde année, on cite, par mois, tous les évènements survenus, en 1887, dans les théâtres de Paris.

Page 18, diverses poésies de : Théodore de Banville ; Alphonse Baudouin ; Lucien Cardoze ; Marie-Édouard Lenoir ; Gabriel Leprévost ; L.-Jehan Madelaine ; A. Magnat ; Célestin Moriat : Léon Rogues; Léon Rolland ; Jules-Auguste Sage ; Jules Truffier, de la Comédie Française.

L'almanach se termine, p. 26, par des renseignements sur les grandes lignes de chemins de fer.

*Paris — Auteuil — Imp. des App.-Orph. — Roussel, 40, rue La Fontaine.*

Cette seconde Série a paru le 20 février.

[*Journal de la Librairie (77ᵉ année, 2ᵉ Série, nº 9) du 3 mars 1888, au Nº 1947.*]

# ERRATA

Page 11. — 10ᵉ ligne. — N° 10, il faut : L'occasion fait *le* Larron.
» 17. — N° 34. — 6ᵉ ligne, il faut : 64 pages *de* texte.
» 25. — N° 56. — 7ᵉ ligne, il faut : Explication *du* Frontispice.
» 26. — A la 3ᵉ ligne, il faut : la bienfesance
et à la dernière ligne de la page, il faut : rue *du* Petit-Pont.
» 29. — N° 65. — 2ᵉ ligne, lire : Chez T*i*ger et non Tiyer.
» 31. — A la 6ᵉ ligne, il faut : Calendrier pour l'année M.*DCCC*.IX.
» 48. — N° 104. — 3ᵉ ligne, il faut : (1815) et non (1814).
» 52. — 1ᵉʳ mot, lire : le *titre* au lieu de lettre.
» 56. — N° 129. — 2ᵉ ligne, lire : morceaux *en* Prose.
» et à la 3ᵉ ligne : Chez Delaunay et non Ches.
» 58. — N° 133. — 10ᵉ ligne, il faut lire : *Volière des Dames*.
» 71. — N° 170. — 4ᵉ ligne, il faut : 1824 et non 1825.
» 72. — A la 12ᵉ ligne, lire : M*D*CCCXXIV.
» 78. — 11ᵉ ligne. — N° 5, il faut lire : Danaüs.
» 83. — N° 208. — 4ᵉ ligne, il faut : 1838 au lieu de 1831.
» 86. — N° 216. — Avant-dernière ligne, il faut : 33, *rue* des Gravilliers.
» 94. — N° 231. — Il faut : Almanach Georges Bans 1896 et non 1996.
» 121. — N° 280. — 13ᵉ ligne. — N° 3, il faut : Coëffure à la....
» 127. — N° 292. — Avant-dernière ligne, lire : généraux et désintéressés.

# TABLE ALPHABÉTIQUE

## DES ALMANACHS

CONTENUS DANS CE VOLUME

### A

| | Pages |
|---|---|
| Accents (Les) de la Goguette, 1844 | 144 |
| Accidens (Les) Heureux, 1785 | 4 |
| Adèle ou l'Amour Constant, 1814 | 43 |
| Age (L') Heureux des Plaisirs, 1787 | 5 |
| Album du Chasseur, 1823 | 67 |
| Album Lyrique, 1826 | 74 |
| Almanach Bouffon, 1853 | 89 |
| Almanach chantant, 1840 | 142 |
| Almanach chantant pour 1900 | 109 |
| Almanach Dauphin Historique et Allégorique, 1787 | 6 |
| Almanach de Bibi-Tapin pour 1899 | 104 |
| Almanach de douze Sports, 1898 | 102 |
| Almanach de l'Agriculteur Populaire, 1900 | 110 |
| Almanach de l'Amateur d'art photographique, 1900 | 110 |
| Almanach de l'École Laïque, 1901 | 115 |
| Almanach de l'Enseignement primaire, 1900-1901 | 111 |
| Almanach de l'Ymagier, 1897 | 97 |
| Almanach de la Caserne pour 1899 | 105 |
| Almanach de la Chambrée, 1900 | 111 |
| Almanach de la Chanson Illustrée, 1870 | 147 |
| Almanach de la Gazette du Village, 1900 | 112 |
| Almanach de la Grande Vie, 1901 | 116 |
| Almanach de la Jeunesse de France, 1902 | 118 |
| Almanach de la Patrie Française, 1900 | 112 |
| Almanach de la Sagesse, 1806 | 25 |
| Almanach de la vie comique pour 1899 | 105 |
| Almanach de Surprise, 1808 | 129 |

## TABLE ALPHABÉTIQUE

| | Pages |
|---|---|
| Almanach des Ballons, 1852 | 87 |
| Almanach des Demoiselles, 1812 | 39 |
| Almanach des Foires et Marchés, 1900 | 112 |
| Almanach des Nouvelles Chansons parisiennes, 1900 | 109 |
| Almanach des Patronages, 1900 | 113 |
| Almanach (L') des Poètes, 1896 | 93 |
| Almanach des Saints, 1901 | 116 |
| Almanach des Sorciers pour 1852 | 88 |
| Almanach des Sourds-Muets, 1900 | 113 |
| Almanach des Sports, 1899 | 105 |
| Almanach des Théâtres, 1886 | 148 |
| Almanach des Travailleurs pour 1874 | 148 |
| Almanach des Vélocipèdes pour 1869 | 90 |
| Almanach du Bibliophile, 1898 | 102 |
| Almanach du Bonheur, 1796-1797 | 16 |
| Almanach du Bon Père de Famille, 1900 | 114 |
| Almanach du Caprice, 1789 | 7 |
| Almanach du Diable, 1773 | 119 |
| Almanach du Drapeau pour 1900 | 114 |
| Almanach du Frou-Frou, 1901 | 116 |
| Almanach du Joyeux Troupier, 1899 | 106 |
| Almanach du Marin Illustré, 1886 | 91 |
| Almanach du Père Ubu illustré, 1899 | 106 |
| Almanach du Petit Illustré Amusant pour 1900 | 114 |
| Almanach du Photographe-Amateur, 1896 | 93 |
| Almanach du Prophète Merlin, 1821 | 139 |
| Almanach du Rire, 1901 (*voir aussi* N° 275) | 117 |
| Almanach du Supplément, 1899 | 107 |
| Almanach Féministe, 1899 | 107 |
| Almanach Français à l'usage de toutes les Nations, 1802 | 23 |
| Almanach Georges Bans, 1896 | 94 |
| Almanach Guillaume, 1896 | 94 |
| Almanach illustré de la Petite Presse, 1867 | 89 |
| Almanach illustré du Père Ubu, 1901 | 117 |
| Almanach Intéressant dans les circonstances présentes, 1781 | 3 |
| Almanach Lirico Galant, 1784 | 120 |
| Almanach Lithographies par Dillon, 1896 | 95 |
| Almanach-Manuel de l'Amateur de Tours de Cartes, 1869 | 91 |
| Almanach Nouveau Fait aux Dépens des Tems Passés, 1800 | 127 |
| Almanach Nouveau Orné de Gravures, 1786 | 5 |
| Almanach Nouveau Portatif, 1765 | 1 |
| Almanach pour 1899 des grosses farces du Major | 108 |
| Almanach Théâtral des Dames de Paris, 1854 | 147 |
| Amant (L') malicieux, 1808 | 27 |

… TABLE ALPHABÉTIQUE

|  | Pages |
|---|---|
| Ami (L') de la Jeunesse, 1819 | 57 |
| Ami (L') des Bourbons, 1815 | 46 |
| Ami (L') des Enfans, 1818 | 54 |
| Ami (L') des Jeunes Demoiselles, 1823 | 68 |
| Amour (L') au Village, 1823 | 68 |
| Amour et Amitié, 1826 | 141 |
| Amour (L') et la Folie, An IX | 21 |
| Amour (L') et la Gloire, 1816 | 50 |
| Amour (L') et les Grâces, 1828 | 78 |
| Amour et Tendresse, 1816 | 134 |
| Amour (L') marchand de Fleurs, 1823 | 68 |
| Amour pour Amour, 1831 | 80 |
| Amour (L') Victorieux, 1785 | 4 |
| Amusemens (Les) des Gens d'Esprit, An 9 | 127 |
| Année (L') illustrée, 1897 | 97 |
| Annuaire des Grands Cercles, 1897 | 98 |
| Annuaires-Hachette, 1897 | 99 |
| Antologie (sic) lyrique, 1811 (voir aussi N° 72, *Momus en délire*) | 35 |
| Arlequin, 1852 | 88 |

### B

| Bachelette (La) 1826 | 75 |
|---|---|
| Beautés (Les) de l'Évangile, 1809 | 28 |
| Berger (Le) Breton, 1842 | 143 |
| Bienfaisance (La) des Fées, 1798 | 17 |
| Bijou (Le) des Dames, 1780 | 3 |
| Bijou (Le) des Enfans, 1817 | 52 |
| Bijou (Le) des Spectacles, 1800 | 20 |
| Bohémien (Le) de Paris, 1844 | 144 |
| Bohémiens (Les) de Paris, 1844 | 145 |
| Bonheur (Le) Champêtre, 1805 | 24 |
| Boudoir (Le) de Vénus, 1843 | 86 |
| Bouquet (Le) de Flore, 1823 | 69 |
| Bouquetière (La) de Passy, 1845 | 86 |
| Bourbons (Les) peints par eux-mêmes, 1816 | 50 |
| Bouton (Le) de Rose, 1804 | 128 |
| Bréviaire (Le) de Grégoire, 1830 | 142 |

### C

| Calendrier d'Amour pour 1898 | 104 |
|---|---|
| Calendrier de la Belle Jardinière, 1896 | 95 |

## TABLE ALPHABÉTIQUE

| | Pages |
|---|---|
| Calendrier de la Jeunesse, 1805 | 128 |
| Calendrier de la maison Masson, 1896 | 96 |
| Calendrier des Enfans, 1795-1796 | 15 |
| Calendrier Magique, 1896 | 97 |
| Calendrier Parisien, 1892 | 91 |
| Calendriers de Rome ancienne et moderne, 1798 | 126 |
| Caprices (Les) de l'Amour, 1810 | 33 |
| Ce qui plaît le plus aux Dames, 1812 | 40 |
| Chansonnier (Le) de Grâces, 1848 | 87 |
| Chansonnier de la République, An 3ᵉ | 13 |
| Chansonnier (Le) des Braves, 1842 | 143 |
| Chansonnier (Le) des Desserts, 1834 | 82 |
| Chansonnier (Le) des Pastourelles Galantes, 1834 | 83 |
| Chansonnier (Le) des Vrais Amis, 1840 | 84 |
| Chansonnier (Le) du Gastronome, 1809 | 131 |
| Chansonnier (Le) du Premier Age, 1811 | 38 |
| Chansonnier militaire, An III | 14 |
| Chansonnier Villageois, 1824 | 70 |
| Charmes (Les) de l'Enfance, 1819 | 57 |
| Charmes (Les) de la Jeunesse, An VII | 18 |
| Chat (Le) Botté, 1822 | 64 |
| Chevaliers (Les) Français, 1823 | 69 |
| Choix de Jolis Morceaux, 1820 | 59 |
| Colifichet, 1810 | 33 |
| Collection Intéressantes (sic) Pour la Jeunesse, 1772 | 2 |
| Constitution du Peuple Français, An 2ᵉ | 11 |
| Corbeille (La) de Fleurs, 1828 | 79 |
| Corbeille (La) de Fleurs par M. L. Merex, 1815 | 47 |
| Couronne (La) de Lis et de Roses, 1817 | 52 |
| Cuisinières (Les), 1824 | 71 |

## D

| | |
|---|---|
| Délices (Les) de Grégoire, 1838 | 83 |
| Délices (Les) de la Société, 1816 | 50 |
| Délices (Les) des Nations, An III | 14 |
| Délices (Les) des Spectacles, 1799 | 18 |
| Désir (Le) ou l'Art de plaire, 1822 | 64 |
| Deux (Les) Magots, 1813 | 42 |
| Deux (Les) Petits Savoyards, 1807 | 26 |
| Dictionnaire d'Amour, 1789 | 8 |
| Dignes (Les) Enfans de la Patrie, An III | 14 |
| Discret (Le) Troubadour, 1816 | 51 |
| Dissipations (Les) Agréables, 1775 | 2 |

TABLE ALPHABÉTIQUE 157

|  | Pages |
|---|---|
| Don (Le) de l'Amitié, 1826 | 75 |
| Dons (Les) de Vénus, 1796 | 125 |

### E

| | |
|---|---|
| Ebats (Les) Rustiques, An 3e | 124 |
| Ecole (L') de la Nature, 1793 | 11 |
| Ecole de la Vertu, 1822 | 65 |
| Ecole (L') Galante, 1796 | 125 |
| Elégies, 1812 | 40 |
| Elvire, 1833 | 81 |
| Embuches (Les) de Cythère, 1787 | 6 |
| Empire (L') de la Gaîté, 1812 | 40 |
| Enfant (L') de Paris, 1844 | 145 |
| Epreuves (Les) du Sentiment, 1813 | 42 |
| Esprit (L') d'Eustache, 1800 | 20 |
| Esprit et Sentiment, 1810 | 34 |
| Estelle, 1789 | 8 |
| Estelle Pastorale. A vous que j'aime, 1800 | 20 |
| Etrenne des Neuf Sœurs, 1795 | 16 |
| Etrennes à l'Innocence, 1830 | 79 |
| Etrennes à la Jeunesse, 1799 | 19 |
| Etrennes à la Jeunesse, Recueil d'Historiettes morales, 1809 | 28 |
| Etrennes (Les) à la Rose, 1807 | 27 |
| Etrennes aux Dames, 1819 | 57 |
| Etrennes aux Grâces, 1821 | 62 |
| Etrennes aux Grâces ou les Proverbes de Cythère, 1819 | 137 |
| Etrennes d'Or, 1827 | 77 |
| Etrennes de Flore, 1805 | 24 |
| Etrennes (Les) de l'Amitié, 1815 | 47 |
| Etrennes de la Sagesse, 1816 | 51 |
| Etrennes de Polymnie, 1822 | 65 |
| Etrennes de Thalie, 1811 | 132 |
| Etrennes des Jolies Femmes, 1783 | 119 |
| Etrennes Evangéliques, 1808 | 27 |
| Etrennes Mignone (sic), 1818 | 136 |
| Etrennes Pieuses et Edifiantes, 1814 | 43 |

### F

| | |
|---|---|
| Faux-Pas (Le) de Suzette, An X | 22 |
| Fidèle (Le) Berger, 1833 | 81 |
| Finesses (Les) de l'Amour, 1838 | 83 |
| Fleur de Souvenir 1817 | 136 |

## TABLE ALPHABÉTIQUE

| | Pages |
|---|---|
| Fleurette, 1824 | 71 |
| Folies Dansantes et Chantantes, (Les) 1803 | 23 |
| Fredaines (Les) de l'Amour, 1785 | 4 |

### G

| | |
|---|---|
| Gaieté (La) Française, An X | 22 |
| Gaudrioles du Bon Vieux Tems (Les), 1832 | 80 |
| Gaudrioles ou le Bon vieux temps (Les), 1830 | 80 |
| Gentil-Bernard (Le), 182 | 75 |
| Grégoire en Bon (sic) Humeur, 1837 | 83 |
| Guide (Le) des Acheteurs, 1826 | 76 |
| Guide (Le) des Amans, 1844 | 146 |
| Guido et Ginevra, 1842 | 143 |
| Guirlande de Flore, 1815 | 48 |
| Guirlande (La) de Julie, 1814 | 43 |
| Guirlande (La) des Muses, 1820 | 60 |

### H

| | |
|---|---|
| Henri Quatre, 1814 | 44 |
| Heureuse (L') Décade, An II$^e$ | 12 |
| Histoire des Roses, 1821 | 62 |
| Histoire des Tulipes, 1822 | 66 |
| Histoire Naturelle en Miniature, 1820 | 60 |
| Hommage aux Jeunes Vierges, 1824 | 71 |
| Hommages (Les) à l'Amitié, 1806 | 26 |
| Hommages à la Tendresse, 1813 | 133 |

### I

| | |
|---|---|
| Insectes (Les), 1819 | 58 |
| Interprète (L') du Cœur, 1814 | 44 |

### J

| | |
|---|---|
| Jeune (La) Hortense, 1825 | 141 |
| Jeux (Les) de l'Enfance, 1799 | 126 |
| Joli (Le) Bout-en-train, 1820 | 61 |
| Joujou (Le) almanach des enfans, 1804 | 128 |
| Joujou (Le) des Enfans, 1802 | 22 |
| Joyeux et Sérieux Almanach du Troupier, 1900 | 115 |
| Joyeux (Le) Troubadour, 1828 | 14[1] |
| Joyeux (Le) Troubadour. Almanach Chantant, 1844 | 146 |

## L

| | |
|---|---|
| Langage (Le) des Fleurs, 1819 | 137 |
| Leçons d'Amour et d'Amitié, 1809 | 29 |
| Lecture à ma Fille, 1825 | 73 |
| Littérature des Dames, 1812 | 133 |
| Loisir (Le) du jeune Age, 1828 | 79 |
| Loisirs d'un Français, 1819 | 58 |
| Lyre (La) d'Apollon, 1821 | 63 |

## M

| | |
|---|---|
| Madame de La Fayette, 1816 | 51 |
| Madame de Maintenon, 1812 | 41 |
| Madame de Sévigné, 1812 | 41 |
| Madame Deshoulières, 1813 | 42 |
| Manuel du Chansonnier de la Bonne Compagnie, 1838 | 84 |
| Marchand (Le) d'Images 1844 | 146 |
| Marché (Le) d'Amours, 1810 | 34 |
| Marie Leczinska, 1819 | 59 |
| Meilleur (Le) Livre, 1789 | 9 |
| Mentor (Le) en Amour, 1793 | 123 |
| Mérite (Le) des Jeunes Mères, 1817 | 53 |
| Messager (Le) des Grâces, 1815 | 48 |
| Miracles de Jésus-Christ, 1819 | 59 |
| Miroir (Le) de l'Adolescence, 1814 | 44 |
| Miroir (Le) des Dames et de la Jeunesse, 1823 | 140 |
| Momus en Délire, 1810 | 34 |
| Mosaïque des Dames, 1838 | 142 |
| Muse (La) champêtre, 1801 | 21 |
| Muses (Les) et les Grâces, 1823 | 140 |
| Muses (Les) Galantes, 1809 | 30 |
| Musette (La) Champêtre, 1816 | 52 |
| Musette (La) du Berger, 1815 | 48 |
| Mystère (Le) de l'Amour, 1801 | 21 |

## N

| | |
|---|---|
| Nouveau Chansonnier Patriote, 1793 | 12 |
| Nouvelle (La) Héloïse, 1789 | 9 |
| Nuits (Les) d'Amour, 1810 | 35 |

## O

| | |
|---|---|
| Oscar et Malvina, 1841 | 85 |

## P

| | |
|---|---|
| Panorama (Le) du Parnasse, 1808 | 130 |
| Papillons (Les), 1817 | 53 |
| Paris-Hachette, 1899. (*Annuaires-Hachette*) | 100 |
| Paris, Londres et Berlin, 1825 | 73 |
| Passe-Tems (Le) Agréable, An 3e | 15 |
| Passe-Tems (Le) des Paresseux, 1789 | 122 |
| Passe-Tems (Les), 1822 | 66 |
| Paysages (Les), 1825 | 74 |
| Perce-Neige (La), 1807 | 27 |
| Perce-Neige (La) *(suite du précédent)*, 1808 | 130 |
| Petit Almanach Dédié à la Jeunesse, 1826 | 76 |
| Petit Almanach de l'Ecole, 1893 | 92 |
| Petit Almanach de l'Ecolier, 1893 | 92 |
| Petit Almanach des Demoiselles, 1818 | 55 |
| Petit (Le) Almanach des Muses, 1820 | 61 |
| Petit Almanach des Muses, 1821 | 63 |
| Petit Almanach des Voleurs, 1846 | 86 |
| Petit Almanach du XVIIe Arrt, 1899 | 108 |
| Petit Almanach Fleuri, 1898 | 104 |
| Petit (Le) Bijou des Dames, 1817 | 54 |
| Petit Blanc, 1831 | 80 |
| Petit (Le) Chansonnier Dédié aux Messieurs, 1840 | 85 |
| Petit (Le) Chansonnier des Dames, 1820 | 138 |
| Petit (Le) Cousin de La Fontaine, 1795 | 16 |
| Petit (Le) Désiré, 1815 | 49 |
| Petit (Le) Ermite, 1823 | 69 |
| Petit (Le) Fabuliste, 1815 | 49 |
| Petit (Le) Gaboulet, 1821 | 64 |
| Petit (Le) Gastronome, 1810 | 36 |
| Petit (Le) Glaneur Lirique (sic), 1814 | 45 |
| Petit Hermite du Mont-Blanc, 1818 | 137 |
| Petit (Le) Momus, 1826 | 76 |
| Petit (Le) Momus, 1832 | 81 |
| Petit (Le) Nain Rose, 1816 | 135 |
| Petit (Le) Poucet, 1818 | 55 |
| Petit (Le) Précepteur, 1807 | 129 |
| Petit (Le) Rodeur, 1828 | 79 |
| Petit (Le) Trésor, 1798 | 18 |
| Petit (Le) Trésor des Familles, 1812 | 41 |
| Petite (La) Rusée, 1796 | 17 |
| Petits (Les) Soins, 1816 | 52 |
| Phénix (Le) des Almanachs, 1810 | 36 |

TABLE ALPHABÉTIQUE 161

| | Pages |
|---|---|
| Philippe et Georgette, An III | 124 |
| Pierrot Magicien, 1788 | 7 |
| Plaisir et Bonheur, ou l'Union de Bachus (*sic*), 1820 | 61 |
| Plaisir et Bonheur. Recueil de Chansons, 1830 | 80 |
| Plaisirs (Les) de la Jeunesse, 1820 | 62 |
| Plaisirs (Les) des jeunes Pastourelles, 1840 | 85 |
| Plaisirs (Les) variés, 1785 | 121 |
| Plus Belle (La), 1842 | 144 |
| Le Poète de l'Enfance, 1840 | 85 |
| Poète (Le) Voyageur, 1823 | 70 |
| Portière (La), 1824 | 72 |
| Pratique (La) des Amans, 1794 | 15 |
| Primerose, 1827 | 78 |
| Protée (Le) Complaisant, 1789 | 122 |

## Q

| | |
|---|---|
| Quatre (Les) Ages de la Nature, 1811 | 38 |
| Quinze jours en Suisse, 1823 | 70 |

## R

| | |
|---|---|
| Recueil de Chansons et Poésies Fugitives, 1816 | 135 |
| Recueil de Morales, 1824 | 72 |
| Reine (La) de Golconde, 1768 | 2 |
| Retour (Le) de Zéphire, 1811 | 39 |
| Retour (Le) des Bourbons, 1815 | 133 |
| Retour (Le) du Printems, 1814 | 45 |
| Réveil (Le) des Muses 1820 | 62 |
| Rêveries (Les) Pastorales, 1818 | 55 |
| Rire (Le), 1901 | 117 |
| Rose d'Amour, 1826 | 77 |
| Rossini Français, 1824 | 72 |

## S

| | |
|---|---|
| Sage et Coquette, 1821 | 64 |
| Saisons (Les) 1810 | 37 |
| Sav'tier (Le) en Ribotte, 1842 | 86 |
| Secret (Le) des Dames, 1818 | 56 |
| Six Nouvelles à l'usage de la Jeunesse, 1814 | 45 |
| Soîrée (La) d'Eté, 1796 | 17 |
| Songes (Les) de l'Amour, 1819 | 138 |

## TABLE ALPHABÉTIQUE

| | Pages |
|---|---|
| Souffle (Le) de Zéphire, 1809 | 33 |
| Souvenir (Le) d'Emilie, 1820 | 139 |
| Souvenir et Espérance, 1833 | 82 |
| Souvenirs (Les) d'un Barde, 1822 | 67 |
| Souvenirs (Les) d'un Troubadour, 1815 | 49 |
| Sultane (La) Favorite, An XII$^e$, | 24 |

### T

| | |
|---|---|
| Tableau (Le) de Paris, 1790 | 123 |
| Tablettes (Les) d''Erato, 1790 | 10 |
| Tablettes (Les) du Sentiment, 1810 | 37 |
| Temple (Le) des Vertus et des Grâces, 1818 | 56 |
| Tours (Les) de Gibecière de l'Amour, 1785 | 122 |
| Trésor de l'Amour, 1810 | 37 |
| Trésor (Le) des Grâces, 1784 | 121 |
| Triomphe (Le) de la Beauté, 1807, | 129 |
| Triomphe (Le) de la Vertu, 1817 | 54 |
| Trois (Les) Muses réunies, 1789 | 10 |
| Troubadour, (Le) 1824 | 73 |

### U.

| | |
|---|---|
| Union (L') Lyri-comique de Thalie Erato., 1802 | 22 |

### V

| | |
|---|---|
| Veillées (Les) de la Chaumière, An XIII | 25 |
| Voici vos Étrennes, 1814 | 46 |

PARIS-VENDÔME — IMP. G. VILETTE

## Dernier Supplément.

1584 – 1871.

338. — **Almanach Perpetvel Reforme dv Poinct dv Iovr et de la Nuict close**, ensemble du lever et coucher du Soleil, aussi de la quantité du iour, & de la nuict. Composé par M. Lucas Tremblay Parisien, professeur ès bonnes sciences Mathematiques. Dédié au Tres-Chrestien Roy de France & de Pologne, Henry troisiesme de ce nom. || A Paris, Povr Pierre Mailligot & Claude Doubron, colporteurs de livres en la court du Palais à Paris, 1584. Avec Privilege dv Roy.

1584. Pet. in-8°.

Petite plaquette composée de douze feuillets sans pagination. Le titre imprimé porte, encadré, un portrait en buste, avec cette inscription : M. Lucas Tremblay Age de 54. 15 30 ( ces deux derniers nombres se trouvent de chaque côté de la figure ).

Après le titre, la dédicace : "Av Tres-Chrestien Roy de France et de Pologne, Henry troisiesme de ce nom". avec la date : ce Ieudy 22 Novembre 1583. — Viennent ensuite : "Preface ov Petit discours des Crepuscules." — "De l'Vtilité dv Svsdit Almanach perpetuel." — enfin à la dernière page : "Extraict sommaire du Privilege." qui est daté : Le 22. jour de May, 1584.

**339 — Almanach Chantant Des Promenades de Paris Et des Environs.** A Paris, Chez Duchêne Libraire rue St Jacques au dessous de la Fontaine St Benoist au Temple du Goût. Avec Approbation et Privilège du Roy.

vers 1760. in-32.

Titre en lettres gravées sur une feuille se dépliant et au verso de laquelle est un air gravé (p. 2) dont la suite se trouve sur une autre feuille, se dépliant aussi, à la fin de l'almanach (pp. 3 et 4). Un second titre, imprimé, porte seulement : "Almanach Chantant Des Promenades de Paris. Par M. Nau" (ces trois derniers mots sont entre deux gros traits). ——— L'almanach, qui n'a pas de pagination, commence par deux petites chansons : "A la jeunesse", et au verso "Conseil à M$^{lle}$ xxx".

L'auteur a composé des chansons pour : Les Thuileries (sic) — Le Palais Royal — Le Luxembourg — Le Jardin du Roi — Le Jardin de l'Arsenal — Le Jardin de l'Hôtel de Soubise — Le Jardin du Temple et Les Boulevards.

A la fin des chansons se trouve une annotation ainsi conçue : "Les Rondes, Contredanses et Menuets suivans (sic) peuvent être regardés comme autant de Parodies des airs que l'on danse dans les promenades des environs de Paris". ——— Toutes ces rondes et contredanses ont été faites sur les douze mois de l'année, ainsi que l'auteur l'annonce à la fin du volume, ajoutant qu'il avait simplement exécuté le plan que son Libraire lui avait demandé.

Viennent enfin quelques chansons et vaudevilles, terminés par l'approbation signée De Cahuzac, et suivie de la Liste des

"Almanachs nouveaux." parmi lesquels celui-ci est coté 12 fr.
De l'Imprimerie de Ballard Imprimeur du Roi.

340 — **Le Gage Touché** Almanach Nouveau En Vaudevil-les ; avec Bouquets, Chansons, &c. ∥ A Paris Chez N. B. Duchesne Li-braire rue St Jacques au Temple du Goût.

*vers 1760. in-32.*

Joli titre gravé dans un cadre d'ornements Louis XVI sur un fond strié ; deux amours soutenus par des nuages dominent la gravure ; une corbeille sépare le titre de l'adresse du librai-re qui est gravée dans une coquille.

Un second titre imprimé porte : **Le Gage Touché**, Alma-nach Nouveau, Tout en Vaudevilles.

Un joli frontispice, non signé, représente plusieurs couples des deux sexes, réunis à l'abri d'une grande draperie retenue à des branches d'arbres, et flirtant. Il n'y a pas de légende.

Ce petit almanach, sans pagination, débute par un couplet conseil "Aux jeunes Gens", suivi de "Avertissement sur le jeu du gage touché."
— Cet amusement des gages pour Filles et pour Garçons est ter-miné, ainsi qu'il est dit dans la note de l'auteur : "pour la variété par différens (sic) bouquets, chansons, &c.." — A la fin du volume l'Appro-bation signée De Cahuzac, et enfin la liste des "Almanachs nou-veaux", parmi lesquels celui-ci est coté 10 fr.

De l'Imprimerie de Ballard, Imprimeur du Roi.

341 — **L'Étrenne Réciproque des Amans** (sic) Ou l'Alma-nach du Commerce Amoureux Avec des Devises nouvelles Sur

des airs choisis et connus, Pour la présente Année Par M. Dume-
-nil. || A Paphos et Se Vend A Paris chés (sic) Gueffier Père Parvis Notre Dame à la Liberalité.

1769. in-32.

Titre en lettres gravées dans un joli cadre. — Il y a un se-
-cond titre qui est imprimé et entouré, comme le texte et le ca-
-lendrier, d'un double filet noir. Le 2ᵐᵉ titre diffère du premier
par le nom de l'auteur qui est imprimé Dumeny et par l'adresse
de l'éditeur libellée ainsi : A Paphos, Chez les Amours, aux dépens des jeux &
des ris. Et se vend à Paris, Chez Gueffier Père, Parvis Notre-Dame, à la Liberalité.
Le texte, composé de chansons, n'est pas paginé.
Après le Calendrier, qui est au milieu du volume, se trouve
un "Avis sur le jeu de ces nouveaux Oracles" Pour les Messieurs, les
Demoiselles et les Femmes. Le volume se termine par des chan-
-sons sur "Les Cinq Sens". — Joli frontispice gravé dans un cadre
ornementé et représentant l'Amour volant au-dessus de deux
cœurs qu'il couronne. Pas de signature ni de légende.
Calendrier pour l'Année de Grâce M DCC LXIX.

### 342 — Le Bijou à la Mode. Almanach pour l'année
1771. || A Paris, chez tous les libraires et chez Couturier, graveur.

1771. in-248.

Minuscule très rare et curieux, gravé, ne mesurant que 18
millimètres sur 12 millim., composé de 63 p. le calendrier com-
-pris, avec de petites chansons, accompagnées de figures qui
sont aux pages 3, 5, 7, 9, 11, 49, 51, 53, 55 et 57.
Le Calendrier de 1771 occupe les pages 13 à 48 —

de la page 59 à 63, des feuilles blanches.

[Donné en communication.]

**343 — Les Délices du Goust** (sic). Almanach Chantant et Enigmatique. Pour la présente Année. ‖ A Paris, Chez les Libraires associés.

1783. in-32.

Almanach divisé en deux parties : la 1ère composée de chansons et la 2e d'un "Recueil d'Enigmes" comprenant 23 numéros, dont l'explication se trouve à la dernière page.

Il n'y a pas de gravure, ni de pagination. — Le Calendrier pour l'Année M·DCC·LXXXIII est au milieu du volume.

[Donné en communication.]

**344 — Le Triomphe des Muses**, ou Les Objets du Suffrage Universel. Almanach Lyrique-Galant. ‖ A Paris chez l'Auteur, rue Saint Jasques (sic) la porte cochère vis-à-vis les Mathurins. N°37. (Le numéro coupe le filet du cadre.)

vers 1785. in-32.

Joli titre-frontispice gravé sur un rideau maintenu des deux côtés à des branches d'arbres ; dans le bas sont disposés les attributs de la musique et du théâtre.

Le texte, encadré d'un double filet, comprend 24 p. reproduisant les passages caractéristiques des cinq pièces de théâtre qui composent l'almanach. — Cinq gravures non signées et se dépliant portent ces légendes : 1° Mariage de Figaro. — 2° Blaise et Babet. — 3° Gabriel (sic) d'Estrée (sic) ou l'Héroïsme de l'Amour. — 4° Les Aspirans (sic) au droit le plus envié. — 5.º Les Cinquante Cousines.

Viennent ensuite Le Nécessaire des Dames et des Messieurs qui porte cette adresse : A Paris Chez Jubert, Doreur, rue S. Jacques, la porte cochère vis-à-vis les Mathurins. — Perte et Gain, et feuilles blanches, formant ensemble 48 p. encadrées d'un double filet.

A la page 40 se trouve la réclame de Jubert, Successeur de M. Boimare, Doreur sur cuir.

345 — **Les Étrennes de Cupidon**, Almanach Nouveau Pour l'Année M·DCC·LXXXVI. Enrichi de Figures en taille-douce, Contenant La dernière conquête de l'Amour dans l'Isle de Délos, Scène dialoguée, suivie de Notes mythologiques ; l'explication des divers attributs des Dieux & des Déesses de l'antiquité pour l'intelligence des Tableaux & Ouvrages des Poëtes ; quelques chansons traduites d'Anacréon, & d'autres sur différens (sic) sujets, le tout terminé par quelques pièces de Poésie. || Et se trouve, A Paris, Chez Maillet, Imprimeur en Taille-douce, rue S. Jacques, N.º 45. Herou, Doreur, même rue, N.º 21. Et à Versailles, Chez Benoist, Libraire, rue Satory.

1786. in-18.

Almanach curieux et rare, composé de 79 p. de texte, commençant par un "Avertissement", où il est dit : " ..... Nous avons eu principalement en vue de donner aux jeunes personnes une idée de la Mythologie, étude trop négligée peut-être, & pourtant si nécessaire pour l'intelligence des chef-d'œuvres (sic) de la Poésie & de la Peinture."

Douze jolies gravures par divers artistes et imprimées en bleu ; chacune est numérotée et porte aussi le folio où se trouve l'expli-

-cation; en voici les légendes : 1° Je l'ai pris dans mes bras; je l'ai pressé con-
-tre mon sein. *J.J. Hubert sc.* — 2° Allez vous n'êtes qu'un enfant, je crains peu vos
menaces. *ibid.* — 3° Il faut l'attacher à ce myrthe (sic); c'est l'arbre favori de
sa mère. *M<sup>lle</sup> Levée sc.* — 4° Dieux ! je suis blessée ! quels traits il lance de
ses yeux ! *Patas.* — 5° De tous ces Dieux le plus puissant
Qui le croirait ? c'est un enfant. *ibid.* —
6° L'Amour m'attaque, il est vainqueur. *C.J. Maillet sc.* — 7° Dieu des Combats,
cède au Dieu de l'Amour. *ibid.* — 8° Il tient dans la même chaîne
Jupiter, Mars, Apollon. *Patas sc.* —
9° Iris veut échapper, mais l'Amour est vainqueur. *ibid.* —
10° Plutus attaque Cythère ;
l'or étincelle en ses mains. *M<sup>lle</sup> Levée sc.*
11° Vois la blessure mortelle
D'un petit serpent ailé. *J.J. Hubert sc.*
12° Je vois par-tout (sic) l'empreinte de mes feux. *ibid.*
Calendrier de 1786, gravé sur papier bleuté avec les signes du
zodiaque en tête des mois, et au bas l'adresse : A Paris chez Hérou,
rue S<sup>t</sup> Jacques N° 21. Ce calendrier se déplie et encadre le texte.

346 — **Club du Billard**, au Palais Royal, Dont l'entrée
est au-dessus de l'Arcade numérotée 177. || s. l. ni date, et s. nom d'éditeur
ni d'imprimeur.

1787. pet. in-18.

Petit volume rare et curieux, qui n'est qu'un agenda, avec une
reliure ancienne, donnant les Statuts et la Liste des cent Membres
qui se sont constitués, à la fin de l'Année 1786, en Association sous
la simple dénomination de "**Club du Billard**", établi, par un Sieur

Frestel, au Palais Royal, sous la protection de S.A.M⁰ʳ le Duc d'Orléans.

Cette Société se composait des plus hauts personnages de l'époque: le duc de Fitz-James, de Lacalprenède, le comte de Neipperg, le comte de Castellane, le duc de Lauzun, le comte de Duras, etc...

Cette liste qui avec les statuts forme 55 p. de texte, est suivie de Perte et Gain, du Calendrier de 1787 et de 24 ff. de papier blanc.

### 347 — Le Gout de Cécile, ou Monsieur Cout-Fou, Almanach Très-Gai. Par le Frère François. || A Paris, Chez Guillot (sic) Libraire de Monsieur, rue S.J. vis-à-vis celle des Mathurins. M·D·CC·LXXXVII.

1787. in-32.

Almanach de colportage de 64 p. de chansons, dont le titre et les pages sont encadrés d'un double filet. Sans calendrier ni figure.

### 348 — Le Loup-Garou Chéri des Dames, Almanach Plaisant et Chantant. || A Ratopolis; Et se trouve à Paris, Chez Tiger, Rédacteur & Editeur, au Pilier Littéraire Place de Cambrai. Et chez les Marchands de Nouveautés.

1790. in-32.

Publication de colportage de 64 p., avec un frontispice colorié, sans légende, et le Calendrier pour l'An de Grâce M·DCC·XC.

### 349 — Etrennes Patriotiques. Almanach Pour la présente Année — Constitution Française — Déclaration des Droits de l'Homme et du Citoyen. — Présenté au Roi, par l'Assemblée Nationale le 3 Septembre 1791, et accepté le 14 du même mois. ||

A Paris Chez Lesnes Ingénieur-Géographe de Sa Majesté Danoise, rue St. Jacques, au Globe.

1792. in-24.

Titre en lettres gravées dans un joli cadre avec guirlandes de roses dans le haut et, au milieu, les initiales royales enlacées ; au bas, sous l'adresse de l'éditeur, les attributs royaux et militaires.

En regard du titre est une gravure signée P. de Birainville inv.— Voysard sculp., avec l'explication gravée sur une draperie : Frontispice_Le Génie allégorique grave sur les ailes du temps les Epoques du Règne de Louis XVI.

Après le titre, un second frontispice allégorique gravé, non signé et sans légende (La France, assise sur un trône l'épée d'une main, étend le bras gauche au-dessus d'un globe fleurdelisé). —— Le texte comprend 91 p.

A la page 12 est intercalée la carte coloriée et se dépliant de "La France Divisée en 83 Départements avec leurs Chef-Lieux (sic) suivant le Décret de l'Assemblée Nationale etc..."

Après la Table, on trouve d'abord, coloriée et se dépliant la "Carte du Département de Paris, divisé en ses six Tribunaux". —— ensuite le Secrétaire des Dames et des Messieurs avec Perte et Gain et des feuilles blanches formant ensemble 48 p., à la suite desquelles se trouve une 3me gravure, sans légende, signée Biion del.—Lachaussée sculp. qui est la même que celle du frontispice de l'**Almanach du Bon Français** de 1785, représentant Henri IV montrant à Louis XVI l'empire du monde. —— Puis, une grande feuille, se dépliant, donnant la "Table des Cartes contenues dans l'Atlas national et général de la France du Sr. Desnos. —— Et enfin, terminant le volume, le Calendrier de 1792.

350 _ **L'Analyse des Grands Exemples** ou le Danger des Passions Almanach Orné de Jolies Gravures || A Paris chez Janet

Doreur, Rue Saint Jacques vis-à-vis les Mathurins N°. 36.

*vers 1793. in -32.*

Titre gravé dans un paysage. Almanach entièrement gravé de 24 p. de chansons accompagnées de 12 gravures, non signées, avec les légendes suivantes : 1°. L'Antropophage (sic). — 2°. Le Maréchal des Logis. — 3°. Les effets de la jalousie. — 4°. Les effets du jeu. — 5°. Les conséquences funestes. — 6°. L'enlèvement manqué. — 7°. L'Honnête Criminel. — 8°. La piété Filiale. — 9°. Le Fils généreux. — 10°. Les amours Musulmanes. — 11°. La double surprise, ou l'état des choses. — 12°. Le Maître, Valet.

Perte et Gain et deux airs notés.

### 351 — La Petite Fermière Villageoise, ou Les Amours de Rosette ; Almanach Plaisant et Chantant. ∥ A Londres ; Et se trouve à Paris chez la veuve Eiger, Editeur, au Pilier littéraire, place de Cambrai. Et chez les Marchands de nouveautés.

*An II°. 1793-1794. in -32.*

Almanach de colportage de 64 p. de chansons avec toutes les pages encadrées d'un double filet.

Les Amours de Rosette, histoire en prose, précèdent les chansons, à la page 14.

Frontispice colorié sans légende, scène champêtre.

Au milieu du volume, le Calendrier pour l'an II°. de la République Française Avec les noms des mois, celui des jours de la décade, et le nom propre de chaque jour suivi du Tableau du Maximum des Denrées... etc. — avec l'adresse de l'éditeur.

352 — **Le Franc Luron**, ou Le Sans-Souci, Amoureux de sa Patrie. Almanach chantant. ‖ A Paris, Chez la Veuve Tiger, Rédacteur & Éditeur, au Pilier Littéraire, Place de Cambrai. Et chez les Marchands de Nouveautés.

An III. 1794-1795. in-32.

Almanach de colportage de 64 p. de chansons, avec le titre et toutes les pages encadrés d'un double filet.

Frontispice colorié, sans légende.

Au milieu du volume se trouve le Calendrier pour l'An III de la République Française. Avec les noms des mois, ceux des jours de la Décade, les noms propres de chaque jour & la correspondance de l'ancien style : Suivi des Fêtes Décadaires dans l'ordre où elles ont été décrétées. —— Avec l'adresse de l'éditeur.

353 — **Le Joyeux Sans-Culotte**, Almanach Républicain Contenant des Chansons et Hymnes à l'Être Suprême, à la Raison, et autres pièces instructives et amusantes. Avec le Décadaire Pour l'an troisième de la République française une et indivisible. ‖ A Paris, Chez Caillot, Imprimeur-Libraire, rue du Cimetière-André-des-Arcs, N° 6. L'an III de la République Française.

An III. in-32.

Ouvrage composé de 80 p. de texte. Quelques chansons portent les signatures de leurs auteurs : le cit. Dusausoir, le cit. Aristide Valcour, C.J.B.L.** Rochemont de la Section de Marius-Scévola, le cit. Piis, le cit. Ducray…

Au milieu du volume, le Décadaire pour l'An III de la République Française une et indivisible.

**354 — Le Triomphe de la République Française** ou Marat dans son Souterrein (sic); Almanach Chantant et Patriotique Dédié aux Ames Sensibles et Républicaines. || A Paris, chez Janet, Rue Jacques, N° 31.

An III . in-32.

Titre gravé sur table de la loi posant sur un pont de rochers d'où sort un serpent à trois têtes ; comme couronnement, le triangle égalitaire entouré de rayons lumineux.

Publication de colportage, sans pagination, avec toutes les pages encadrées d'un double filet. —— Elle se compose d'un Pot-pourri sur Marat et de contes, chansons et couplets patriotiques.

Frontispice gravé, non signé, représentant Marat dans un souterrain et écrivant ; pour légende, ce distique :

Fondons surtout la République
Sur les Talens (sic), sur les Vertus.

Au milieu du volume le Calendrier pour l'An III de la République Française une et indivisible.

**355 — L'Année Bien Employée**, ou Les Leçons de l'Amour dans l'Isle de Paphos. Almanach pour les Belles. Mêlé de Chansons, Romances, Vaudevilles, Pots-pourris, Contes et Historiettes, en vers, etc. || A Paris, Chez Janet, Doreur, rue Jacques, vis-à-vis les Mathurins, N°31.

1795-1796. in-32.

Almanach de colportage, sans pagination, avec toutes les pages, ainsi que le titre, encadrés d'un double filet.

Frontispice finement gravé (quatre couples d'amoureux flir-

-tant devant l'Amour qui sort d'un bosquet enguirlandé, — avec cette légende : Employons bien l'Année.

Au milieu du volume le Calendrier pour l'An Quatrième de la République Française ; et l'Ère Vulgaire du 23 Sept. 1795, au 21 Sept. 1796 Avec le décret sur la liberté des cultes — Et l'adresse de l'éditeur.

356 — **Le Petit Cadeau**. Alman. Chantant Pour l'An 5$^{me}$‖ A Paris. Chez Janet Doreur, Rue St. Jacques N°. 31.

An 5$^{me}$. in-128.

Minuscule entièrement gravé, de 64 p. le calendrier compris, composé de chansons avec huit petites gravures sans légende.

Le titre est paginé 1. — Devises pour les Filles et les Garçons avec une Table. — et le Calendrier de l'An 5$^{me}$.

357 — **Les Loisirs d'un Aimable Fou**, ou la Veillée Amu--sante ; Almanach nouveau chantant, sur les plus jolis airs, mêlé de Contes et d'Historiettes en vers, etc. Pour la Présente Année. ‖ A Paris, Chez Ouvrier, Libraire, rue Saint-André des Arcs, N°. 41.

An 7$^e$. (1798-1799). in-32.

Publication de colportage de 64 p. encadrées d'un double filet. Frontispice gravé, sans signature ni légende.

Au milieu du volume se trouve le Calendrier pour l'An sep--tième de la République Française, avec l'adresse de l'éditeur.

358 — **Les Goguettes d'un Petit Cousin de Rabelais**, ou Le Bec-Jaune des Ennuyeux ; Almanach Nouveau Chantant et

récréatif. Pour la présente Année. || A Genève.

An VIII. in-32.

Publication de colportage, de 64 p. toutes encadrées ainsi que le calendrier, qui est au milieu du volume, d'un double filet.
Frontispice gravé, sans légende.
Annuaire pour l'An VIIIᵉ de la République Française avec les Jours Correspondans (sic) de l'ancien calendrier. Au bas, cette adresse : A Paris, Chez Caillot, Impr.-Libr., rue du Cimetière-André, N° 6.

**359 — Le Petit Chansonnier** Almanach pour l'Année 1800. || A Paris, chez Janet Rue Sᵗ Jacques N° 31.

1800. in-128.

Minuscule entièrement gravé, de 64 p., compris le calendrier.
Le titre est paginé 1. ——— Huit petites gravures sans légende accompagnent les petites chansons, qui n'ont pas de titre.
Devises pour les Demoiselles et les Garçons avec une table.
Calendrier de 1800.

**360 — Chansonnier des Jolies Femmes**, ou Recueil de Vaudevilles Pour l'an IX. || A Paris, Chez Alexis, Libraire, rue Martin, N° 1090. 1801.

An IX. in-18.

Chansonnier de 102 p., table comprise, et divisé en deux parties : la 1ᵉ comprend des chansons et couplets tirés de Vaudevilles ; la 2ᵐᵉ partie donne un divertissement en un acte : L'Amour Gagne-Petit, et une anecdote : La Petite Suzanne ou le Bon Meunier (p. 88).

Frontispice gravé, sans légende (une jeune femme, qu'une domestique habille, courtisée par un amoureux).

Calendrier pour l'An IX de la République Française avec les Jours Correspondans (sic) de l'Ancien Calendrier. || A Paris, Chez Rochette, Imprimeur, rue et maison de Sorbonne, N° 382.

**361 — L'Enfant des Almanachs** ou Le Dénicheur de Fauvettes Almanach Amusant et Pronostic, Pour la présente année. || A Paris, Chez Hérou, doreur, rue de la Parcheminerie, N° 202; Chez Demoraine, impr. rue du Petit-Pont; Et chez les marchands de nouveautés.

An 9 (1800-1801). in-32 oblong.

Joli petit almanach avec le titre en partie imprimé dans un encadrement de feuillages coloriés rose et vert sur un fond bleu, avec un petit paysage où sont 2 enfants nus : gravure signée Hérou fils sc.t

Le texte, qui occupe le verso de chaque mois, se compose de fables, de contes, chansons et madrigaux. —— Chaque mois du calendrier porte en tête une petite vignette coloriée (scènes enfantines).

Toutes les pages sont encadrées de filets noirs.

Calendrier de l'An 9. —— A la dernière page, cette adresse : De l'Imprimerie de Demoraine, rue du Petit-Pont, N° 99.

**362 — Le Fagot d'Epines**, ou Recueil de Couplets Mordans (sic), Piquans (sic), Galans (sic), etc. Volés à Droite et à Gauche. Seconde Edition. || A Paris, Chez Le Receleur, Et les Marchands de Nouveautés. An IX (1800-1801).

An 9. in-18.

Chansonnier de 216 p. de texte, précédé d'une Préface (vj p.) suivie du Calendrier républicain de l'an IX (1801) et de l'ère vulgaire.

Recueil de couplets sur plusieurs Vaudevilles et de romances de Joseph Pain, Patrat, Alexandre, Armand Gouffé, Henrion, etc.

Frontispice gravé et colorié : Ba=avo, Gaat!! Ba=avo!

363 — **Etrennes d'Amour et d'Amitié.** Romances Historiques Anciennes et Nouvelles, Propres pour le chant et la lecture, Recueillies et Publiées par J. Lablée de l'Athénée de Lyon. An X. (1802). || A Paris, Chez les frères Levrault, quai Malaquais. De l'Imprimerie Expéditive et Economique, Rue Tiquetonne, N.° 122.

An X (1802). in-16.

Recueil de 158 p. et une Table ; chansons et romances portant les noms de leurs auteurs : Florian, Moncrif, Berquin, La Harpe, le duc de La Vallière, Garat, Ségur (l'aîné), Philippon de La Madelaine, Lablée, etc... ──── Joli frontispice gravé et encadré d'un filet ; il porte le N.° 1, et est signé F. M. Queverdo del., Villerey sculp., avec cette légende :  Une femme est moins aimable
Quand elle a le Thyrse en main.  Romance d'Orphée.

364 — **Un Mot sur tout le Monde,** ou La Revue de Paris, Pour l'An Dix. **Almanach Chantant**; Par les Auteurs des Diners du Vaudeville. || A Paris, Chez Favre, Libraire, Palais du Tribunat, Galeries de bois, N.° 220, aux Neuf Muses, et, à son magasin, rue Traversière-Honoré, N.° 845, vis-à-vis celle Langlade.

An dix (1801-1802). in-32.

Titre avec lettres en partie gravées.

Almanach de 180 p. de texte, divisé en 146 p. de chansons et de poésies, — 1 p. pour la "Table alphabétique des articles contenus dans le volume", — et 33 p. pour le "Catalogue des ouvrages en tout genre qui se trouvent chez le C. (citoyen) Favre..." — Sans figure.

Après le titre, qui est gravé dans un cadre à petits godrons, se trouve le Calendrier de l'ère républicaine et de 1801-1802, vieux style.

## 365 — Le Double Mystère Dévoilé, ou Bonheur sur Bonheur, Etrennes Enigmatiques & Magiques offertes aux Dames & Demoiselles. Par Mirbabeck Solasky, D'après ses découvertes depuis l'an 1001 jusqu'à ce jour. Pour la Présente Année. ∥ A Paris, Chez Langlois, Imprimeur-Libraire, rue de Thionville, ci-devant Dauphine, N°. 1840.

An XI. in-32.

Publication de colportage de 64 p. encadrées d'un double filet. Un avertissement "Au Lecteur", au verso du titre, indique que cet ouvrage est composé d'une série d'horoscopes. — "Tableau des Ternes et Tiercets pour les Dames" et un autre semblable "pour les Hommes". — Frontispice colorié, représentant un jeune couple se faisant tirer un horoscope sur une place publique ; légende : Le double Moistère (sic). — Calendrier de l'An XI°. (1802 & 1803. Ere Chrétienne) au milieu du volume.

A Paris, de l'imprimerie de Langlois.

## 366 — La Mélomanie, ou les Passe-Temps Agréables, Contenant les Ariettes les plus nouvelles, Dédiés au Beau-Sexe ; Pour la présente Année. ∥ A Paris, Chez Langlois, fils, Imprimeur-Libraire, rue de Thionville, ci-devant Dauphine, N°. 1840.

*An XI. in-32.*

Publication de colportage de 62 p. avec une 'Table' non paginée.
Au verso du titre se trouve cet "Avis. Tous les Couplets, Romances, Rondeaux et Chansons peuvent être chantés sur des airs connus : il n'y a que les Ariettes compliquées qui ont besoin d'airs notés. — Frontispice gravé et colorié, avec la légende : La Mélomanie.
Au milieu du volume, le Calendrier de l'An XI (1802 et 1803, Ère Chrétienne). ——    A Paris de l'imprimerie de Langlois.

**367 — La Lyre d'Orphée**, Contenant un Recueil de Romances & de Chansons des plus piquantes, & des Stances sur les quatre Saisons de l'année, Mis sur des airs nouveaux. Pour la présente Année. || A Paris, Chez Langlois, Imprimeur-Libraire, rue de Thionville, ci-devant Dauphine, N°. 1840.

*An XII. in-32.*

Publication de colportage de 62 p. avec 'Table des Matières' non paginée. Toutes les pages sont encadrées d'un double filet.
Frontispice gravé et colorié, avec cette légende : La Lyre d'Orphée.
A Paris de l'Imprimerie de Langlois.

**368 — Almanach des Mœurs**, ou Le Triomphe de la Sagesse, Etrennes morales, poétiques et lyriques pour tous les ages, et principalement pour la jeunesse des deux sexes ; Contenant Des Moralités et Maximes en vers, des Chansons et Allégories morales, etc., les plus propres à inspirer la pratique des Devoirs de la Société, l'amour de l'ordre et le goût des choses honnêtes, etc. etc. [Épigraphe :]
Soyons bons, justes, vertueux, ——— Et nous serons assez heureux.

|| A Paris, Chez Janet, Libraire, rue S. Jacques, N° 31.

1804-1805. in-18.

Almanach de 72 p. de texte, commençant par un "Avis essentiel à lire, pour l'usage et l'emploi de cet **Almanach**", après lequel se trouve la "Table des Leçons de Sagesse, Maximes, Moralités, etc., en vers, contenus dans cet ouvrage, etc." Ces leçons sont divisées en VI chapitres. La table se termine par les "Chansons Morales et les Maximes", au total x pages.

Joli frontispice gravé et signé Desrais del. — Chatelain Sc. ; au-dessous cette légende : Le Triomphe de la Sagesse.

De l'Imprimerie de Belin, rue St Jacques, N° 22.

369 — **Le Gesner des Campagnes** Almanach Moral. || A Paris chez Le Fuel Libraire Relieur Rue St Jacques N° 54.

vers 1804 ou 1806. in-32.

Joli titre gravé, avec une vignette, encadré d'un léger filet, ainsi que toutes les pages. En dessous du cadre, l'adresse de l'éditeur.

Le texte, entièrement gravé, se compose de 6 airs notés et gravés, non paginés, encadrant les 24 p. numérotées des chansons.

Six gravures, non signées, avec ces légendes : 1° Le lever du Soleil. — 2° Le Reve de la vie. — 3° La Soirée d'Eté. — 4° Les Agréments du Pont-Neuf. — 5° La Méprise. — 6° La Rose toujours de mode. ———— Sans calendrier.

A la dernière page on lit cette annonce gravée : On trouve dans le même magasin tout ce qu'il y a de plus moderne en almanach dans le genre agréable.

370 — **Paul et Virginie.** Almanach Contenant des Chansons

Vaudevilles, Romances, Énigmes, Épigrammes, etc. etc. ‖ A Paris, Chez Demoraine, Impr.-Libr., rue du Petit-Pont, N° 97.

1806 . in-32.

Almanach de colportage de 64 p. encadrées d'un double filet. Frontispice colorié : Paul et Virginie.

Au milieu du volume, le Calendrier pour l'Année 1806 et l'An II° de l'Empire. Avec les jours correspondans (sic) du calendrier de l'an 14, avec l'adresse de l'éditeur.

De l'imprimerie de Demoraine, rue du Petit-Pont, N° 97.

371 — **Les Étrennes de Momus**, pour la présente année. ‖ A Paris, Chez Caillot, imprim.-Libraire, rue du Hurepoix, quai des Augustins, N° 9.

1807 . in-32.

Publication de colportage, sans pagination, composée de chan--sons dont toutes les pages sont encadrées d'un double filet, avec un frontispice sans légende. —— Le Calendrier pour l'An 1807 Avec Le Départ des Coches d'Eau des Ports S. Bernard et S. Paul, est au milieu du volume, avec l'adresse de l'éditeur.

372 — **L'Amant Complaisant**, ou Un Bienfait n'est jamais Perdu. Almanach Contenant de très-jolies Chansons, Romances, Vaudevilles, Bouquets, Épigrammes, etc. ‖ A Paris, Chez Demoraine, Imp.-Libr. rue du Petit-Pont, N° 18.

1808 . in-32.

Almanach de colportage de 64 p. encadrées d'un double filet.

Frontispice gravé et colorié : un jeune homme traversant à gué un cours d'eau, portant dans ses bras une jeune femme.

Le Calendrier pour l'Année 1808, IVᵉ de l'Empire est au milieu du volume, avec l'adresse de l'éditeur.

De l'Imprimerie de Demoraine, rue du Petit-Pont, Nº 18.

373 — **Le Petit Moraliste** Almanach pour l'Année 1808. ‖ à Paris, chez Lefuel, Rue St Jacques, Nº 54.

1808. in-128.

Minuscule entièrement gravé, de 64 p. le calendrier compris et composé de petites chansons correspondant aux 10 petites figures et dont voici les titres : 1º Le Miroir. — 2º Le Paon vaniteux de son plumage. — 3º Conseil à mon ami. — 4º Aux Critiques. — 5º Le Chien qui court plusieurs lièvres. — 6º Les Défauts. — 7º Le Paresseux. — 8º Le Chant forcé. — 9º Le Moineau à la Tourterelle. — 10º Réponse à la Tourterelle.

Le titre est paginé 1. ——— Calendrier de 1808.

374 — **Les Agrémens** (sic) **du Bois de Romainville.** Almanach Chantant Pour la Présente Année. ‖ A Paris, Chez Mᵐᵉ Vᵉ Bouquet-Guillau, Impr.-Libr., rue Galande, Nº 37.

1809. in-32.

Almanach de colportage de 48 p., avec un frontispice mal colorié et sans légende. ——— Au milieu du volume et faisant partie de la pagination se trouve le Calendrier pour l'An 1809, Vᵐᵉ de l'Empire Français, avec l'adresse de l'éditeur.

375 — **Les Dangers de l'Absence**, ou La Lettre. Almanach

Contenant des Vaudevilles, Chansons, Romances, Epigrammes, Bouquets, Charade, Enigme. || A Paris, Demoraine, imprim.-libr. rue du Petit-Pont, N°. 18.

1809. in-32.

Almanach de colportage de 64 p. encadrées d'un double filet.

Frontispice colorié : une jeune femme, assise à son bureau et souriant en lisant une lettre.

Calendrier pour l'Année 1809, V°. de l'Empire, au milieu du volume. _____ De l'imprimerie de Demoraine, rue du Petit-Pont.

376 _ **Esprit de l'Almanach des Muses** ; depuis sa création jusqu'à ce jour. Tome Premier. || A Paris. Chez Joseph Chaumerot, Libraire, Palais Royal, Galerie de bois, N°. 188. _____ Deux volumes.

(de 1809). in-18.

Titre en lettres gravées, avec une jolie vignette coloriée représentant Erato (sans doute, mais avec des ailes) pour le premier volume, et sur le second volume Calliope.

Après le titre se présente un " Avertissement de l'Editeur " [dont nous extrayons les passages suivants pour faire connaître la raison de cet ouvrage] : il y est dit que " vu la quantité si disparate des œuvres contenues dans les 44 vol. de l'**Almanach des Muses**," de 1765 à 1808 inclus, l'éditeur " a eu l'idée de présenter au Public, sous le titre : **Esprit de l'Almanach des Muses**, un choix fait avec soin dans cet Almanach de tous les morceaux qui peuvent défier la sévérité de la critique et qui méritent de devenir classiques. _ ....Il a voulu éviter de reproduire des pièces trop connues et restées dans la mémoire de tous les gens de goût. Il s'est attaché à ne prendre dans les Ouvrages des grands maîtres que ceux qui ont laissé le moins de traces. — Ce ne sera pas la partie la moins intéressante de ce Recueil, que celle qui présentera sous des noms obscurs ou peu connus une foule de petites pièces remplies de grâce et d'esprit. — ….. et d'offrir à tous ceux qui s'occupent de Littérature, en deux volumes, les chefs-d'œuvre de la Littérature légère du dernier siècle ….. »

Chaque volume, table comprise, a 432 pages.

Sans calendrier. — De l'Imprimerie d'Orizet et Le Coq, Place S.-Michel.

## 377 — Le Petit Faublas, Chansonnier Pour l'Année 1810. ||

A Paris, Chez Delacour, Imprimeur-Libraire, rue J.-J. Rousseau, N° 14. Martinet, Libraire, rue du Coq Saint-Honoré, N. 13 et 15. Tardieu, Libraire, Passage des Panoramas. 1810.

1810. in-18.

Chansonnier composé de 132 p., vers et prose.

Frontispice gravé, non signé et sans légende (un jeune homme présentant une supplique amoureuse à une jeune femme assise près d'un petit guéridon.).

Calendrier de 1810 à la fin du volume.

## 378 — Les Petits Trompeurs Trompés, Etrennes Lyriques Amusante (sic). || A Paris Chez Le Fuel, Relieur, Libraire, Rue St Jacques N° 54.

1811. in-64.

Titre en lettres gravées avec une vignette : deux amours, entourés de nuages, développant un rouleau de papier sur lequel on lit : Zéphir et l'Amour. — Petit volume de 24 p. de chansons accompagnées de 12 gravures, avec ces légendes : 1° Les chansons ne peu-

-vent rien. — 2° La Peste. — 3° Mes Regrets. — 4° Le Conseil. — 5° A mes Convives. — 6° A Maman pour sa Fête. — 7° A deux Epoux. — 8° Le petit Bacchus. — 9° Lisette. — 10° La Modestie. — 11° A M<sup>elle</sup> V... que l'on m'a donné (sic) pour Précepteur. — 12° à Emilie.

Calendrier pour l'Année 1811, encadrant le texte et portant l'adresse de l'éditeur ; il est paginé et comprend 24 p.

Sur la dernière page se trouve cet Avis : On trouve dans le même Magasin toutes sortes de jolis Almanachs avec et sans Figures.

### 379 — Le Présent du Premier Jour de l'An Avec Gravures.
‖ Paris Chez Janet Libraire Rue St. Jacques N° 59.

1811. in-32.

Titre en lettres gravées et entouré d'un filet.
Petit volume de chansons et romances, sans pagination.
Huit gravures avec ces légendes : 1° Le Départ (du guerrier). — 2° Le Buveur. — 3° Le Retour (du guerrier). — 4° La Glace. — 5° Le Présent. — 6° La Pensée. — 7° Augusta. — 8° Le Trompeur.
Calendrier de 1811 se dépliant et encadrant le texte.

### 380 — Le Berger Galant, ou Le Mal d'Amour. Almanach Contenant des Chansons de table, Romances, Bouquets, Charades, Enigmes et Logogriphes. ‖ A Paris, Chez Demoraine, Libraire, rue du Petit-Pont, N° 18.

1813. in-32.

Publication de colportage de 64 p. encadrées d'un double filet.
Frontispice colorié sans légende.
Au milieu du volume, le Calendrier pour l'Année 1813, IX<sup>e</sup> de l'Empire avec l'adresse de l'éditeur, et une petite vignette.

De l'imprimerie de Poulet, quai des Augustins, N. 9.

**381 — Les Délices du Printemps.** || A Paris, chez le Fuel Rue St Jacques, 54.

1813. in-64.

Titre illustré d'une gravure (2 amours soignant des plantes). Petit volume de 24 p. de chansons accompagnées de 6 gravures dans des ovales encadrés avec traits de burin aux angles, avec ces légendes : 1º La glissade favorable. — 2º Le beau bouquet. — 3º La réflexion de Ninette. — 4º Le langage de l'Amour. — 5º Les bonnes étrennes. — 6º Les peines et les plaisirs. Calendrier pour l'année 1813, de 24 p. encadrant le texte.

**382 — Chansonnier du Jour et de la Nuit,** Dédié à Tout le Monde. || A Paris, Chez Tiger, Imprimeur-Libraire, rue du Petit-Pont-Saint-Jacques, au coin de celle de la Huchette. Au Pilier-Littéraire.

1814. in-16.

Chansonnier composé de 90 p. de texte avec un frontispice gravé, non signé et sans légende. ——— Sur le titre est une petite vignette (des attributs de musique). Calendrier pour l'An 1814, à la fin du volume.

**383 — Le Point du Jour aux Bosquets de Flore.** Almanach Chantant. || A Paris, Chez Tiger, Imprimeur-Libraire, rue du Petit-Pont, au coin de celle de la Huchette, en bas de la rue Saint-Jacques. Au Pilier-Littéraire.

1814. in-32.

Publication de colportage sans pagination ; le titre ainsi que toutes les pages sont encadrés d'un double filet.

Frontispice colorié, sans légende.

Au milieu du volume se trouve l'Almanach pour l'An 1814, XI<sup>e</sup> de l'Empire Français.... avec l'adresse de l'éditeur.

384 — **Plaisir et Bonheur**, ou L'Union de Bachus (sic) et L'Amour, Almanach Chantant Pour la présente Année. ‖ A Paris, Chez Marcilly, rue Saint-Jacques, N°. 21, Imprimerie de Douelet.

1817. in-32.

Almanach sans pagination, avec un double filet formant cadre au titre ainsi qu'à toutes les pages.

Frontispice colorié, sans légende.

Au milieu du volume, le Calendrier, de l'éditeur, pour l'An 1817.

385 — **Le Petit Manuel de la vie Champêtre**. ‖ A Paris chez Le Fuel Rue S. Jacques, N°. 54.

1817. in-64.

Titre en lettres gravées sur un grand rideau drapé au-dessus d'une jeune femme, lisant, étendue sur une chaise-longue.

24 p. de chansons accompagnées de 12 jolies gravures avec ces légendes : 1<sup>e</sup> Hommage aux Dames. — 2<sup>e</sup> Les Grâces et la Beauté. — 3<sup>e</sup> La Rose et les Vertus. — 4<sup>e</sup> L'Effet des Modes. — 5<sup>e</sup> Le Temple de l'Amour. — 6<sup>e</sup> Le Printemps. — 7<sup>e</sup> Le Quart-d'heure de la vie. — 8<sup>e</sup> Les Fêtes de Village. — 9<sup>e</sup> La Blonde et la Brune. — 10<sup>e</sup> Trop de hardiesse nuit. — 11<sup>e</sup> Alain et Silvie. — 12<sup>e</sup> La Bergère appaisée (sic).

Calendrier pour l'année 1818. de 24 p., encadrant le texte.

386 — **Les Bergers et Le Printems** (sic), Almanach Chantant. ‖ A Paris, Chez Tiger, Imprimeur-Libraire, rue du Petit-Pont-Saint-Jacques, au coin de celle de la Huchette. Au Pilier Littéraire.

1818. in-32.

Almanach de colportage, avec une petite vignette sur le titre.

Au verso du titre on lit cet "Avis. On trouvera chez Tiger, un assortiment d'Almanachs chantans (sic), récréatifs, Etrennes, etc., etc.; des Chansonniers nouveaux, et de petits Romans de différens (sic) genres". _____ Volume sans pagination, et les pages encadrées d'un double filet. _____ Exemplaire sans frontispice.

Au milieu du volume l'Almanach Grégorien pour l'An de Grace MDCCCXVIII (1818). Avec les Départs et Arrivées des Coches de la Haute-Seine, et l'adresse de l'éditeur.

387 — **Hommage à l'Amitié.** ‖ Paris, Chez Marcilly, Rue St Jacques, N° 21.

1818. in-32.

Titre en lettres gravées avec une vignette représentant une jeune fille implorant un buste de Minerve placé sur une stèle, derrière laquelle se cache un amour muni de son arc et tenant un sablier.

48 p. de chansons et romances, avec six gravures au pointillé, non signées et sans légende, mais se rapportant aux poésies dont voici les titres : 1º Adieu, Colin, au revoir. — 2º La Quête au Bal. — 3º L'Orage. — 4º La Veuve du Laboureur. — 5º Adieu la Vie. — 6º L'Aveugle du Village.

Souvenir des Dames avec un titre gravé dans un joli encadrement ; au-dessous, l'adresse de l'éditeur. Douze petites vues gravées en tête des mois. _____ Le volume se termine par quelques

feuillets blancs, et le Calendrier de 1818 se dépliant.
De l'Imprimerie de Firmin Didot.

**388 — Le Petit Libéral**, Almanach Pour la Présente Année.|| A Paris. Au temple de Cithère (sic).

1819. in-32.

Publication de colportage avec un titre imprimé dans un triple encadrement. — Chansons, historiettes, anecdote et pot-pourri. ——— Sans pagination.

Frontispice, gravure sur bois, dans un ovale encadré avec traits de burin aux angles, et cette légende : Claire et Landri, qui est aussi le titre de la 1ère chanson, petite histoire du 12e siècle.

Au milieu du volume se trouve le Calandrier (sic) Grégorien pour l'An de N·S·J·C· 1819.

**389 — Étrennes de Julie** ou l'Art d'être Aimable.|| A Paris Chez Le Fuel, Libre. Rue St. Jacques.

vers 1820. in-64.

Titre en lettres gravées avec une jolie illustration en couleurs : deux amours, dans un jardin, soignant des plantes en fleurs.

24 p. de chansons accompagnées de douze gravures finement coloriées se rapportant aux chansons portant ces titres : 1e La Rose toujours de Mode. — 2e Les Premiers Sermens (sic). — 3e Le Lit d'Églé. — 4e Les Nouveaux Vénus à Cythère. — 5e Le Grand Mystère. — 6e La Montre à la Main. — 7e La Folie d'un Vieillard Aimable. — 8e Le Projet Honnête. — 9e La Répartie de Julie. — 10e La Romance d'un Amant. — 11e L'Incertitude. — 12e La Triste Nouvelle.

390 — **Fleur d'Amourettes** ‖ Paris Louis Janet, Libraire, Rue St Jacques N° 59.

vers 1820. in-32.

Titre en lettres gravées avec une vignette : un bouquet de fleurs.
48 p. de chansons et romances, avec les noms de leurs auteurs.
Six gravures non signées, dans des médaillons encadrés avec tailles de burin aux angles. En voici les légendes : 1° La Belle Annette. — 2° Le Comte Aymar. — 3° Ne l'éveillez pas. — 4° Le Bonheur du Chalet. — 5° Le Rendez-vous. — 6° Le Nautonier. ——— Sans calendrier.

391 — **Le Petit Pierrot** Almanach pour 1820. ‖ Paris Le Fuel, Rue St Jacq.

1820. in-128.

Minuscule entièrement gravé de 64 p., calendrier compris ; chansons avec leurs titres et onze petites figures.
Le titre, paginé 1, porte une vignette : un pierrot assis.
Titres des petites poésies : 1° La Miniature. — 2° Les Déesses alarmées. A Lisa. — 3° Le bon petit Enfant. — 4° Le Singe l'Ane et la Taupe. Fable. — 5° Le Don d'une Plume Au Nouvel An. — 6° Le Violon cassé. Fable. — 7° Les Roses. — 8° Les Oiseaux, Madrigal. — 9° Le Fameux Barbier, Historiette. — 10° Jupiter et l'Amour. — 11° Le Tendre Aveu.
Calendrier de 1820.

392 — **Le Présent de la Gaîté** ‖ A Paris chez Marcilly Rue St Jacques N° 21.

1820. in-32.

Titre en lettres gravées dans un cadre, avec un sujet champêtre : quatre jeunes filles dansant en rond.
Almanach, sans pagination, avec ses pages encadrées d'une

torsade. Chansons accompagnées de huit gravures assez jolies, avec ces légendes : 1º Il faut aimer. — 2º le Bonheur Champêtre. — 3º le charme de la vie. — 4º l'Hymen et l'Amour. — 5º l'Heureux Buveur. — 6º le Peintre Allégorique. — 7º la Complaisance. — 8º le langage des Fleurs.

Calendrier de 1820 en tête du volume.

### 393 — Amour et Pudeur ou Le Romancier des Demoi--selles. ‖ Paris, L.º Janet Libraire, Rue S.t Jacques, N.º 59.

1821. in-32.

Titre gravé, avec une petite vignette. — 144 p. de chansons, avec une 'Table'. — Six figures, signées Seb. Leroy del. — Fr. Janet sc., avec ces légendes : 1º Un Chevalier qui volait au combat. — 2º Le passage. — 3º Philis. — 4º Le Guerrier Troubadour. — 5º L'Écharpe de Bayard. — 6º Isabelle.

Calendrier pour l'An 1821.

[ Donné en communication. ]

### 394 — L'Île de la Félicité, ou les Compagnons de Voyage. Almanach Chantant. ‖ A Paris, Chez Tiger, Imp.-Lib., place Cambrai, au Pilier Littéraire. Et chez les marchands de nouveauté.

vers 1822. in-32.

Almanach de colportage, sans pagination, dont toutes les pages, ainsi que le titre, sont encadrés d'un double filet.

Au verso du titre se trouve une longue réclame, de 19 lignes, de Tiger, concernant son commerce.

Frontispice colorié, sans légende (un couple descendu à terre d'un bateau. Deux amours volent au dessus du mât).

395 — **Le Petit Galoubet Français.** Chansonnier Grivois Pour la Présente Année. || A Paris, Chez Tiger, Imprimeur-Libraire, rue du Petit-Pont Saint-Jacques, au coin de celle de la Huchette. Au Pilier littéraire.

1824. in-32.

Publication de colportage, sans pagination, avec toutes les pages encadrées d'un double filet.

Au verso du titre se trouve un "Avis", réclame de l'éditeur.

Frontispice colorié, sans légende.

Au milieu du volume l'Almanach Grégorien pour l'An de Grace MDCCCXXIV (1824)... et l'adresse de l'éditeur.

396 — **Le Petit Lutin** Pour l'Année 1824. || A Paris Chez Louis Janet Rue St Jacques N° 59.

1824. in-128.

Minuscule entièrement gravé, de 64 p. le calendrier compris. Le titre est paginé 1. —— Huit petites figures, sans légende, accompagnent les chansons sans titre. — Devises pour les Demoiselles et les Garçons avec une Table.

397 — **Thémire**, ou Le Parfait Amour, Almanach Chantant et Amusant. || A Paris, Chez Tiger, Imprimeur-Libraire, rue du Petit-Pont-Saint-Jacques, N° 10. Au Pilier Littéraire.

1824. in-32.

Almanach de colportage, sans pagination, composé de chansons, couplets, pots-pourris, fable, avec toutes les pages encadrées

d'un double filet. ⎯ Réclame de l'éditeur sur le verso du titre. ⎯ De l'Imprimerie de Tiger.
Frontispice colorié, sans légende.
Au milieu du volume, l'Almanach pour l'An de grâce 1824, comprenant 16 p. numérotées, avec l'adresse de l'éditeur.

### 398 ⎯ Album Moral des Demoiselles. ∥ à Paris, Chez Marcilly fils aîné, Libraire, Rue St Jacques, N°21. De l'Imprimerie de Firmin Didot, Rue Jacob N°24.

1825. in-24.

Titre en lettres gravées, avec une vignette. ⎯ 158 p. de texte, 'Table des Matières' comprise. C'est la réunion de toutes les pensées sur l'éducation des Demoiselles, sur la Morale et la Religion, choisies dans les œuvres de nos plus célèbres moralistes, ainsi qu'il est dit dans 'Un mot de l'Éditeur', qui se trouve après le titre.
Vient ensuite le Calendrier pour l'An 1825.
Six gravures, non signées et sans légende, accompagnent le texte en prose qui porte les titres des chapitres suivants : 1° Douce Pitié. ⎯ 2° Adorons les desseins de Dieu (p.12). ⎯ 3° Devoirs de l'Amitié (p.37). ⎯ 4° Respect à la Vieillesse (p.48). ⎯ 5° Reconnaissance envers Dieu (p.73). ⎯ 6° Le Ciel punit les Enfants ingrats (p. 84). ⎯ A la fin du volume, le 'Souvenir des Dames', avec de jolis encadrements et vignettes pour les mois, avec un titre illustré ; au-dessous et gravé : à Paris, Chez Marcilly, Rue St Jacques N°21.

### 399 ⎯ Le Jardinier Fleuriste Dédié aux Dames Par un Amateur. ∥ à Paris. Chez Marcilly, Rue St Jacques, N°21.

1826. in-24.

Joli volume dont le titre est en lettres gravées avec une vignette coloriée et signée Simonet jeune sculp. 1818 : un jardinier admirant une plante fleurie. — En regard du titre se trouve cette dédicace :

### Le Petit Jardinier Fleuriste aux Dames.

Mesdames.

Je plante, je bêche, j'arrose,
Depuis le matin jusqu'au soir ;
Je vais, je viens, jamais ne pose,
Car mes fleurs font tout mon espoir ;
Mais elles sont longues à naître....
Bien différent est votre cas ;
Partout vous n'avez qu'à paraître
Et les fleurs naissent sous vos pas.

199 p. de texte en prose, la 'Table des Matières' comprise, suivie de l'adresse : De l'Imprimerie de J.-M. Eberhart, rue du Foin Saint-Jacques, N°12.

L'ouvrage débute par l'historique des Jardins et à la page 17, il donne les indications pour entreprendre les travaux de chaque mois pour les plantes. ——— 12 gravures finement coloriées portent ces légendes : 1° Camellia et Narcisse. — 2° Anémones et Perce-neige. — 3° Iris et Primevère. — 4° Tulipes et Fritillaire. — 5° Renoncules et Chèvrefeuille. — 6° Lis et Rose panachée. — 7° Rose et Pois de Senteur. — 8° Amaryllis et Belle-de-Jour. — 9° Digitale et Pensée. — 10° Œillet et Soucis. — 11° Rose du Bengale et Oreille d'Ours. — 12° Iris et Passiflore. Calendrier pour l'An 1826.

## 400 — Le Luth d'Amour. ||à Paris, Chez Marcilly fils aîné, Rue St Jacques, N°21.

### 1826. in-32.

Titre en lettres gravées avec une vignette au pointillé : La Folie conduisant l'Amour vers un arbre auquel sont pendues une lyre et une flèche. ———— 48 p. de chansons et romances.

Six gravures au pointillé, sans signature ni légende, mais se rapportant aux poésies dont voici les titres : 1.º Cora. — 2.º Le Retour du Paladin. — 3.º Pauvre Aloyse. — 4.º La Tombe de ma Mère. — 5.º Bayard et la jeune Fille. — 6.º L'Enchanteur Maugis. ———— Souvenir des Dames avec un titre gravé et illustré, avec l'adresse de l'éditeur. En tête de chaque mois il y a un petit paysage. ———— Vient après, un cahier de feuillets blancs, avec encadrements.

Le Calendrier de 1826 est au commencement du volume.

De l'Imprimerie de Firmin Didot, Rue Jacob, N.º 24.

401 — **Le Réveil du Caveau**, Pour 1826; Par MM. Brazier, Capelle, Carmouche, De Courcy, Désaugiers, Gentil, E. Jourdan, Lassagne, De Piis, Rousseau, S.ᵗ-Laurent, Tournay, Vial; Et MM. Romagnesi et Charles Plantade, pour les airs nouveaux. ‖ Paris, Alexis Eymery, rue Mazarine, N.º 30. 1826.

Ce titre est gravé sur la couverture du volume dans un cadre à fleurs et perles.

1826 . in-18.

Le titre intérieur, en lettres gravées, porte seulement : **Réveil du Caveau Pour 1826.** ‖ Paris Alexis Eymery, Libraire, avec une vignette gravée et signée Martinet del.; au-dessous, ce distique :

La Politique a sommeillé
Et le Caveau s'est réveillé.

295 p. de texte, la 'Table' comprise.

Trois airs notés se dépliant : 1.ᵉʳ Le Réveil du Caveau. — 2.º La Richesse de celui qui n'a rien. — 3.º Le Premier Bouillon de l'Amour.

Sans calendrier.

402 — **Album des Muses.** || A Paris, Chez Marcilly, Rue St Jacques, N° 21.

— [Cet almanach a été cité par Mr Grand-Carteret dans sa Bibliographie (N° 2054, p. 508). Néanmoins j'ai cru utile d'en parler pour en donner une description bien complète.] —

1827. in-24.

Titre en lettres gravées avec une vignette : deux amours, dont l'un cueille une rose et l'autre confectionne une couronne.

144 p. de chansons (sauf quelques-unes, ces chansons sont les mêmes que celles de la **Guirlande des Dames**, de 1823, 9ème année).

Six gravures, non signées et intercalées dans le texte, portent les légendes suivantes correspondant aux chansons : 1° Marie Stuart. — 2° Valentine de Milan. — 3° Piron. — 4° Deux jeunes filles lisant un billet doux. — 5° Le compte avec l'hôte. — 6° Alexis. — (Ces gravures ont paru déjà dans la **Guirlande des Dames** de 1823, où elles sont placées, avec leurs explications, au commencement du volume).

Huit pages de musique gravée comprenant 10 airs, que l'on retrouve aussi dans le même ouvrage que ci-dessus.

Souvenir des Dames avec douze petites vues en tête des mois, une vignette sur le titre, et l'adresse de l'éditeur.

Calendrier pour l'an 1827, au commencement du volume.

Au verso du faux-titre se trouve, entre deux gros traits : De l'Imprimerie de J. M. Eberhart, Imprimeur du Collège Royal de France, rue du Foin St Jacques, N° 12.

403 — **Tablettes des Graces.** || à Paris, Chez Marcilly, Rue St Jacques, N° 21.

1828. in-24.

Titre en lettres gravées avec une jolie vignette au pointillé.
Le faux-titre porte : **Les Tablettes des Graces.**

144 p. de poésies lyriques signées de M<sup>elle</sup> A. Devaux d'Hugueville, M<sup>mes</sup> de Coigny, de Saint-Ursin, Desbordes-Valmore, la M<sup>ise</sup> de Simiane, Dufresnoy, C. Vien, Riccoboni, etc...

Six gravures signées, les deux premières, Aubert Sculp., les quatre autres, Pigeot Sculp. En voici les légendes : 1<sup>e</sup> Paysage (Le Tombeau grec). — 2<sup>e</sup> Paysage (Les Plaisirs des Champs). — 3<sup>e</sup> Atelier de Serrurier. — 4<sup>e</sup> La Sculpture. — 5<sup>e</sup> Andromaque et Pyrrhus. — 6<sup>e</sup> Le Mariage de deux Bressans.

Viennent ensuite : 8 p. de musique comprenant 10 airs notés et gravés et le Souvenir des Dames, avec une vignette sur le titre; 12 petits paysages en tête des mois; et l'adresse de l'éditeur.

Calendrier pour l'année bissextile 1828 après le grand titre.

Même adresse d'Imprimeur qu'au précédent ouvrage (402).

## 404 — L'Amour et les Plaisirs, Almanach Chantant Pour la présente Année. || A Paris, Chez Caillot, Libraire, rue S.-André-des-Arcs, N° 57.

1829. in-32.

Almanach de colportage, sans pagination, avec toutes les pages, ainsi que le titre et le frontispice, encadrés d'un double filet.

Sur le titre sont les attributs de l'Amour, et au verso : Eberhart, Imprimeur, Rue du Foin S.-Jacques, N° 12.

Frontispice colorié, sans légende.

Calendrier pour l'Année 1829 au milieu du volume.

## 405 — Hommage aux Muses. || à Paris, Chez Marcilly fils aîné, Libraire, Rue S<sup>t</sup> Jacques, N° 21.

1829. in-32.

Petit volume de 48 p. de chansons. —— Titre gravé, avec une vignette représentant un berger jouant du flageolet.

Six figures, non signées et sans légende, mais se rapportant aux chansons dont voici les titres : 1º La Sagesse et le Plaisir. — 2º L'exil du Troubadour. — 3º La Mésaventure. — 4º Colin-Maillard. — 5º La Guitare. — 6º Lamech et Zélis.

Souvenir des Dames avec titre illustré et 12 petites vues en tête des mois. —— Calendrier de 1829 après le titre.

De l'Imprimerie de Firmin-Didot, Rue Jacob, Nº 24.

## 406 — Petit Chansonnier National, Par N.-R. Pacault, Membre de plusieurs Sociétés. || Imprimerie de J.-S. Cordier fils, Rue Thévenot, Nº 8. 1830.

1830, plaquette in-32.

Publication de propagande, de 30 p. de chansons patriotiques, avec une 'Table'. —— Au verso du titre est imprimée cette note : "Ces chansons étant ma propriété, je déclare que je poursuivrai comme contrefacteur, toute personne qui en ferait imprimer dans tel recueil que ce fût."

Frontispice colorié représentant un soldat blessé.

La couverture, sur ses deux faces, est encadrée de feuilles de laurier et de chêne avec, au milieu, d'un côté, un faisceau de drapeaux avec le coq Gaulois ; sur l'autre côté, un autre faisceau composé de drapeaux, un canon, des fusils et des sabres ; sur le tout un écusson avec ces mots : 'Liberté — Ordre Public', surmonté d'un bonnet de grenadier. —— Le volume contient aussi le Calendrier de 1830 se dépliant et qui a été ajouté, ainsi qu'une chanson intitulée : 'Le Suisse, Impromptu' du (28 juillet 1830).

[Exempl. provenant de la collection du Bᵒⁿ de Fleury.]

**407 — Les Adieux à ma Belle.** ‖ A Paris, Chez Caillot, Libraire, rue S.-André-des-Arcs, N° 57.

1831. in-32.

Publication de colportage, sans pagination, composée de chansons, avec les pages, titre et frontispice encadrés d'un double filet.
Le titre est en lettres gravées, avec une petite vignette.
Frontispice gravé, colorié et sans légende.
Calendrier pour l'Année 1831, au milieu du volume.
Eberhart, Imprimeur, Rue du Foin S.-Jacques, N.12.

**408 — Le Chansonnier des Amans** (sic), ou Mon Hommage aux Graces, Recueil des plus jolies Romances, Duo, Ariettes des opéras, et autres Chansons choisies ; Avec des Airs Notés. ‖ Au Temple des Plaisirs, Et à Lille, Chez Castiaux, Libraire Grand'Place.

vers 1832. pet. in-18.

Chansonnier de 96 p. de texte avec un frontispice sur bois, portant cette légende : Heureux l'amant qui sur son sein, voit reposer si douce amie !... ⸺ Trois airs notés. ⸺      Lille. — Imprimerie de Blocquel.

**409 — La Fleur des Champs** ‖ à Paris Chez Janet Libraire : Rue St. Jacques N° 59.

1832. in-64.

Petit volume de 24 p. de chansons, accompagnées de 6 figures avec ces légendes : 1° La Fleur des Champs. — 2° Leçon. — 3° Le Souvenir. — 4° Dieu, le Roi et l'Amour. — 5° Encore trois Ans. — 6° La Fête de Rose.
Calendrier pour l'Année 1832 bissextile encadrant le texte.

[ Donné en communication. ]

**410 — L'Incorruptible**, Almanach Dédié aux Députés. ‖ A Paris, Chez les Marchands de Nouveautés.

1834. in-32.

Almanach de colportage très médiocre, sans pagination, composé de chansons, romances et vaudevilles, débutant par 'La Noce de M$^{lle}$ Gibou. Narration.' avec couplets. Il y a aussi une énigme et de très mauvais calembourgs. —— Frontispice colorié, sans légende. Calendrier de 1834 à la fin du volume.

**411 — L'Amour et les Graces.** ‖ A Paris, Chez les principaux Libraires du Royaume.

1835. in-32.

Publication de colportage sans pagination.
Titre dans un encadrement d'étoiles. —— Frontispice mal colorié, sans légende, dans un ovale encadré avec traits de burin aux angles. —— Au milieu du volume, le Calendrier de 1835.

**412 — Le Follet.** ‖ à Paris, Chez Marcilly Libraire, rue S$^t$ Jacques, N. 10.

vers 1835. in-32.

Titre en lettres gravées, avec une vignette signée dubouloz del. — Nargeot sc. —— Petit volume de 48 p., prose et poésies.
Six gravures, signées comme la vignette du titre, sans légende, mais se rapportant au texte : 1° Les deux Couronnes. ——

2º L'entrevue au Ruisseau. — 3º Requiem de Mozart. — 4º L'âne découvert. Fa-
-ble. — 5º Le Dakheil. — 6º L'hirondelle. Traduit du Chinois de Suma Kuang.

Souvenir des Dames avec titre et vignette gravés dans un cadre d'ornements, et adresse de l'éditeur. Chaque mois a pour en-tête un sujet gravé : animaux, fleurs ou oiseaux. A la suite, quelques feuillets blancs.

### 412 bis — Le Troubadour galant. Almanach Pour la Présente Année. || Paris, Au temple de l'Amour.

1836. in-32.

Almanach de colportage avec le titre en lettres gravées et une vignette. —— Texte, sans pagination, composé de chansons.
Frontispice, lithographie coloriée, en travers de la page, sans légende (colporteurs musiciens sur une place publique).
Calendrier pour l'Année Bissextile 1836 au milieu du volume.

### 413 — Le Chansonnier Philosophe, Recueil de Chansons de Société. || A Paris, Chez Delarue, Libraire, Quai des Grands Augustins, Nº 15.

1837. in-32.

Publication de 64 pages de texte.
Au verso du faux-titre se trouve : Le Chansonnier se vend à Lille chez Castiaux, et chez les principaux Libraires de la France et de la Belgique. —— et au verso du grand titre : Lille. —— Imprimerie de Blocquel.
Frontispice colorié, avec cette légende : L'Amour, la Sagesse et le Temps.
A la fin du volume, l'Annuaire de 1837.

414 — **L'Amour dans tous les États**, Recueil de Couplets sur les métamorphoses de l'enfant de Cythérée (sic). || A Paris, Chez Delarue, Libraire, Quai des Augustins, N° 11.

1838. in-32.

Publication de colportage de 64 p. avec un frontispice colorié, encadré et sans légende. —— Même adresse au verso du faux-titre qu'au n° 413. —— Annuaire pour 1838 à la fin du volume, avec cette adresse : Lille Imprimerie de Blocquel-Castiaux.

415 — **Le Nouveau Chansonnier Théâtral**, Recueil de Vaudevilles, Romances, Duo, Ariettes des Opéras nouveaux, Chansonnettes, etc., etc. || A Paris, Chez Delarue, Libraire, Quai des Augustins, N° 11 ; et au verso du titre : Le Chansonnier se trouve à Lille chez Blocquel-Castiaux, Parvillez-Rouselle, Vanackere Fils. —— Lille. — Imprimerie de Blocquel-Castiaux.

1839. pet. in-18.

Chansonnier de 128 p. la Table comprise. La couverture porte le titre dans un encadrement léger et plaisant ; sur l'autre côté se trouve une litho. représentant un savetier travaillant dans son échoppe. —— Le frontispice gravé donne le portrait en pied de Melle Flore. Rôle de Fraîche Mariée dans la Marchande de Gougons (sic), Théâtre des Variétés. Calendrier pour 1839 à la fin du volume.

416 — **L'Heureux Vainqueur**, ou Le Favori des Belles ; Recueil de Chansons, Romances, etc. Pour la présente année. || Au Temple de la Gaieté, Chez les Plaisirs.

vers 1840. in-32.

Publication de colportage de 64 p. encadrées d'un double filet ainsi que le titre.

Frontispice, gravure sur bois, sans légende. Cette gravure, ainsi que le titre, sont reproduits sur la couverture.

### 417 — Les Tendres Souvenirs du Cœur, ou Le Chansonnier du Sentiment. || A Paris, Chez Delarue, Libraire, Quai des Grands Augustins, N° 15.

vers 1840. in-32.

Chansonnier de 96 p. avec quatre gravures dans des ovales encadrés avec angles à traits de burin. La 1ère gravure sert de frontispice et se rapporte au texte, p. 28 : 1° Le retour du Guerrier. — 2° La Pèlerine. — 3° Surtout ne l'éveillez pas. — 4° Jeanne d'Arc (sur le bûcher). Lille. — Imprimerie de Blocquel.

[ Les 4 gravures ainsi que le texte s'y rapportant ont déjà paru dans le petit almanach **Amour pour Amour**, édité par L. Janet en 1831 (voir p. 80). Quant aux autres chansons, elles sont toutes différentes. ]

Au verso du faux-titre, on lit : Cet Almanach se vend à Lille chez Castiaux et chez les principaux Libraires de la France et de la Belgique.

### 418 — Mon Soleil et Ma Bretagne. Almanach chantant Pour la présente Année. || Paris, Stahl, Imp.-Libraire, 33, quai Napoléon.

1842. in-32.

Almanach de colportage, de 48 p. avec le titre encadré d'une arabesque. La 'Table' se trouve au verso du titre.

Frontispice colorié, sans légende.

Au milieu du volume se trouve le Calendrier Grégorien pour 1842 avec l'adresse de l'éditeur et dont le titre est encadré d'une énorme arabesque avec rosaces aux quatre angles.

Paris, Imprimerie de Stahl, 33 quai Napoléon.

### 419 — Nanette. Almanach Chantant Pour la présente Année. || Paris, V.° Demoraine et Bouquin, Libraires, Rue du Petit Pont-S.ᵗ-Jacques, 18.

1842. in-32.

Publication de colportage de 48 p. — Chaque chanson se termine par une petite vignette. —— Le titre est dans un cadre ornementé. —— Frontispice colorié, sans légende.

La Table des 14 chansons et romances, composant le petit volume, se trouve au verso du titre et sur la dernière page.

Paris. — Imprimerie de Stahl, Quai (les deux premières lettres de ce mot ont été couchées, l'une sur l'autre, dans la composition.) Napoléon. 33.

Le Calendrier pour l'An de grâce 1842, qui est au milieu du volume, porte non seulement l'adresse des éditeurs, mais encore cette autre adresse, à la dernière page:

Paris. Imprimerie de Pottin de S.ᵗ-Germain, rue de Nazareth, N. 1.

### 420 — Les Trois Mousquetaires. Almanach chantant pour la présente Année. || Paris, Stahl, Imprimeur Libraire, 10, Rue Saint-Christophe.

1846. in-32.

Almanach de colportage avec couverture imprimée ayant sur la face le titre: Almanach Chantant pour la présente Année, et sur l'autre face, une girafe avec son cornac.

Le titre intérieur est en lettres gothiques anglaises.

Le texte qui, avec le calendrier, comprend 48 p., est composé des chansons de Louis Brochot le menuisier, avec un frontispice sur papier vert d'eau. — Imprimerie de Stahl, rue S.t Christophe.

Au milieu du volume, le "Souvenir Parisien de 1846", avec un titre encadré d'arabesques et l'adresse : 10 rue S.t Christophe (Parvis Notre Dame)

## 421 — L'Amour Marchand de Plaisirs, Almanach Chantant Pour la présente année. ‖ Paris, Chez Delarue, Libraire, Quai des Augustins, 11.

### 1849. in-32.

Titre avec une petite vignette (l'Amour posé en vainqueur).

Au verso du titre, cette adresse : Lille. — Typ. de Blocquel-Castiaux.

Almanach de colportage, se divisant en deux parties : la 1.re, qui encadre la 2.me partie, se compose de l'Amour marchand de plaisir, — de l'hymne national, Le Départ pour la Syrie, et de quelques chansons enfantines : La Mère Michel, — Je n'aime pas le tabac. — Au clair de la lune, etc. accompagnées de trois fig. sur bois : 1.e Allez, la Mère Michel, — Vot' chat n'est pas perdu. — 2.e Les Bossus. — 3.e Nous n'avons qu'un temps à vivre, — Amis, passons-le gaiment… — La 2.me partie s'intitule **Chansonnier**, dont la plupart des chansons sont signées Ed. Duparc, Le Lecouturier, E. Chapel, J. Choux, P. Avenel, J. d'Aunac, C. B. Naigeon, etc. — Frontispice colorié : Le Tombeau de l'Amant (déjà reproduit en 1837 dans le **Chansonnier des Amours**, du même éditeur, et cité par J. Grand-Carteret, N.° 2219, p. 530.)

Au milieu du volume est placé l'Annuaire de 1849, avec l'adresse : Lille. — Typ. de Blocquel.

La couverture de l'almanach est imprimée sur ses deux faces : sur l'une, est le titre et sur l'autre, une vignette.

**422 — Le Chanteur de Bon Goût**, Almanach pour la présente année. || A Paris, Chez Delarue, Libraire, Quai des Augustins, N° 11.

1849. in-32.

Almanach de colportage, dont le verso du titre porte : Cet almanach, ainsi qu'un grand nombre d'autres en tous genres, se trouve à Lille chez Blocquel-Castiaux, Parvillez-Rouselle, Vanackère Fils. et au bas de la page : Lille. — Imprimerie de Blocquel-Castiaux.

Aucune pagination. La plupart des chansons sont signées. Annuaire de 1849, avec cette adresse : Lille. — Typ. de Blocquel.

**423 — Le Chansonnier Jovial**, Recueil des plus jolies Romances, Ariettes des Opéra (sic) et autres Chansons choisies. || Paris, Chez Delarue, Libraire, Quai des Augustins, N° 11.

1850. in-32.

Publication de colportage de 64 p. de chansons portant les noms de leurs auteurs et aussi, pour la plupart, des petites vignettes.

Au verso du titre on lit : Le chansonnier se trouve à Lille, chez Blocquel-Castiaux, Parvillez-Rouselle, Vanackère Fils. — Imprimerie de Blocquel-Castiaux.

Frontispice colorié : La Galante Cuisinière.

Annuaire de 1850 à la fin du volume.

**424 — Le Petit Chansonnier du Vaudeville**, Recueil de Chansons nouvelles. || Paris, Chez Delarue, Libraire, Quai des Augustins, N° 11; et au verso du titre : Le Chansonnier se trouve à Lille, chez Blocquel-Castiaux, Parvillez-Rouselle, Vanackère Fils. ——— Lille. — Imprimerie de Blocquel-Castiaux.

1850. in-32.

Publication de colportage de 64 p. de chansons, dont quelques-unes se terminent par des vignettes.

Frontispice représentant M.^elle Jenny Vertpré, Rôle de la Princesse Abricotine, dans Riquet à la Houpe (sic).

Annuaire de 1850 à la fin du volume. —— Lille. — Typ. de Blocquel.

### 425 — Almanach de Sa Sainteté Pie IX 1866 Par le

R. P. Huguet. [Epigraphe :] Le temps est proche où plus d'une voix, parmi celles qui ont injurié Pie IX, s'élèvera pour confesser qu'il est le pilier du monde (L. Veuillot). || Librairie Catholique de Périsse frères (Nouvelle Maison) Régis Ruffet & Cⁱᵉ Successeurs, Paris, 38 Rue Saint-Sulpice. Bruxelles, Place Sainte-Gudule, 4. 1866.

1866 . pet. in-12.

Almanach de propagande catholique, de 127 p.

Le Calendrier de 1866 est après le titre et il est suivi de la liste de l'Episcopat Français, imprimée en travers des feuilles.

A la dernière page l'adresse : 1259 — Paris, Imp. H. Carion, rue Bonaparte, 64.

La couverture porte le titre entier de l'almanach avec les attributs pontificaux, et au verso, ainsi que sur les deux côtés de la 2ᵉ partie de la couverture, se trouvent des réclames des éditeurs, parmi lesquelles on lit cette annonce :

### — Almanach de Tout Le Monde pour 1866 Par

M. l'Abbé Mullois, in-18, illustré —— Prix : 25 c.

### 426 — 1871. Almanach Chantant de la Garde Nationale Contenant Le Capitaine. — Le Sergent-Major. —

La Cantinière. — V'la les Gardes Nationaux. — Le Conseiller

de Famille. Chansons Patriotiques Inédites des Citoyens A. Philibert et Hip. Chatelin Dédiées aux Nobles Défenseurs de Paris. Prix : 25 cent. ‖ En vente chez A. Philibert, 76, rue de Bondy et chez Hip. Chatelin, 39, r. Daguerre.

1871 . in-8.

Almanach de propagande ne contenant que les cinq chansons indiquées dans le titre et n'ayant que onze pages de texte seulement, compris le titre et le calendrier.

Sans gravure.

Au bas de la 11ᵐᵉ p. on lit : " **Nota** ——Toutes les pièces contenues dans ce recueil étant la propriété des auteurs, toute reproduction ou contrefaçon sera poursuivie selon la rigueur des lois." —— A. Philibert, 76, r. de Bondy.

Le Calendrier, en deux semestres, est imprimé en travers des pages 2 et 3, avec les signes du zodiaque.

Au verso de la page 11, et au-dessous d'une annonce, se trouve cette adresse : Paris. —— Typ. Vert frères, 8, rue François-Miron.

# Table Générale Alphabétique des Almanachs

*contenus dans ce volume et l'annexe.*

---

## A

Accents (Les) de la Goguette, 1844 — 144.
Acidens (Les) heureux, 1785 — 4.
Adèle ou l'Amour constant, 1814 — 43.
Adieux (Les) à ma Belle, 1831 — 204.
Age (L') heureux des Plaisirs, 1787 — 5.
Agrémens (Les) du bois de Romainville, 1809 — 187.
Album des Muses, 1827 — 201.
Album du Chasseur, 1823 — 67.
Album Lyrique, 1826 — 74.
Album Moral des Demoiselles, 1825 — 198.
Almanach Bouffon, 1853 — 89.
Almanach chantant, 1840 — 142.
Almanach Chantant de la Garde Nationale, 1871 — 212.
Almanach Chantant des Promenades de Paris Et des Environs, vers 1760 — 168.
Almanach chantant pour 1900 — 109.

Almanach Dauphin Historique et Allégorique, 1787 ......... 6.
Almanach de Bibi-Tapin pour 1899 ..................... 104.
Almanach de douze Sports, 1898 ....................... 102.
Almanach de l'Agriculteur Populaire, 1900 ............. 110.
Almanach de l'Amateur d'art photographique, 1900 ...... 110.
Almanach de l'École Laïque, 1901 ..................... 115.
Almanach de l'Enseignement primaire, 1900-1901 ....... 111.
Almanach de l'Ymagier, 1897 ........................... 97.
Almanach de la Caserne pour 1899 .................... 105.
Almanach de la Chambrée, 1900 ....................... 111.
Almanach de la Chanson Illustrée, 1870 .............. 147.
Almanach de la Gazette du Village, 1900 ............. 112.
Almanach de la Grande Vie, 1901 ..................... 116.
Almanach de la Jeunesse de France, 1902 ............. 118.
Almanach de la Patrie Française, 1900 ............... 112.
Almanach de la Sagesse, 1806 ......................... 25.
Almanach de la vie comique pour 1899 ................ 105.
Almanach de Sa Sainteté Pie IX, 1866 ................ 212.
Almanach de Surprise, 1808 .......................... 129.
Almanach de Tout le Monde, 1866 ..................... 212.
Almanach des Ballons, 1852 ........................... 87.
Almanach des Demoiselles, 1812 ....................... 39.
Almanach des Mœurs, 1804-1805 ....................... 184.
Almanach des Nouvelles Chansons parisiennes, 1900 ... 109.
Almanach des Patronages, 1900 ....................... 113.
Almanach (L') des Poètes, 1896 ....................... 93.
Almanach des Saints, 1901 ........................... 116.
Almanach des Sorciers pour 1852 ...................... 88.

| | |
|---|---|
| Almanach des Sourds-Muets, 1900 | 113. |
| Almanach des Sports, 1899 | 105. |
| Almanach des Théâtres, 1886 | 148. |
| Almanach des Travailleurs pour 1874 | 148. |
| Almanach des Vélocipèdes pour 1869 | 90. |
| Almanach du Bibliophile, 1898 | 102. |
| Almanach du Bonheur, 1796-1797 | 16. |
| Almanach du Bon Père de Famille, 1900 | 114. |
| Almanach du Caprice, 1789 | 7. |
| Almanach du Diable, 1773 | 119. |
| Almanach du Drapeau pour 1900 | 114. |
| Almanach du Frou-Frou, 1901 | 116. |
| Almanach du Joyeux Troupier, 1899 | 106. |
| Almanach du Marin Illustré, 1886 | 91. |
| Almanach du Père Ubu illustré, 1899 | 106. |
| Almanach du Petit Illustré Amusant pour 1900 | 114. |
| Almanach du Photographe Amateur, 1896 | 93. |
| Almanach du Prophète Merlin, 1821 | 139. |
| Almanach du Rire, 1901 (voir aussi N° 275) | 117. |
| Almanach du Supplément, 1899 | 107. |
| Almanach Féministe, 1899 | 107. |
| Almanach Français à l'usage de toutes les Nations, 1802 | 23. |
| Almanach Georges Bans, 1896 | 94. |
| Almanach Guillaume, 1896 | 94. |
| Almanach illustré de la Petite Presse, 1867 | 89. |
| Almanach illustré du Père Ubu, 1901 | 117. |
| Almanach Intéressant dans les circonstances présentes, 1781 | 3. |
| Almanach Lirico Galant, 1784 | 120. |

Almanach Lithographies par Dillon, 1896 — 95.
Almanach-Manuel de l'Amateur de Tours de Cartes, 1869 — 91.
Almanach Nouveau Fait aux Dépens des Temps Passés, 1800 — 127.
Almanach Nouveau Orné de Gravures, 1786 — 5.
Almanach Nouveau Portatif, 1765 — 1.
Almanach Perpetvel dv Poinct dv Iour Et de la Nuict close, 1584 — 167.
Almanach pour 1899 des grosses farces du Major — 108.
Almanach Théâtral des Dames de Paris, 1854 — 147.
Amant (L') complaisant, 1808 — 186.
Amant (L') malicieux, 1808 — 27.
Ami (L') de la Jeunesse, 1819 — 57.
Ami (L') des Bourbons, 1815 — 46.
Ami (L') des Enfans, 1818 — 54.
Ami (L') des Jeunes Demoiselles, 1823 — 68.
Amour (L') au Village, 1823 — 68.
Amour (L') dans tous les Etats, 1838 — 207.
Amour et Amitié, 1826 — 141.
Amour (L') et la Folie, An IX — 21.
Amour (L') et la Gloire, 1816 — 50.
Amour (L') et les Grâces, 1828 — 78.
Amour (L') et les Grâces, 1835 — 205.
Amour (L') et les Plaisirs, 1829 — 202.
Amour et Pudeur, 1821 — 196.
Amour (L') marchand de Fleurs, 1823 — 68.
Amour (L') marchand de Plaisirs, 1849 — 210.
Amour pour Amour, 1831 — 80.
Amour (L') Victorieux, 1785 — 4.
Amusemens (Les) des Gens d'Esprit, An 9 — 127.

Analyse (L') des Grands Exemples, vers 1793 _ _ _ _ _ _ _ _ _ _ 175.
Année (L') bien employée, 1795 _ _ _ _ _ _ _ _ _ _ _ _ _ _ _ 178.
Année (L') illustrée, 1897 _ _ _ _ _ _ _ _ _ _ _ _ _ _ _ _ _ _ 97.
Annuaire des Grands Cercles, 1897 _ _ _ _ _ _ _ _ _ _ _ _ _ 98.
Annuaires-Hachette, 1897 _ _ _ _ _ _ _ _ _ _ _ _ _ _ _ _ _ _ 99.
Antologie (sic) lyrique, 1811 (voir aussi n°72, Momus en délire) _ _ 35.
Arlequin, 1852 _ _ _ _ _ _ _ _ _ _ _ _ _ _ _ _ _ _ _ _ _ _ _ _ 88.

# B

Bachelette (La), 1826 _ _ _ _ _ _ _ _ _ _ _ _ _ _ _ _ _ _ _ _ 75.
Beautés (Les) de l'Évangile, 1809 _ _ _ _ _ _ _ _ _ _ _ _ _ _ 28.
Berger (Le) Breton, 1842 _ _ _ _ _ _ _ _ _ _ _ _ _ _ _ _ _ _ 143.
Berger (Le) galant, 1813 _ _ _ _ _ _ _ _ _ _ _ _ _ _ _ _ _ _ 190.
Bergers (Les) et le Printems, 1818 _ _ _ _ _ _ _ _ _ _ _ _ _ 193.
Bienfaisance (La) des Fées, 1798 _ _ _ _ _ _ _ _ _ _ _ _ _ _ 17.
Bijou (Le) à la Mode, 1771 _ _ _ _ _ _ _ _ _ _ _ _ _ _ _ _ _ 170.
Bijou (Le) des Dames, 1780 _ _ _ _ _ _ _ _ _ _ _ _ _ _ _ _ _ 3.
Bijou (Le) des Enfans, 1817 _ _ _ _ _ _ _ _ _ _ _ _ _ _ _ _ _ 52.
Bijou (Le) des Spectacles, 1800 _ _ _ _ _ _ _ _ _ _ _ _ _ _ _ 20.
Bohémien (Le) de Paris, 1844 _ _ _ _ _ _ _ _ _ _ _ _ _ _ _ _ 144.
Bohémiens (Les) de Paris, 1844 _ _ _ _ _ _ _ _ _ _ _ _ _ _ _ 145.
Bonheur (Le) Champêtre, 1805 _ _ _ _ _ _ _ _ _ _ _ _ _ _ _ _ 24.
Boudoir (Le) de Vénus, 1843 _ _ _ _ _ _ _ _ _ _ _ _ _ _ _ _ _ 86.
Bouquet (Le) de Flore, 1823 _ _ _ _ _ _ _ _ _ _ _ _ _ _ _ _ _ 69.
Bouquetière (La) de Passy, 1845 _ _ _ _ _ _ _ _ _ _ _ _ _ _ _ 86.
Bourbons (Les) peints par eux-mêmes, 1816 _ _ _ _ _ _ _ _ _ 50.
Bouton (Le) de Rose, 1804 _ _ _ _ _ _ _ _ _ _ _ _ _ _ _ _ _ 128.
Bréviaire (Le) de Grégoire, 1830 _ _ _ _ _ _ _ _ _ _ _ _ _ _ 142.

# C

Calendrier d'Amour pour 1898 — 104.
Calendrier de la Belle Jardinière, 1896 — 95.
Calendrier de la Jeunesse, 1805 — 128.
Calendrier de la Maison Masson, 1896 — 96.
Calendrier des Enfans, 1795-1796 — 15.
Calendrier Magique, 1896 — 97.
Calendrier Parisien, 1892 — 91.
Calendrier de Rome ancienne et moderne, 1798 — 126.
Caprices (Les) de l'Amour, 1810 — 33.
Ce qui plaît le plus aux Dames, 1812 — 40.
Chansonnier (Le) de Grâces, 1848 — 87.
Chansonnier de la République, An 3e. — 13.
Chansonnier (Le) des Amans (sic), vers 1832 — 204.
Chansonnier (Le) des Braves, 1842 — 143.
Chansonnier (Le) des Desserts, 1834 — 82.
Chansonnier (Le) des jolies femmes, An IX — 180.
Chansonnier (Le) des Pastourelles Galantes, 1834 — 83.
Chansonnier (Le) des Vrais Amis, 1840 — 84.
Chansonnier (Le) du Gastronome, 1809 — 131.
Chansonnier du Jour et de la Nuit, 1814 — 191.
Chansonnier (Le) du Premier Age, 1811 — 38.
Chansonnier (Le) Jovial, 1850 — 211.
Chansonnier Militaire, An III — 14.
Chansonnier (Le) philosophe, 1837 — 206.
Chansonnier Villageois, 1824 — 70.
Chanteur (Le) de Bon Goût, 1849 — 211.

Charmes (Les) de l'Enfance, 1819 — 57.
Charmes (Les) de la Jeunesse, An VII — 18.
Chat (Le) Botté, 1822 — 64.
Chevaliers (Les) Français, 1823 — 69.
Choix de Jolis Morceaux, 1820 — 59.
Club du Billard, 1787 — 173.
Colifichet, 1810 — 33.
Collection Intéressantes (sic) Pour la Jeunesse, 1772 — 2.
Constitution du Peuple Français, An 2e — 11.
Corbeille (La) de Fleurs, 1828 — 79.
Corbeille (La) de Fleurs par M. L. Mercx, 1815 — 47.
Couronne (La) de Lis et de Roses, 1817 — 52.
Cuisinières (Les), 1824 — 71.

# D

Dangers (Les) de l'Absence, 1809 — 187.
Délices (Les) de Grégoire, 1838 — 83.
Délices (Les) de la Société, 1816 — 50.
Délices (Les) des Nations, An III — 14.
Délices (Les) des Spectacles, 1799 — 18.
Délices (Les) du Goust, 1783 — 171.
Délices (Les) du Printemps, 1813 — 191.
Désir (Le) ou l'Art de plaire, 1822 — 64.
Deux (Les) Magots, 1813 — 42.
Deux (Les) Petits Savoyards, 1807 — 26.
Dictionnaire d'Amour, 1789 — 8.
Dignes (Les) Enfans de la Patrie, An III — 14.
Discret (Le) Troubadour, 1816 — 51.

Dissipations (Les) Agréables, 1775 — 2.
Don (Le) de l'Amitié, 1826 — 75.
Dons (Les) de Vénus, 1796 — 125.
Double (Le) Mystère Dévoilé, an XI — 183.

# E

Ébats (Les) Rustiques, An 3ᵉ — 124.
École (L') de la Nature, 1793 — 11.
École de la Vertu, 1822 — 65.
École (L') Galante, 1796 — 125.
Élégies, 1812 — 40.
Elvire, 1833 — 81.
Embuches (Les) de Cythère, 1787 — 6.
Empire (L') de la Gaîté, 1812 — 40.
Enfant (L') de Paris, 1844 — 145.
Enfant (L') des Almanachs, An 9 — 181.
Épreuves (Les) du Sentiment, 1813 — 42.
Esprit (L') d'Eustache, 1800 — 20.
Esprit de l'Almanach des Muses, de 1809 — 188.
Esprit et Sentiment, 1810 — 34.
Estelle, 1789 — 8.
Estelle Pastorale. À vous que j'aime, 1800 — 20.
Étrenne des Neuf Sœurs, 1795 — 16.
Étrenne (L') réciproque des Amans, 1769 — 169.
Étrennes à l'Innocence, 1830 — 79.
Étrennes à la Jeunesse, 1799 — 19.
Étrennes à la Jeunesse, Recueil d'Historiettes Morales, 1809 — 28.
Étrennes (Les) à la Rose, 1807 — 27.

Etrennes aux Dames, 1819 — 57.
Etrennes aux Grâces, 1821 — 62.
Etrennes aux Grâces ou les Proverbes de Cythère, 1819 — 137.
Etrennes d'Amour et d'Amitié, An X — 182.
Etrennes d'Or, 1827 — 77.
Etrennes (Les) de Cupidon, 1786 — 172.
Etrennes de Flore, 1805 — 24.
Etrennes de Julie, vers 1820 — 194.
Etrennes (Les) de l'Amitié, 1815 — 47.
Etrennes (Les) de la Sagesse, 1816 — 51.
Etrennes (Les) de Momus, 1807 — 186.
Etrennes de Polymnie, 1822 — 65.
Etrennes de Thalie, 1811 — 132.
Etrennes des Jolies Femmes, 1783 — 119.
Etrennes Evangéliques, 1808 — 27.
Etrennes Mignone (sic), 1818 — 136.
Etrennes Patriotiques, 1792 — 174.
Etrennes Pieuses et Edifiantes, 1814 — 43.

# F

Fagot (Le) d'Epines, An 9 — 181.
Faux-Pas (Le) de Suzette, An X — 22.
Fidèle (Le) Berger, 1833 — 81.
Finesses (Les) de l'Amour, 1838 — 83.
Fleur d'Amourettes, vers 1820 — 195.
Fleur de Souvenir, 1817 — 136.
Fleur (La) des Champs, 1832 — 204.
Fleurettes, 1824 — 71.

Folies (Les) Dansantes et Chantantes, 1803 — 23.
Follet (Le), vers 1835 — 205.
Franc (Le) Luron, An III — 177.
Fredaines (Les) de l'Amour, 1785 — 4.

# G

Gage (Le) touché, vers 1760 — 169.
Gaudrioles (Les) du Bon Vieux Tems, 1832 — 80.
Gaudrioles (Les) ou le Bon vieux temps, 1830 — 80.
Gentil-Bernard (Le), 1826 — 75.
Gesner (Le) des Campagnes, vers 1804 ou 1806 — 185.
Goguettes (Les) d'un Petit Cousin de Rabelais, 1799-1800 — 179.
Gout (Le) de Cécile, 1787 — 174.
Grégoire en Bon (sic) Humeur, 1837 — 83.
Guide (Le) des Acheteurs, 1826 — 76.
Guide (Le) des Amans, 1844 — 146.
Guido et Ginevra, 1842 — 143.
Guirlande de Flore, 1815 — 48.
Guirlande (La) de Julie, 1814 — 43.
Guirlande (La) des Muses, 1820 — 60.

# H

Henri Quatre, 1814 — 44.
Heureuse (L') Décade, An II<sup>e</sup> — 12.
Heureux (L') Vainqueur, vers 1840 — 207.
Histoire des Roses, 1821 — 62.
Histoire des Tulipes, 1822 — 66.
Histoire Naturelle en Miniature, 1820 — 60.

Hommage à l'Amitié, 1818 — 193.
Hommage aux Jeunes Vierges, 1824 — 71.
Hommage aux Muses, 1829 — 202.
Hommages (Les) à l'Amitié, 1806 — 26.
Hommages à la Tendresse, 1813 — 133.

# I

Ile (L') de la Félicité, vers 1822 — 196.
Incorruptible (L'), 1834 — 205.

# J

Jardinier (Le) fleuriste, 1826 — 198.
Jeune (La) Hortense, 1825 — 141.
Jeux (Les) de l'Enfance, 1799 — 126.
Joli (Le) Bout-en-train, 1820 — 61.
Joujou (Le) Almanach des enfans, 1804 — 128.
Joujou (Le) des enfans, 1802 — 22.
Joyeux (Le) et Sérieux Almanach du Troupier, 1900 — 115.
Joyeux (Le) Sans-Culotte, an III — 177.
Joyeux (Le) Troubadour, 1828 — 141.
Joyeux (Le) Troubadour. Almanach Chantant, 1844 — 146.

# L

Langage (Le) des Fleurs, 1819 — 137.
Leçons d'Amour et d'Amitié, 1809 — 29.
Lecture à ma Fille, 1825 — 73.
Littérature des Dames, 1812 — 133.
Loisir (Le) du jeune Age, 1828 — 79.

Loisirs (Les) d'un Aimable Fou, 1798-1799 — 179.
Loisirs (Les) d'un Français, 1819 — 58.
Loup-Garou (Le) Chéri des Dames, 1790 — 174.
Luth (Le) d'Amour, 1826 — 199.
Lyre (La) d'Apollon, 1821 — 63.
Lyre (La) d'Orphée, An XIe — 184.

# M

Madame de La Fayette, 1816 — 51.
Madame de Maintenon, 1812 — 41.
Madame de Sévigné, 1812 — 41.
Madame Deshoulières, 1813 — 42.
Manuel du Chansonnier de la Bonne Compagnie, 1838 — 84.
Marchand (Le) d'Images, 1844 — 146.
Marché (Le) d'Amours, 1810 — 34.
Marie Leczinska, 1819 — 59.
Meilleur (Le) Livre, 1789 — 9.
Mélomanie (La), An XI — 183.
Mentor (Le) en Amour, 1793 — 123.
Mérite (Le) des Jeunes Mères, 1817 — 53.
Messager (Le) des Grâces, 1815 — 48.
Miracles de Jésus-Christ, 1819 — 59.
Miroir (Le) de l'Adolescence, 1814 — 44.
Miroir (Le) des Dames et de la Jeunesse, 1823 — 140.
Momus en Délire, 1810 — 34.
Mon Soleil et ma Bretagne, 1842 — 208.
Mosaïque des Dames, 1838 — 142.
Mot (Un) sur tout le monde, An dix (1801-1802) — 182.

Muse (La) champêtre, 1801 _____ 21.
Muses (Les) et les Grâces, 1823 _____ 140.
Muses (Les) Galantes, 1809 _____ 30.
Musette (La) Champêtre, 1816 _____ 52.
Musette (La) du Berger, 1815 _____ 48.
Mystère (Le) de l'Amour, 1801 _____ 21.

## N

Nanette, 1842 _____ 209.
Nouveau Chansonnier Patriote, 1793 _____ 12.
Nouveau Chansonnier (Le) Théâtral, 1839 _____ 207.
Nouvelle (La) Héloïse, 1789 _____ 9.
Nuits (Les) d'Amour, 1810 _____ 35.

## O

Oscar et Malvina, 1841 _____ 85.

## P

Panorama (Le) du Parnasse, 1808 _____ 130.
Papillons (Les), 1817 _____ 53.
Paris-Hachette, 1899. (Annuaires Hachette) _____ 100.
Paris, Londres et Berlin, 1825 _____ 73.
Passe-Tems (Le) Agréable, An 3.e _____ 15.
Passe-Tems (Le) des Paresseux, 1789 _____ 122.
Passe-Tems (Les), 1822 _____ 66.
Paul et Virginie, 1806 _____ 185.
Paysages (Les), 1825 _____ 74.

| | |
|---|---|
| Perce-Neige (La), 1807 | 27. |
| Perce-Neige (La) suite du précédent, 1808 | 130. |
| Petit Almanach Dédié à la Jeunesse, 1826 | 76. |
| Petit Almanach de l'Ecole, 1893 | 92. |
| Petit Almanach de l'Ecolier, 1893 | 92. |
| Petit Almanach des Demoiselles, 1818 | 55. |
| Petit (Le) Almanach des Muses, 1820 | 61. |
| Petit Almanach des Muses, 1821 | 63. |
| Petit Almanach des Voleurs, 1846 | 86. |
| Petit Almanach du XVII$^e$ Arr$^t$, 1899 | 108. |
| Petit Almanach Fleuri, 1898 | 104. |
| Petit (Le) Bijou des Dames, 1817 | 54. |
| Petit Blanc, 1831 | 80. |
| Petit (Le) Cadeau, An 5$^{me}$ | 179. |
| Petit (Le) Chansonnier, 1800 | 180. |
| Petit (Le) Chansonnier Dédié aux Messieurs, 1840 | 85. |
| Petit (Le) Chansonnier des Dames, 1820 | 138. |
| Petit (Le) Chansonnier du Vaudeville, 1850 | 211. |
| Petit Chansonnier National, 1830 | 203. |
| Petit (Le) Cousin de La Fontaine, 1795 | 16. |
| Petit (Le) Désiré, 1815 | 49. |
| Petit (Le) Ermite, 1823 | 69. |
| Petit (Le) Fabuliste, 1815 | 49. |
| Petit (Le) Faublas, 1810 | 189. |
| Petit (Le) Galoubet, 1821 | 64. |
| Petit (Le) Galoubet Français, 1824 | 197. |
| Petit (Le) Gastronome, 1810 | 36. |
| Petit (Le) Glaneur Lirique (sic), 1814 | 45. |

| | |
|---|---:|
| Petit (Le) Hermite du Mont Blanc, 1818 | 137. |
| Petit (Le) Libéral, 1819 | 194. |
| Petit (Le) Lutin, 1824 | 197. |
| Petit (Le) Manuel de la Vie Champêtre, 1817 | 192. |
| Petit (Le) Momus, 1826 | 76. |
| Petit (Le) Momus, 1832 | 81. |
| Petit (Le) Moraliste, 1808 | 187. |
| Petit (Le) Nain Rose, 1816 | 135. |
| Petit (Le) Pierrot, 1820 | 195. |
| Petit (Le) Poucet, 1818 | 55. |
| Petit (Le) Précepteur, 1807 | 129. |
| Petit (Le) Rodeur, 1828 | 79. |
| Petit (Le) Trésor, 1798 | 18. |
| Petit (Le) Trésor des Familles, 1812 | 41. |
| Petite (La) Fermière Villageoise, an IIe | 176. |
| Petite (La) Rusée, 1796 | 17. |
| Petits (Les) Soins, 1816 | 52. |
| Petits (Les) Trompeurs Trompés, 1811 | 189. |
| Phénix (Le) des Almanachs, 1810 | 36. |
| Philippe et Georgette, An III | 124. |
| Pierrot Magicien, 1788 | 7. |
| Plaisir et Bonheur, 1817 | 192. |
| Plaisir et Bonheur ou l'Union de Bachus (sic), 1820 | 61. |
| Plaisir et Bonheur Recueil de Chansons, 1830 | 80. |
| Plaisirs (Les) de la Jeunesse, 1820 | 62. |
| Plaisirs (Les) des Jeunes Pastourelles, 1840 | 85. |
| Plaisirs (Les) variés, 1785 | 121. |
| Plus Belle (La), 1842 | 144. |

Poète (Le) de l'Enfance, 1840 — 85.
Poète (Le) Voyageur, 1823 — 70.
Point (Le) du Jour aux Bosquets de Flore, 1814 — 191.
Portière (La), 1824 — 72.
Pratique (La) des Amans, 1794 — 15.
Présent (Le) de la Gaité, 1820 — 195.
Présent (Le) du Premier Jour de l'An, 1811 — 190.

## Q

Quatre (Les) Ages de la Nature, 1811 — 38.
Quinze jours en Suisse, 1823 — 70.

## R

Recueil de Chansons et Poésies Fugitives, 1816 — 135.
Recueil de Morales, 1824 — 72.
Reine (La) de Golconde, 1768 — 2.
Retour (Le) de Zéphire, 1811 — 39.
Retour (Le) des Bourbons, 1815 — 133.
Retour (Le) du Printems, 1814 — 45.
Réveil (Le) des Muses, 1820 — 62.
Réveil (Le) du Caveau, 1826 — 200.
Rêveries (Les) Pastorales, 1818 — 55.
Rire (Le), 1901 — 117.
Rose d'Amour, 1826 — 77.
Rossini Français, 1824 — 72.

## S

Sage et Coquette, 1821 — 64.

Saisons (Les), 1810 _ _ _ _ _ _ _ _ _ _ _ _ _ _ _ _ _ _ _ _ _ _ _ _ _ _ 37.
Sav'tier (Le) en Ribotte, 1842 _ _ _ _ _ _ _ _ _ _ _ _ _ _ _ _ _ _ _ 86.
Secret (Le) des Dames, 1818 _ _ _ _ _ _ _ _ _ _ _ _ _ _ _ _ _ _ _ _ 56.
Six Nouvelles à l'usage de la Jeunesse, 1814 _ _ _ _ _ _ _ _ _ _ 45.
Soirée (La) d'Été, 1796 _ _ _ _ _ _ _ _ _ _ _ _ _ _ _ _ _ _ _ _ _ _ _ 17.
Songes (Les) de l'Amour, 1819 _ _ _ _ _ _ _ _ _ _ _ _ _ _ _ _ _ _ 138.
Souffle (Le) de Zéphire, 1809 _ _ _ _ _ _ _ _ _ _ _ _ _ _ _ _ _ _ _ 33.
Souvenir (Le) d'Emilie, 1820 _ _ _ _ _ _ _ _ _ _ _ _ _ _ _ _ _ _ _ 139.
Souvenir et Espérance, 1833 _ _ _ _ _ _ _ _ _ _ _ _ _ _ _ _ _ _ _ 82.
Souvenirs (Les) d'un Barde, 1822 _ _ _ _ _ _ _ _ _ _ _ _ _ _ _ _ 67.
Souvenirs (Les) d'un Troubadour, 1815 _ _ _ _ _ _ _ _ _ _ _ _ _ 49.
Sultane (La) Favorite, An XII<sup>e</sup> _ _ _ _ _ _ _ _ _ _ _ _ _ _ _ _ 24.

## T

Tableau (Le) de Paris, 1790 _ _ _ _ _ _ _ _ _ _ _ _ _ _ _ _ _ _ _ _ 123.
Tablettes (Les) d'Erato, 1790 _ _ _ _ _ _ _ _ _ _ _ _ _ _ _ _ _ _ _ 10.
Tablettes (Les) des Graces, 1828 _ _ _ _ _ _ _ _ _ _ _ _ _ _ _ _ 201.
Tablettes (Les) du Sentiment, 1810 _ _ _ _ _ _ _ _ _ _ _ _ _ _ _ 37.
Temple (Le) des Vertus et des Grâces, 1818 _ _ _ _ _ _ _ _ _ _ 56.
Tendres (Les) Souvenirs du Cœur, vers 1840 _ _ _ _ _ _ _ _ 208.
Thémire, 1824 _ _ _ _ _ _ _ _ _ _ _ _ _ _ _ _ _ _ _ _ _ _ _ _ _ _ _ _ 197.
Tours (Les) de Gibecière de l'Amour, 1785 _ _ _ _ _ _ _ _ _ _ 122.
Trésor de l'Amour, 1810 _ _ _ _ _ _ _ _ _ _ _ _ _ _ _ _ _ _ _ _ _ _ 37.
Trésor (Le) des Grâces, 1784 _ _ _ _ _ _ _ _ _ _ _ _ _ _ _ _ _ _ _ 121.
Triomphe (Le) de la Beauté, 1807 _ _ _ _ _ _ _ _ _ _ _ _ _ _ _ _ 129.
Triomphe (Le) de la République Française, An III _ _ _ _ _ 178.
Triomphe (Le) de la Vertu, 1817 _ _ _ _ _ _ _ _ _ _ _ _ _ _ _ _ _ 54.
Triomphe (Le) des Muses, vers 1785 _ _ _ _ _ _ _ _ _ _ _ _ _ _ 171.

Trois (Les) Mousquetaires, 1846 — 209.
Trois (Les) Muses réunies, 1789 — 10.
Troubadour (Le), 1824 — 73.
Troubadour (Le) galant, 1836 — 206.

## U

Union (L') Lyri-comique de Thalie, Erato..., 1802 — 22.

## V

Veillées (Les) de la Chaumière, An XIII — 25.
Voici vos Étrennes, 1814 — 46.

Imp. G. VILETTE. — Paris-Vendôme.

www.ingramcontent.com/pod-product-compliance
Lightning Source LLC
Chambersburg PA
CBHW070655170426
43200CB00010B/2242